东南亚国家农业发展与政策比较研究

杜中军　徐丹璐　著

科学出版社
北京

内 容 简 介

为加强我国与"一带一路"东南亚国家的农业发展战略与政策对接，全面和前瞻性把握东南亚十国的农业发展趋向，本书总结了东南亚十国近年的农业发展概况、农业规划政策，从农业生产要素和农业发展问题的角度对各国农业政策做了较为系统、全面的分析。本书以农业经济学理论分析宏观政策的框架，融入各国最新发布的官方农业规划战略、各国际组织研究报告以及联合国粮食及农业组织对各国的农业援助政策，形成了对东南亚十国的农业发展与政策比较研究。

本书可为政府、国内外农业投资者、科研院所等机构了解东南亚农业发展情况与政策提供参考。

图书在版编目（CIP）数据

东南亚国家农业发展与政策比较研究/杜中军，徐丹璐著. —北京：科学出版社，2021.5
ISBN 978-7-03-067965-9

Ⅰ. ①东… Ⅱ. ①杜… ②徐… Ⅲ. ①农业发展–农业政策–对比研究–东南亚 Ⅳ. ①F333.0

中国版本图书馆 CIP 数据核字（2021）第 017439 号

责任编辑：杭 玫／责任校对：贾娜娜
责任印制：赵 博／封面设计：无极书装

科学出版社 出版
北京东黄城根北街 16 号
邮政编码：100717
http://www.sciencep.com

北京九州迅驰传媒文化有限公司印刷
科学出版社发行 各地新华书店经销

*

2021 年 5 月第 一 版 开本：720×1000 1/16
2024 年 3 月第二次印刷 印张：15 1/4
字数：320 000
定价：138.00 元
（如有印装质量问题，我社负责调换）

主　　编：杜中军　　徐丹璐
参编人员：曾小红　　李光辉
　　　　　汪佳滨　　刘晓光

序　　言

中国与东南亚有着相亲相近的文化，形成了历史悠久、深厚广泛的经济与人文联系，东南亚经济发展速度较快，发展潜力巨大。一方面，中国与东南亚地区在自然资源禀赋、农业生产技术方面有很强的互补性，双方农业经贸合作有利于促进区域内农业要素的有序流动、农产品市场的深度融合，以及农业发展经验的交流与共享，发挥各相关国家的比较优势，挖掘农业发展潜力，实现合作互利共赢。另一方面，全球气候变暖、耕地资源减少等全球性问题也需要各国共同应对，以保障粮食安全，推动农业可持续发展。

"一带一路"倡议致力于亚欧非大陆及附近海洋的互联互通，建立和加强与沿线各国伙伴关系。自"一带一路"倡议及其六大经济走廊建设推进以来，中国-中南半岛经济走廊作为中国连接中南半岛的大陆桥，已成为中国与东盟各国合作的至关重要的跨国经济合作通道，成为践行"一带一路"倡议的重要组成部分。2019年东盟22年来首次成为中国第二大贸易伙伴，中国则连续十年保持东盟第一大贸易伙伴的地位。

习近平总书记《在中央农村工作会议上的讲话》（2013年12月23日）中提出，要推动农业走出去，要充分研判经济、技术乃至政治上的风险，提高防范和应对能力[1]。习近平在第二届"一带一路"国际合作高峰论坛开幕式上的主旨演讲指出，"中国将采取一系列重大改革开放举措，加强制度性、结构性安排，促进更高水平对外开放。更加有效实施国际宏观经济政策协调。全球化的经济需要全球化的治理。中国将加强同世界各主要经济体的宏观政策协调，努力创造正面外溢效应，共同促进世界经济强劲、可持续、平衡、包容增长"[2]。

本书针对柬埔寨、泰国、缅甸、老挝、越南、菲律宾、马来西亚、印度尼西

---

[1] 《在中央农村工作会议上的讲话》（2013年12月23日），《十八大以来重要文献选编》（上），中央文献出版社2014年版，第666-667页。

[2] 中华人民共和国中央人民政府网. 习近平在第二届"一带一路"国际合作高峰论坛开幕式上的主旨演讲（全文）. http://www.gov.cn/xinwen/2019-04/26/content_5386544.htm。

亚、文莱和新加坡十个东南亚国家近年的农业发展概况与其农业规划政策，从农业生产要素和农业发展热点问题角度对东南亚农业宏观政策做了较为系统、全面的分析研究。文献多来源于各国农业机构发布的官方农业规划战略、联合国粮食及农业组织（以下简称粮农组织）发布的研究报告及国内外学者的学术著作和论文，创新性地构建了以农业经济学理论分析宏观政策的框架，还加入了粮农组织对各个国家农业援助政策的分析研究。通过分析各国农业发展的侧重点和目标，让读者从农业宏观政策角度了解和把握东南亚农业发展现状及方向，致力于在"一带一路"倡议和开放新格局推动背景下，为政府、涉农企业和社会组织提供政策解读。

全书分为三个篇章。第一篇主要为读者介绍东南亚十国近年的农业发展情况及其农业规划与政策，运用数据和图表展示上述东南亚国家农业发展的基本概貌和社会经济发展现状，并通过解读各国和农业机构和粮农组织对农业农村的规划设想，让读者了解各国农业发展的侧重点和方向。第二篇从农业生产要素角度对农业政策与规划进行分析，以农业生产过程中为获得农产品所必须投入的各种基本要素为切入点，从农业经济学角度进行政策必要性和重要性分析来解读各个农业生产要素对于农业发展的重要意义，找出国家间农业发展规划和方向的异同，进一步让读者了解东南亚各国的农业发展趋势。第三篇则是从农业可持续发展热点问题角度切入，就东南亚各国和粮农组织共同关注的保障粮食安全、延长农业产业链、农业可持续发展、农业与气候变化等四个农业发展热点问题进行分析与讨论，并分析了这些问题产生的原因及其对东南亚农业发展的重要性，厘清政策规划后的原理和意义，加强对政策与规划的理解，把握东南亚农业发展的趋势和动向。

本书由中国热带农业科学院科技信息研究所相关领域专家完成，并得到了农业农村部农业国际交流与合作项目"'一带一路'热带国家农业资源联合调查与开发评价""热带农业对外合作试验站建设和走出去企业外籍管理人员培训"，及财政部中央级公益性科研院所基本科研业务费专项资金课题的资助。

目　　录

第一篇　东南亚国家农业主要指标及农业规划政策

第一章　柬埔寨 ·· 3
　　第一节　柬埔寨社会经济与农业概况 ··· 3
　　第二节　柬埔寨农业机构 ·· 6
　　第三节　柬埔寨《农业五年发展战略计划（2014-2018年）》 ······························· 8
　　第四节　柬埔寨农业发展规划与政策 ··· 10
　　第五节　粮农组织对柬埔寨农业总体规划 ··· 14
　　参考文献 ·· 16

第二章　泰国 ·· 17
　　第一节　泰国社会经济与农业概况 ··· 17
　　第二节　泰国农业机构 ·· 21
　　第三节　泰国经济发展战略与规划 ··· 21
　　第四节　泰国农业发展规划与政策 ··· 23
　　第五节　粮农组织对泰国农业总体规划 ··· 30
　　参考文献 ·· 31

第三章　缅甸 ·· 32
　　第一节　缅甸社会经济与农业概况 ··· 32
　　第二节　缅甸农业机构 ·· 34
　　第三节　缅甸《农业发展第二个五年短期计划（2016-2020年）》 ························· 35
　　第四节　缅甸农业发展规划与政策 ··· 36
　　第五节　缅甸与粮农组织 ·· 41
　　参考文献 ·· 41

第四章 老挝 ······ 42
第一节 老挝社会经济与农业概况 ······ 42
第二节 老挝农业机构 ······ 46
第三节 老挝农林部《2025年农业发展战略》······ 47
第四节 老挝农业发展规划与政策 ······ 48
第五节 粮农组织对老挝农业总体规划 ······ 55
参考文献 ······ 57

第五章 越南 ······ 58
第一节 越南社会经济与农业概况 ······ 58
第二节 越南农业机构 ······ 61
第三节 越南农业政策回顾 ······ 62
第四节 越南农业发展规划与政策 ······ 64
第五节 粮农组织对越南农业总体规划 ······ 69
参考文献 ······ 71

第六章 菲律宾 ······ 72
第一节 菲律宾社会经济与农业概况 ······ 72
第二节 菲律宾农业机构 ······ 76
第三节 《菲律宾发展战略计划（2017-2022年）》······ 77
第四节 菲律宾农业发展现状与目标 ······ 78
第五节 菲律宾农业发展规划与政策 ······ 81
第六节 菲律宾与粮农组织 ······ 84
参考文献 ······ 86

第七章 马来西亚 ······ 87
第一节 马来西亚社会经济与农业概况 ······ 87
第二节 马来西亚农业机构 ······ 91
第三节 《马来西亚第十一个五年计划（2016-2020年）》······ 92
第四节 马来西亚农业发展规划与政策 ······ 93
第五节 马来西亚与粮农组织 ······ 96
参考文献 ······ 97

第八章 印度尼西亚 ······ 99
第一节 印度尼西亚社会经济与农业概况 ······ 99
第二节 印度尼西亚农业机构 ······ 102
第三节 印度尼西亚农业发展规划与政策 ······ 103

  第四节 粮农组织对印度尼西亚农业总体规划 ······················· 107
  参考文献 ··· 110

第九章 文莱 ··· 111
  第一节 文莱社会经济与农业概况 ·· 111
  第二节 文莱农业机构 ··· 115
  第三节 文莱《农业与农产品局战略计划（2016-2020年）》 ············ 115
  第四节 文莱农业发展现状与目标 ·· 116
  第五节 文莱农业发展规划与政策 ·· 118
  第六节 文莱与粮农组织 ··· 121
  参考文献 ··· 122

第十章 新加坡 ·· 123
  第一节 新加坡社会经济与农业概况 ·· 123
  第二节 新加坡农业机构 ··· 127
  第三节 《新加坡农粮与兽医局2017-2018年度报告》 ··················· 129
  第四节 新加坡农粮与兽医局农业政策 ······································ 129
  第五节 新加坡与粮农组织 ··· 135
  参考文献 ··· 137

第二篇 农业政策与规划比较分析——从农业生产要素角度

第十一章 土地和水资源 ·· 141
  第一节 土地和水资源的经济特性和重要性 ································ 141
  第二节 各国土地资源政策比较分析 ·· 142
  第三节 各国水资源政策比较分析 ·· 143
  参考文献 ··· 145

第十二章 农业劳动力 ··· 146
  第一节 东南亚国家农业劳动力情况 ·· 146
  第二节 提高农业劳动力水平 ··· 148
  第三节 各国农业劳动力政策比较分析 ···································· 148
  参考文献 ··· 151
  本章附件 东南亚国家农业就业人口占比 ································ 151

第十三章 农业技术 ··· 152
  第一节 农业技术及其类型 ··· 152

第二节　农业技术对农业发展的意义 ·· 153
　　第三节　各国农业技术政策比较分析 ·· 154
　　参考文献 ··· 157

第十四章　农业资金
　　第一节　农业资金概述 ··· 158
　　第二节　东南亚农业发展与工业化进程主要问题 ···································· 159
　　第三节　农业财政资金投入的重要性 ··· 161
　　第四节　各国农业资金政策比较分析 ··· 163
　　参考文献 ··· 167

第三篇　农业政策与规划比较分析——从农业可持续发展热点问题角度

第十五章　保障粮食安全
　　第一节　粮食安全现状 ··· 171
　　第二节　影响粮食安全的原因分析 ··· 177
　　第三节　保障粮食安全的经济政策 ··· 183
　　第四节　东南亚国家的粮食安全政策 ··· 185
　　第五节　案例分析——以新加坡都市农业为例 ······································· 186
　　参考文献 ··· 190
　　本章附件　东南亚各国粮食安全指数 ··· 191

第十六章　延长农业产业链
　　第一节　农业产业链及价值链分析 ··· 194
　　第二节　优化农业产业链的途径 ·· 196
　　第三节　东南亚各国农业产业链政策分析 ··· 198
　　第四节　粮农组织对延长农业价值链的探究与实践 ······························· 200
　　第五节　案例分析——以美国农业产业集群为例 ·································· 202
　　参考文献 ··· 205

第十七章　农业可持续发展
　　第一节　农业发展面临的困境和挑战 ··· 207
　　第二节　可持续农业的提出 ·· 209
　　第三节　促进农业可持续发展的探究与实践 ··· 209
　　第四节　东南亚各国农业可持续发展政策分析 ······································· 210
　　第五节　案例分析——以泰国有机农业为例 ··· 215

参考文献 ··· 218

第十八章　农业与气候变化 ··· 220
　第一节　全球气候变化现状 ··· 220
　第二节　气候变化对东南亚农业的主要影响 ······························· 222
　第三节　解决气候变化问题的探究与实践 ··································· 224
　第四节　东南亚各国应对气候变化的政策分析 ··························· 226
　参考文献 ··· 228

第一篇

东南亚国家农业主要指标及农业规划政策

在这个篇章，我们将了解柬埔寨、泰国、缅甸、老挝、越南、菲律宾、马来西亚、印度尼西亚、文莱和新加坡十个东南亚国家近年的农业发展情况及其农业规划与政策，其中大部分农业规划与政策信息都是来自各国农业机构官方的公开农业规划文件，内容客观真实，有助于读者对东南亚农业发展情况和政策规划形成一个全面清晰的认识。

笔者通过收集农业相关的数据，包括耕地面积占国土面积比重、农业增加值占 GDP（gross domestic product，国内生产总值）比重、农村人口与农业人口、三大产业就业人口占比等，采用图表形象地展示农业相关指标占比情况和数据趋势变化，给读者展示东南亚国家农业发展的基本概貌和社会经济发展现状，并通过解读各国农业机构对农业农村的规划设想，让读者了解东南亚国家农业发展的侧重点和方向。此外，本书还加入了粮农组织的农业援助相关政策，并以此从另一个角度对东南亚国家的农业发展情况进行了探索。

第一章 柬埔寨

第一节 柬埔寨社会经济与农业概况

一、社会经济基本情况

（一）经济发展水平

柬埔寨从 20 世纪 70 年代开始经历了长期的战争，1993 年随着国家权力机构的相继成立，柬埔寨才得以实现民族和解，进入和平与发展的新时期。柬埔寨经济以农业为主，工业基础薄弱，是世界上最不发达国家之一。

1993~2008 年，柬埔寨 GDP 平均每年增长 9.58%，随后出现了轻微的收缩（2008 年 GDP 增速仅为 0.48%），但 GDP 在 2009~2016 年实现了 GDP 平均每年增长 9.93%的高速恢复（图 1-1）。2017 年柬埔寨 GDP 约合人民币 153.01 亿元，人均 GDP 增至 9 909.25 元[①]。

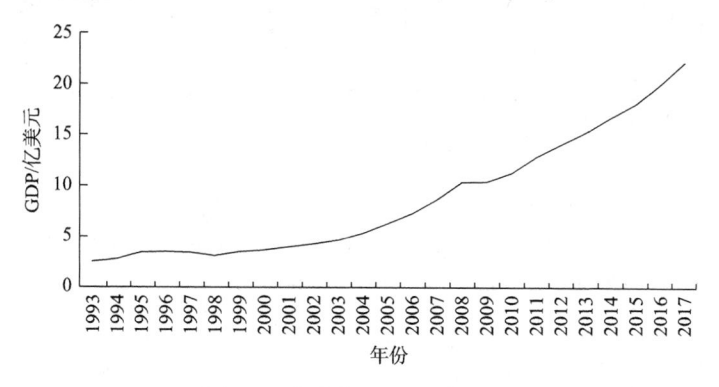

图 1-1 柬埔寨 GDP 变化趋势
资料来源：根据 World Bank. World Development Indicators 数据编制

---

① 根据 2019 年 5 月 28 日汇率换算，1 美元=6.905 4 元。

经济的高速发展也让柬埔寨在减少贫困人口方面取得了巨大成就：柬埔寨贫困线以下的人口比例从 2004 年的 50.2%下降到 2012 年的 17.7%，2014 年的贫困水平已下降到 14%以下。贫困差距指数[①]从 2004 年的 7.6%下降到 2012 年的 0.97%。虽然柬埔寨经济和贫困状况得到了明显的改善，但其政府在完善社会财富分配方面还有更多工作要做，粮农组织也将协助其提高居住在农村地区的贫农（这部分人口约占剩余贫困人口的 90%）的生活水平，致力于让柬埔寨人民早日摆脱贫困。

（二）农业与国民经济

柬埔寨领土为碟状盆地，三面被丘陵与山脉环绕，中部为广阔而富庶的平原，占全国面积的四分之三以上，大部分地区属于热带季风气候，境内有湄公河和东南亚最大的淡水湖——洞里萨湖（又称金边湖），得天独厚的地理、气候条件适宜农作物生长。农业是柬埔寨经济第一大支柱产业，由图 1-2 可以看出，虽然 2000 年后农林渔业增加值占 GDP 比重[②]呈下降趋势，但农林渔业对柬埔寨经济的贡献仍然非常突出，2017 年农林渔业增加值占 GDP 比重为 23.38%，远远高于中国、东南亚国家平均和世界平均。

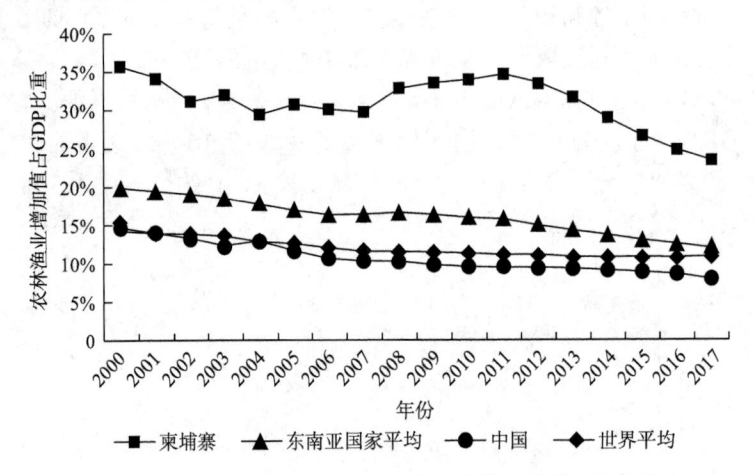

图 1-2　柬埔寨、中国、东南亚国家平均和世界平均农林渔业增加值占 GDP 比重

资料来源：根据 World Bank. World Development Indicators 数据编制

---

① 贫困差距指数指平均贫困差距占贫困线水平的比例。
② 农林渔业增加值指项目在报告期（一年）内，农林牧渔及农林牧渔业生产货物或提供活动而增加的价值，为农林牧渔业现价总产值扣除农林牧渔业现价中间投入后的余额。农林渔业增加值占 GDP 比重可以用来说明农林渔业对国民经济的贡献。

近年来柬埔寨继续保持稳定的政治经济环境，积极融入区域、次区域合作，参与区域连通计划的软硬设施建设，加大吸引投资，特别是私人领域投资参与国家建设，"四架马车"（指农业、以纺织和建筑为主导的工业、旅游业和外国直接投资）拉动经济稳步前行。柬埔寨计划部统计，2017年柬埔寨三大产业占GDP的比重分别为农业占比23.4%，工业占比30.9%，服务业占比39.7%。

二、主要农业指标

表1-1展示了2008~2018年柬埔寨主要农业指标。柬埔寨土地面积为17.65万km²[①]，2008~2018年农业用地基本保持稳定，在2010年还有所增加。根据世界银行提供的2016年数据，柬埔寨农业用地为5.46万km²，其中耕地面积为3.80万km²，占土地面积的21.53%。2008年起，柬埔寨从事农业生产的农业人口占总人口的比重呈下降趋势，平均每年减少9.80%，农业人口占比从2008年的72.24%下降至2018年的25.74%。此外，虽然近年来柬埔寨的农村人口占比持续下降，但是速度较慢，直至2017年农村人口占比仍然很高，达到77.02%。表1-1中最后一个农业指标反映出，虽然2008~2018年柬埔寨农林渔业对GDP的贡献有所下降，年平均下降3.72%，但农林渔业增加值依然逐年增加，其占比达到20%以上，成为柬埔寨国民经济的支柱产业。

表1-1 2008~2018年柬埔寨主要农业指标

主要农业指标	2008年	2009年	2010年	2011年	2012年	2013年	2014年	2015年	2016年	2017年	2018年	年平均增长率
农业用地/万km²	5.36	5.36	5.46	5.46	5.46	5.46	5.46	5.46	5.46	—	—	0.23%
农业用地占比	30.34%	30.34%	30.90%	30.90%	30.90%	30.90%	30.90%	30.90%	30.90%	—	—	0.23%
耕地面积/万km²	3.70	3.70	3.80	3.80	3.80	3.80	3.80	3.80	3.80	—	—	0.33%
耕地面积占比	20.96%	20.96%	21.53%	21.53%	21.53%	21.53%	21.53%	21.53%	21.53%	—	—	0.33%
农业人口占比	72.24%	63.07%	54.17%	43.86%	33.25%	32.14%	30.47%	28.80%	27.44%	26.71%	25.74%	-9.80%
农村人口占比	80.43%	80.07%	79.71%	79.34%	78.96%	78.59%	78.20%	77.81%	77.42%	77.02%	—	-0.48%
农林渔业增加值占GDP比重	32.75%	33.49%	33.88%	34.56%	33.52%	31.60%	28.87%	26.58%	24.74%	23.38%	—	-3.72%

资料来源：根据World Bank. World Development Indicators数据编制

[①] 数据来源于世界银行数据库，土地面积是一个国家除内陆水体面积的总面积。

图 1-3 展示了柬埔寨、中国、东南亚国家平均和世界平均农村人口占总人口比重，2000~2017 年，中国的农村人口占比下降非常显著，比重减少 22.08%，到 2017 年已非常接近世界平均水平；反观柬埔寨仅下降 4.42 个百分点，与中国、东南亚国家平均和世界平均水平差距不断拉大。

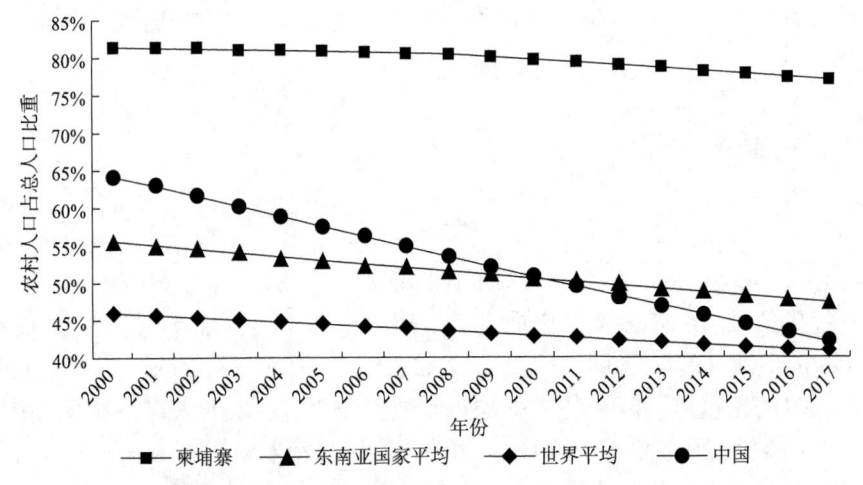

图 1-3 柬埔寨、中国、东南亚国家平均和世界平均农村人口占总人口比重
资料来源：根据 World Bank. World Development Indicators 数据编制

三、柬埔寨农业面临的挑战

柬埔寨皇家政府（Royal Government of Cambodia，RGC）在其制定的《国家环境战略和行动计划（2016-2023 年）》中指出，尽管柬埔寨的农业部门在支持经济增长、确保公平、减少贫困方面发挥重要作用，近年来种植面积不断扩大，橡胶、木薯、甘蔗等经济作物种植面积持续增加，农业集约化速度加快，但是柬埔寨农业部门发展还受到很多因素的制约：气候变化对农业生产的不利影响；农业基础设施欠发达，灌溉和排水系统有待完善；缺乏详细的土壤分类和土地利用空间规划；对土壤管理、种子品种选择等农业技术缺乏高效运用；农村信贷渠道有限；农作物采后管理和市场运营能力不足。

第二节　柬埔寨农业机构

柬埔寨农林渔业部（Ministry of Agriculture, Forestry and Fisheries, MAFF）

是柬埔寨负责管理农业、林业和渔业活动的政府部门,与财务部、政务部、国际合作部、规划和统计部、审计部、人力资源部、农业信息与文献中心、农业立法部、监察部、农用工业部间互有合作。农林渔业部下设 5 个部门,分别是农业总局、林业局、渔业局、橡胶总局、动物卫生与生产总局(图1-4)。

图1-4 柬埔寨农林渔业部标志
资料来源:柬埔寨农林渔业部官网 https://web.maff.gov.kh/.

柬埔寨农林渔业部主要职能与任务如下:

(1)制定和实施农业发展政策,提高国民生活水平。

(2)参与制定土地改革、土地使用政策和农业部门发展方向和计划,开展土地开发工作,提高农业用地的质量。

(3)监测和评估农业政策和活动的实施情况。

(4)监管农业部门自然资源的开发,保证在既满足国家需求又不破坏生态系统的情况下,进行自然资源的合理可持续开发。

(5)积极研发符合各地区地理条件的作物品种、化肥和农用药品,确保高产出和生态平衡。

(6)评估和开发农业发展人力资源,通过向农民提供技术支持和建议,丰富农业知识,提高农业技术水平。

(7)加强与其他国家、国际非政府组织的合作,促进农产品投资和出口。

第三节　柬埔寨《农业五年发展战略计划（2014-2018 年）》

柬埔寨农林渔业部于 2015 年 6 月公布了《农业五年发展战略计划（2014-2018 年）》（图 1-5），为农业部门指出政策目标，这些目标与国家战略发展规划（National Strategic Development Plan，NSDP）及"四角策略"（Rectangular Strategy）第三阶段所制定的政策方向相一致，致力于在 2014~2018 年继续推动农业生产力的提高，促进农产品多样化和商品化、畜牧养殖、土地改革和自然资源的可持续管理。

图 1-5　柬埔寨《农业五年发展战略计划（2014-2018 年）》封面
资料来源：柬埔寨农林渔业部官方网站

在柬埔寨王国部长的领导下，柬埔寨皇家政府制定了"四角战略"。"四角战略"是柬埔寨第二届王国政府成功实施"三角战略"政策的延续，与目前柬埔寨政府正在实施的联合国千年发展目标[①]共同发力，其政策的核心、战略构思、计划和改革措施等经过地方机构、各部门、国际援助组织广泛讨论而制定。政策的宗旨是改善和提高各行政部门的执政能力，增强管理水平，使国家基础设施现代化，促进经济增长，为人民提供充足的就业岗位，保障社会平等和增强公共领域工作效率，保护国家自然资源和文化资源，为国家的可持续发展和减少贫困做出贡献。

目前，柬埔寨正处于"四角战略"的第三阶段，这个战略使柬埔寨迈向更高发展层次，即从低收入国家向中低收入国家过渡的蓝图，同时将为实现其长远发展愿景——"到2030年成为中上收入国家，到2050年成为高收入国家"打下基础。战略主要从四个方面加速柬埔寨经济增长：强化农业部门，进一步建设和修复基础设施，发展私营部门和增加就业，强化人力资源发展和人才能力建设。

"四角战略"明确了要把加强农业部门作为推动经济增长和减少贫困的动力，并指出柬埔寨农业在支持国家经济增长、保障社会公平、保障粮食安全、促进农村发展方面发挥着重要作用。柬埔寨政府现阶段将主要从提高农业生产力、农产品多样化和商业化，促进畜牧业和水产养殖，加强土地改革，提高资源的可持续管理能力等方面提高农业发展水平；其主要目标是实现柬埔寨农业现代化，将农业从主要依赖现有自然资源和传统农业投入的粗放型农业，转变为依赖新技术应用和技术、研发、机械化水平提高的集约型农业，实现农作物、畜牧和水产养殖的多元化生产，进一步推进农产品商品化和农用工业发展，提高农产品附加值，在确保生产高效率的同时，注重自然资源的开发管理与可持续发展。

1. 愿景与设想

通过对农业现代化建设提出新途径和对策，确保所有人能获得充足、安全的粮食；拓宽农业发展范围，加快农业经济增长的步伐，减少贫困；注重自然资源管理与保护，实现可持续发展。

2. 任务

通过提供高质量的农业发展服务，保障柬埔寨农产品供应和食品安全；增加农业产量和农产品附加值，实现农林渔业部门可持续发展和经济的稳定增长。

3. 目标

通过提高农业生产力、农产品多样化和商业化，综合开发畜禽养殖业和渔业，将农业年增长率提高到5%，并实现资源的可持续管理。

为实现上述总体政策目标，2014~2018年农林渔业部为农业发展确定了"四

[①] 联合国千年发展目标（Millennium Development Goals，MDGs）是于2000年9月在联合国首脑会议上191个成员国一致通过的一项旨在将全球贫困水平在2015年之前降低一半（以1990年的水平为标准）的行动计划。

个支柱",如图1-6所示,支柱1、支柱2、支柱3是促进农业增长的基本活动,分别如下:提高农业生产力、农产品多样化和商业化,促进牲畜和水产养殖发展,可持续渔业和林业资源管理;支柱4通过加强制度建设和人力资源开发,提高效率,支撑前三根支柱。

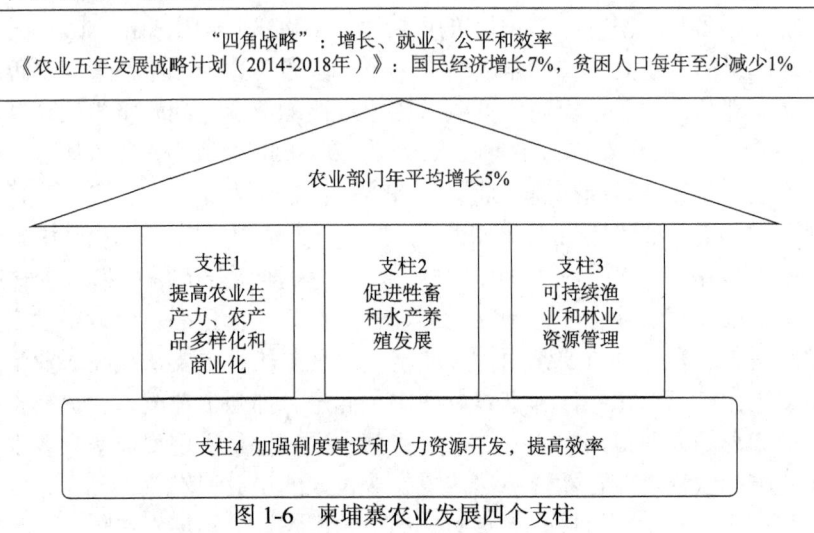

"四角战略":增长、就业、公平和效率
《农业五年发展战略计划（2014-2018年）》：国民经济增长7%,贫困人口每年至少减少1%

农业部门年平均增长5%

支柱1 提高农业生产力、农产品多样化和商业化

支柱2 促进牲畜和水产养殖发展

支柱3 可持续渔业和林业资源管理

支柱4 加强制度建设和人力资源开发,提高效率

图1-6　柬埔寨农业发展四个支柱

资料来源：Agricultural Sector Strategic Development Plan 2014-2018

第四节　柬埔寨农业发展规划与政策

为实现政策目标,柬埔寨农林渔业部制定了五个重点项目,分别如下：提高农业生产力、农产品多样化和商业化,促进畜牧业发展,加强可持续渔业资源和水资源管理,加强可持续林业与野生动物资源管理,加强农业机构与体制建设和人力资源开发。

一、提高农业生产力、农产品多样化和商业化

提高农业生产力、农产品多样化和商品化是促进农业部门增长与减少贫困的主要战略目标。通过复种[①]和作物集约化的方法增加农作物产量,多样化生产。

---

① 复种是指在同一耕地上一年种收一茬以上作物的种植方式。有两年播种三茬、一年播种两茬、一年播种三茬等复种方式。复种的方法如下：复播,即在前作物收获后播种后作物；复栽,即在前作物收获后移栽后作物；套种,即在前作物成熟收获前,在其行间和带间播入或栽入后茬作物。复种是充分利用气候资源和土地资源,提高单位耕地面积产量和总量的有效措施。

在帮助农民降低风险的同时，也引导农民转向种植附加值更高的作物。此外，商业化也是增加农业收入和改善农民福利的必要手段，还需确保在不破坏柬埔寨粮食安全的条件下，提高农业商业化。

该方案的目标如下：通过加强农业研究和推广增加作物产量，提高产品质量，增强农业合作社的生产能力，完善承包经营制度，提高可持续农业用地管理水平和利用率，使各作物产量每年提高10%。为实现这一目标，农林渔业部将重点抓好以下农业发展措施。

（一）提高水稻和其他作物产量

通过加强研究与开发提高种子品质，增强应对气候变化的能力；加强人力资源管理，在提高基层农业推广人员（特别是各地区农业办公室和公社农业中心的技术人员）的技术能力上，将更先进的采后技术、灌溉技术等推广给农民。

（二）积极利用社会资本，促进农业多样化

积极利用PPP[①]模式，营造让私营部门积极参与的良性竞争环境，使政府在公共服务领域，用竞争性方式选择具有投资、运营管理能力的社会资本，使得非公共部门所掌握的资源参与到提供公共产品和服务中来，从而实现合作各方形成"利益共享、风险共担、全程合作"伙伴合作关系，提高农业生产力，促进农业多样化。

（三）转变农林渔业部职能，加强农业商业化

农林渔业部的现场工作人员将扮演"促进者"的角色，而不再直接为农民提供服务；私营部门将越来越多地为具有商业潜力的农场提供农业推广服务。农林渔业部工作人员要监督农民与贸易商之间的贸易关系，以及农业供销一体化企业之间的贸易关系。

此外，将利用农业社区和农民组织的建设，增强农民在贸易商和农业工业公司中的谈判地位；通过"窗口服务"，扩大商业化的规模；完善农业外商直接投资的登记发证和商业监管。

---

① PPP：public-private partnership，即政府和社会资本合作，是公共基础设施中的一种项目运作模式。政府采取竞争性方式选择具有投资、运营管理能力的社会资本，双方按照平等协商原则订立合同，由社会资本提供公共服务，政府依据公共服务绩效评价结果向社会资本支付对价。该模式鼓励私营企业、民营资本与政府进行合作，参与公共基础设施的建设。

（四）加强种子生产管理和推广

农林渔业部将通过改进法律和监管环境，促进气候适应性水稻的商业化，加强农业用地管理，鼓励生产和分销高质量种子。制定和调整有关种子及其他农业投入管理的法律与框架，在当地开展商业作物种子的试验，并举行向小农推广经济作物的活动。

（五）完善基础设施建设

例如，建设大米价值链的基础设施、稻谷干燥储粮和种子净化设施，并对农产品干燥储存设施进行评价和分级。

二、促进畜牧业发展

柬埔寨皇家政府第五届议会希望通过引入基于价值链原则的政策框架促进畜牧业发展，减少该部门发展的障碍，如食品安全问题、食品卫生标准和市场规范。通过加强研究和推广工作，提高预防动物疾病和人畜共患病的能力，从而保证动物和肉类的供应及卫生安全，使动物生产每年增长 3%。为实现这一目标，农林渔业部将重点放在以下方面。

（1）加快推进畜牧业政策的制定和实施，强化法律监管。

（2）加强育种、动物健康、饲养等方面的研究与开发。

（3）落实气候变化对畜牧业生产影响的干预措施，加强技术研发和推广方案的执行。

（4）加快通过和实施有关动物生产与健康的法律，完善动物卫生标准，预防和打击动物疾病的暴发，加强动物粪便管理，保护公共卫生安全。

（5）鼓励投资生产中、大型动物饲料，不断完善动物养殖制度、信贷和市场准入制度，给予农民适当的激励；引导民间投资进入牲畜加工业，建立现代化屠宰场；提升畜牧业推广服务水平，促进牲畜和肉制品贸易。

三、加强可持续渔业资源和水资源管理

柬埔寨皇家政府还把重点放在渔业改革上，通过加强渔业社区建设，打击非法捕捞，促进水产养殖，力图解决粮食安全问题，改善国民生计，为减少贫困和国民经济增长做出贡献。为此，农林渔业部提出：加强对渔业资源的保护，通过有效执法，消除各类非法捕捞；加强渔业社区的渔业管理，促进水产养殖以每年15%的速度增长；在提高国内和对外出口渔业产品质量的同时，注重渔业资源的

可持续利用。

（一）加强可持续渔业资源管理

进一步落实《渔业战略规划框架（2010-2019 年）》，依托三大支柱促进鱼类生产，服务国内消费和对外出口市场：加强以淡水和海洋为基础的可持续渔业管理；促进和发展淡水和海洋水产养殖；加强渔业加工贸易，促进本国消费与对外出口。

根据《渔业战略规划纲要（2010-2019 年）》和"渔业政策声明"，进一步加强渔业资源的可持续管理。通过打击非法捕捞，加强渔具管理，杜绝过度捕捞，充分利用渔业资源方面的人力资源进行技术研发推广，保护生物多样性和水生动物栖息地，最大限度地控制有毒有害物质，保护淡水、海水，以及森林和渔业保护区。

（二）加强水资源与灌溉系统管理

国家水资源政策涵盖淡水、海洋资源保护和管理，确保其可持续利用，兼顾生物多样化和可持续性。柬埔寨政府的目标是采取相应的措施，应对在未来20年内柬埔寨面临的水资源问题的挑战。

政府致力于为每位公民提供清洁、卫生的用水，让每位公民避免因任何有关水的问题而发生性命危险；为急需水的农业生产区域提供充足用水，保障粮食生产安全，确保人民生活和经济活动顺利进行；保障水资源和环境免除毒素污染，同时建立一个渔业和生态支撑型的体系。

四、加强可持续林业与野生动物资源管理

柬埔寨政府将通过实施"国家林业方案"，监测森林开发，严格执行林业法律和措施，加强保护区管理，深化林业部门保护区改革，确保自然资源的可持续和经济不断增长。皇家政府第五届议会决定通过对绿地、森林和野生动物的保护，保障生态系统的可持续性，提高湿地和沿海地区的土地质量，保护生物多样性，加强对自然资源的管理，在自然资源开发和保护之间取得平衡，增加自然资源对农业发展的贡献。

该方案的目标是加强林业可持续管理，每年至少植树造林 2.5 万公顷，为野生动物保育开发 5 万公顷的野生动物保护区，建立 32 个林业区。主要措施如下：

（1）根据《柬埔寨国家林业规划》，进一步以公平和可持续的方式管理森林与野生动物资源，特别是通过加强执法和管理，做好森林资源的分类，有效管

理与开发国家和私人森林。

（2）加强森林管理，确保相关措施的执行，以提高经济效益和改善生计；促进森林依赖型社区参与到减少森林砍伐、防治森林退化等森林保护活动中来。

（3）加强植树造林、森林恢复、森林野生动物保护和野生动物保护区建设；确保生态系统的可持续性，保证土壤、地表和地下水的质量。

五、加强农业机构与体制建设和人力资源开发

《国家环境战略和行动计划（2016-2023年）》指出，柬埔寨15~65岁的青年人口和劳动力人口比例很高，大约占到总人口的95%。这样的人口结构为柬埔寨发展创造了人口红利——充足的劳动力供应与储备、人力资本和技能，对食物、其他商品、土地和能源的需求日益增长。

如何利用好人口红利，促进农业部门的发展，加强体制能力建设和提高人力资源开发的效率成为促进柬埔寨农业发展极为重要的一环。为提高机构管理效率和服务能力，加强农民能力建设，促进农业可持续发展，农林渔业部将从以下方面入手。

（1）加强机构能力建设，推动农林渔业部下属的技术部门实施可持续农业的相关政策。

（2）提高配套服务的效率，加强农业信息化，不断完善市场营销系统，管理好公共和私人投资，提高执行方案预算编制检查、审计的效率，加强国际合作及其他配套服务。

（3）加强农业人力资源开发，提高农民的农业知识水平和农业技能，研究有效合适的、旨在优化农业人力资源的方法以应对劳动力市场需求的变化与农业发展。

第五节　粮农组织对柬埔寨农业总体规划

粮农组织是联合国的专门机构之一，是各成员国间讨论粮食和农业问题的国际组织，致力于提高农业、林业、渔业生产率和可持续性，减少农村贫困。

《柬埔寨国家规划框架（2016-2018年）》是粮农组织与柬埔寨农林渔业部、卫生部、妇女事务部、商务部等部门协商后拟定的，确定了粮农组织对柬埔寨皇家政府三个重点领域提供支援指导的国际标准方案，分别是提高农业生产力、农产品多样化和商业化；重视自然资源的可持续管理；减少农业脆弱性，提高抵御风险的能力。

一、提高农业生产力、农产品多样化和商业化

尽管过去 20 年柬埔寨经济结构有了重大变化，农业仍然是其就业集中的部门，人们也逐渐认识到，降低农业脆弱性和提高农业生产率的重要性。粮农组织力图通过增加单位土地面积和单位劳动力的生产效率，提高农业和非农业的多样化收入，丰富农业的就业形式，减少农村地区贫穷。具体措施和方法如下：

（1）提高包括贫困人群、妇女和青少年在内的被边缘化的农业从业者的知识和技术水平，尽力为他们提供应用知识，获取优质农业投入和进入市场的机会。

（2）帮助柬埔寨加强农业技术和管理，加快形成可持续、可盈利的价值链。

（3）协助柬埔寨政府和其他机构与部门制定跨部门性政策框架、投资计划和粮食安全方案，提高公共服务、政策制定和实施的能力。

二、重视自然资源的可持续管理

柬埔寨经济的迅速发展是以牺牲环境和自然资源为代价的——过度捕捞野生鱼类使其受到栖息地丧失的威胁，不加控制使用杀虫剂和其他污染物破坏生态平衡，非法采伐和扩张土地造成森林退化。除此以外，私人物品和公共物品的使用权在柬埔寨也是一个亟待解决的问题。在土地使用权方面，因土地出让和非法开采森林资源使大公司获得大片土地，小农户、渔民和其他被边缘化的社会群体从他们的土地和森林中被驱逐出去，柬埔寨的许多冲突也与此有关。

在此背景下，粮农组织将协助柬埔寨相关机构进行森林清查、温室气体排放、土地退化评估、土壤测绘等方面的农业数据收集、分析和应用，加强土地利用、农业生态分区以及土地使用权的可持续管理。

三、减少农业脆弱性，提高抵御风险的能力

柬埔寨人口中，很大一部分都生活在贫穷线以下或略高于贫困线，对自给农业高度依赖，其粮食安全极易遭到如流行疾病、价格波动、自然灾害（如洪水、干旱、风暴等）和气候变化因素的威胁，柬埔寨在应对灾害方面的能力非常有限。粮农组织将与柬埔寨国家机构合作，进行各方面威胁的监测，并提供早期预

警,还会致力于帮助柬埔寨农民提高预防灾害和减轻灾害影响的能力。

参 考 文 献

中华人民共和国商务部. 2018. 对外投资合作国别(地区)指南[Z].

中华人民共和国驻柬埔寨王国大使馆经济商务处. 2004. 柬埔寨王国政府《四角战略》[EB/OL]. http://cb.mofcom.gov.cn/aarticle/ddgk/zwminzu/200412/20041200318821.html.

FAO. 2016. Country Programming Framework for Kingdom of Cambodia 2016-2018[Z].

Royal Government of Cambodia. 2017. Cambodia's National Environment Strategy and Action Plan, 2016-2023[Z].

第二章　泰　　国

第一节　泰国社会经济与农业概况

一、社会经济基本情况

（一）经济发展水平

近年来泰国经济虽然受全球金融危机影响发生波动，但2010年后一直呈正增长，2010年和2012年分别出现7.8%和6.4%的高增长率。2013年以来受政治动荡和全球经济复苏乏力影响，经济增长回落。2017年全年经济复苏向好，增长率达3.90%。2013~2017年泰国GDP总量、GDP增长率和人均GDP等详细统计数据如表2-1所示。

表2-1　泰国经济总量及经济增长情况

经济指标	2013年	2014年	2015年	2016年	2017年
GDP/万亿元	2.59	2.55	2.73	2.81	3.15
GDP增长率	2.90%	0.70%	2.80%	3.20%	3.90%
人均GDP/万元	3.92	3.72	4.06	4.17	4.84

资料来源：根据商务部《对外投资合作国别（地区）指南》数据编制

20世纪80年代，泰国政府明确提出了建立"新兴的农业工业化国家"的发展目标，在经济发展过程中更加重视宏观经济稳定，将发展农业和以资源为基础的制造业置于重要的地位，这个时期泰国农林渔业增加值占GDP比重接近40%。但从80年代末开始，在以"亚洲四小龙"为主的过剩资本的引诱下和全球经济自由化、经济一体化浪潮的推动下，泰国政府转而将重点放在建立亚洲金融中心和以曼谷地区为中心的工业发展上，忽视了原先制定的农业工业化发展战略，泰国农业对GDP的贡献越来越少。由图2-1可看出，到2017年泰国农林渔业产业增量只占 GDP 的 8.66%，工业（包括制造业）生产占比为 35.03%。

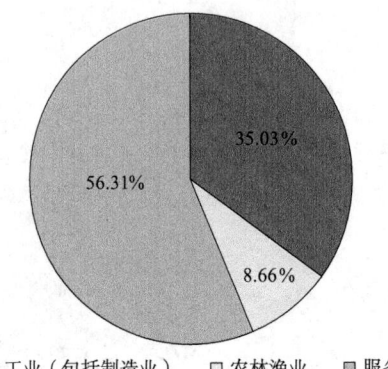

图 2-1　2017 年泰国三大产业增量占 GDP 的比重
资料来源：根据 World Bank. World Development Indicators 数据编制

泰国经济结构随着经济的高速发展出现了明显变化：虽然农业在国民经济中仍然占有重要的地位，但制造业在其国民经济中的比重已日益扩大，成为比重最大且主要的出口产业之一。20 世纪 80 年代以来，出口产品由过去以农产品为主逐步转为以工业品为主，主要出口产品有自动数据处理机、集成电路板、汽车及零配件、成衣、宝石和珠宝等。此外，泰国也是东南亚国家联盟（以下简称东盟）市场的汽车制造中心。

近年来，借助政府政策导向和优惠举措，泰国服务业已经吸收约 1 260 万名从业人员，就业需求以每年 5% 的速度递增。众多服务业项目获得政府陆续下拨的专款，行业升级加快，整合知识、技术、技能和文化资源于一体的创新经济正在高速发展。

旅游业是泰国服务业中的支柱产业，泰国因其美丽独特的热带景色、温暖宜人的气候、海滩森林、多元化民俗文化、设施舒适的购物环境成为备受欢迎的东南亚热点旅游地区。其他服务行业（如航空业、银行业、移动通信业等）也迅速发展，到 2017 年，泰国的第三产业对 GDP 的贡献率达到 56.31%，成为泰国经济最重要的组成部分。

（二）泰国主要农业产业

泰国自然地理条件优越，种植业是泰国农业最重要的部分，水稻、橡胶、玉米、木薯、甘蔗、蔬菜、咖啡豆、油棕、椰子等为主要作物，农产品品种丰富、产量充足。

水稻是泰国最重要的农产品，泰国全国每年家庭消费大米约 700 万吨，用于酒精、米粉、饲料等工业用途的稻米约 1 000 万吨，剩余的大米多用于出口。泰国是亚洲唯一的粮食净出口国和世界主要粮食出口国,也是世界五大农产品出口国之一,2014年农业生产增量占泰国GDP的10%,其中大米出口就占到1.3%。2015年泰国出口大米980万吨,出口总值46.13亿美元,是当年全球大米第二大出口国[①],享有"东南亚粮仓"的美誉。

二、主要农业指标

表2-2展示了2008~2018年泰国主要农业指标。泰国土地面积为51.09万km²,2008~2018年农业用地和耕地面积稳步增加,年平均增长率分别为1.23%和1.22%。根据世界银行提供的2016年数据,泰国农业用地为22.11万km²,占土地面积的43.28%,其中耕地面积为16.81万km²,占土地面积的32.90%。自2008年起,泰国的农业人口占总人口的比重平均每年下降2.80%,农业人口占比从2008年的42.51%下降至2018年的31.99%。此外,泰国的农村人口占比也呈持续下降趋势,但速度较为缓慢,直至2017年农村人口占比仍高达50.80%。表2-2中最后一个农业指标反映出,2008~2018年泰国农林渔业对GDP的贡献总体保持在10%上下,自2011年呈现下降趋势,2017年的占比为8.65%。

表2-2 2008~2018年泰国主要农业指标

主要农业指标	2008年	2009年	2010年	2011年	2012年	2013年	2014年	2015年	2016年	2017年	2018年	年平均增长率
农业用地/万km²	20.05	20.88	21.06	21.06	21.86	22.11	22.11	22.11	22.11	—	—	1.23%
农业用地占比	39.25%	40.87%	41.22%	41.22%	42.79%	43.28%	43.28%	43.28%	43.28%			1.23%
耕地面积/万km²	15.25	15.70	15.76	15.76	16.56	16.81	16.81	16.81	16.81			1.22%
耕地面积占比	29.85%	30.72%	30.85%	30.85%	32.41%	32.90%	32.90%	32.90%	32.90%			1.22%
农业人口占比	42.51%	38.99%	38.24%	41.01%	42.14%	39.60%	33.44%	32.28%	33.29%	32.80%	31.99%	-2.80%
农村人口占比	58.76%	57.46%	56.14%	55.30%	54.56%	53.81%	53.06%	52.31%	51.55%	50.80%	—	-1.60%
农林渔业增加值占GDP比重	10.08%	9.79%	10.53%	11.59%	11.51%	11.32%	10.09%	8.99%	8.50%	8.65%		-1.69%

资料来源:根据World Bank. World Development Indicators数据编制

图2-2展示了泰国农业指标的变化趋势,泰国农业用地占总土地面积比重自1960年后开始高速增长,不到三十年的时间,农业用地的占比增长了约20个百分

---

① 印度以1 023万吨的出口量位居2015年全球大米出口国榜首。

点，直至2015年，农业用地占比达到43.28%。泰国农村人口在20世纪60年代占到了总人口数的80%，经过20世纪七八十年代的工业化发展，农业在国民经济中的比重有所下降，但一半以上的人口仍住在农村，从图2-2中可以看出，这段时间农村人口占总人口比重的减少幅度不及农林渔业增加值占GDP比重的减少幅度。农村人口比重在进入21世纪之后开始快速减少，从2000年的68.6%下降到2017年的50.8%，但是还是有超过一半的人口生活在农村。

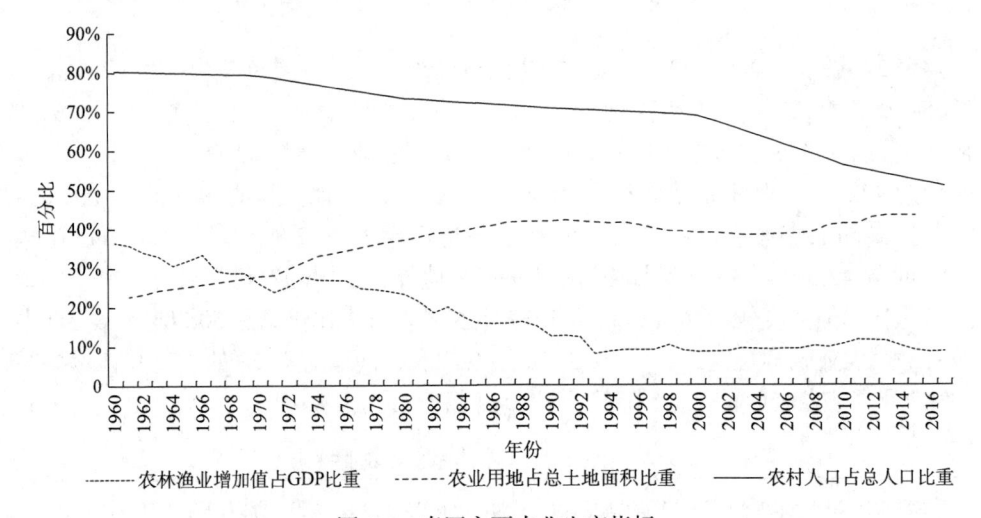

图 2-2　泰国主要农业生产指标
农业用地占总土地面积比重缺失1960年、2016年和2017年数据
资料来源：根据 World Bank. World Development Indicators 数据编制

三、农业发展与城市化问题

在大多数发展中国家中，广泛存在着城乡"二元制"经济结构：一方面，在城市存在着较发达的现代经济，相应地也存在着一个较强大的中产阶级，他们享有较为富裕的生活水平；另一方面，在农村却存在一个落后的农业自然经济，相应地也存在着人数众多、比较贫穷的农民大众。泰国深受这种二元社会之苦，二元社会给社会稳定带来了巨大的威胁。

纵观20世纪60年代后期泰国的整个城市化过程，其是在一种"畸形城市化"的发展模式下进行的，即城市化过程缺乏农业发展的基础。城市人口的扩张并非由农业现代化催生出的城市机械人口的增加而造成的，大批农村劳动力涌入城市在相当程度上是由于城市的"拉力"而非农村的"推力"造成的。

农村内部大量劳动力的流失进一步限制了农村的发展，整个城市的发展过程是以牺牲农业为代价的。金融危机爆发后，大批城市失业工人返回农村，进一步加重了农业的负担，泰国城乡人口贫困差异依然明显。2010年联合国开发计划署公布的报告显示，泰国的贫富差距比印度尼西亚、马来西亚和菲律宾等邻国都大得多。2009年泰国国内最富有的20%人口比最穷的20%人口的收入高出14.7倍，60%的人口所分得的财富仅占其总额的25%。

泰国的城乡经济鸿沟和贫富差距是历史形成的，但只要政府采取适当的政策，加速农村经济的发展，这种鸿沟和差距就会逐步缩小。2001~2006年泰国政府先后提出一系列惠农政策，包括允许农民推迟还债三年，给每村100万铢贷款作为发展基金，实施"一村一品"（one tambon one product，OTOP）种植、"30铢治百病"等政策。这些政策在一定程度上改善了农民的生活水平，促进了农村的经济发展，在2001~2005年这五年中，农民的收入提高了60%。

第二节　泰国农业机构

泰国农业合作部（Ministry of Agriculture and Cooperatives，MOAC）是泰国政府最重要的部门之一，负责农业政策制定和土地与水资源管理，指导农林业生产，促进农业稳定发展和农民持续增收。

农业合作部下设13个部门，分别是农业推广署、农业土地改革办公室、农业部、国家农业商品和食品标准局、农业经济办公室、合作审计部门、合作推广部门、渔业部门、土地开发部门、畜牧发展署、皇家灌溉部门、大米部门、诗丽吉王后蚕桑部。

第三节　泰国经济发展战略与规划

一、《二十年发展战略（2017-2036年）》

在2018年农业专业技术会议上，农业部助理部长乃腊发表了主题为"以创新引领农业取得更大发展，以市场需求指导生产"的讲话。他表示农业在泰国经济的发展中一直发挥着重要作用，为各地提供大量就业机会，但同时也面临着自然资源衰退的问题，与其他经济领域相比，差距仍然较大。

乃腊表示，泰国国内农民面临着诸多挑战，包括泰国农业竞争力的考验，社会老年化造成的农业劳工短缺，自然灾害、全球气候变化对农作物生长造成的不利影响等。为此，农业部决定实施《二十年发展战略（2017-2036年）》，制定了"国内务农人口至少要达 2 500 万人,收入水平提高,保持农业可持续性发展"的工作目标。同时推动泰国农民成为国际农产品市场的重要参与者,使农产品质量达到较高标准,充分利用国家热带动植物资源丰富的优势,出产更多优质的热带农作物产品,引用先进生产技术并不断创新,提升农产品附加值,让泰国在农业生产和农产品加工方面进入世界先进行列。

在努力保障国内农业资源多样性的前提下,实现增加农民收入的目标;农产品安全性必须得到广泛重视,生产国际安全水平的农产品以供应国外市场,增加外汇收入;引入以先进技术为基础的智能农业生产,发展"智慧农场";充分利用自然资源,发展与环境亲善的农业种植和生产,并对农产品进行更加高层次深加工,以满足市场需求,获得更多收益;在农业生产的过程中,坚持"创新、清洁、安全、环保"的原则,实施农业标准化和标准认证生产;加强农业生产和农产品加工的技术研发,让泰国在农业生产和农产品加工方面进入世界先进行列。

二、《第十二个国民经济与社会发展五年规划(2017-2021 年)》

面对日益加快的全球化进程和激烈的国际竞争,泰国国内人口老龄化和劳动力日渐短缺,有限的自然资源短缺和恶化的现状,未来五年是泰国社会经济革新和向前推进的关键时期。在这样的背景下,泰国国家社会与经济发展委员会[1]制定了《第十二个国民经济和社会发展五年规划(2017-2021 年)》[2](以下简称《十二五规划》),明确了泰国政府重大政策和重大发展战略,以"缓解贫困和收入分配失衡,促进社会资本发展"为目标,为泰国未来五年的发展指明了道路。

《十二五规划》与泰国《二十年发展战略(2017-2036 年)》、"国家可持续发展目标"(sustainable development goals,SDGs)、"泰国 4.0"[3]战略等泰国重大政策方向一致,致力于把泰国建设成为一个"安全、繁荣、可持续"的国家。积极推动国际贸易和投资增长及国内投资和经济增长,致力于通过双边和多边外交,扩大与盟国的合作发展;加强区域联系,推动区域国际贸易和投资,最大限度地发挥地理位置优势,把泰国建设成为一个区域性国际经济贸易中心。在未来的五年里,立足于运用智慧和技术实现知识型发展,运用科学和技术创新实现经济社会的可持续发展。

---

[1] 国家社会与经济发展委员会:The Office of the National Economic and Social Development Board,NESDB。
[2] The Twelfth National Economic and Social Development Plan (2017-2021) by Office of the National Economic and Social Development Board,Office of the Prime Minister of Thailand.
[3] "泰国 4.0"是泰国政府在 2016 年极力推行的新经济发展模式,泰国走过农业 1.0 时代和专注于廉价劳动力的轻工业 2.0 时代,跨越吸引外资的重工业 3.0 时代,最终将进入创新驱动和高附加值经济的"泰国 4.0"时代。

第四节　泰国农业发展规划与政策

一、维护生态平衡，实现农业可持续发展

（一）加强水资源管理

根据地区实际情况，开展包括水库、水井、池塘在内的全国农田存储设施建设；保护流域的源头地区，把流域中富余的水引流至水库；制定流域内水资源的管理规划，提高农业用水效率。

（二）保护农业用地

完善保护农业用地的相关法案，有效、系统地管理农业用地；保护肥沃土地，加速土壤肥力恢复；根据土地质量、水资源情况和当地市场需求进行农业分区，推广适合的农作物；修复废弃农田。

（三）促进有机农业发展

过去几年，生产者对食品安全重视不够，农民大量使用化学肥料，对生产者和消费者的健康造成不良影响，也使土壤结构遭到破坏，土壤肥力低下，导致土壤自然活力和调节能力降低，自然环境恶化。

有机农作物质量好、价格高的特点使生产者开始转向生产绿色、安全、高质量标准的农产品，既可以满足消费者消费绿色健康产品的高要求，实现价值创造，又可以维护可持续生态系统的平衡。因而，发展有机农业被泰国政府确立为农业转型的发展方向和国策，并大力向农户和农场推广，确立了向有机农业转型的战略，发展多种有机农作物融合的种植模式。

2015 年初，泰国农业合作部制定的《有机农作物发展规划（2017-2021年）》提出，要通过加快有机农业研究、推进有机农业的知识更新和科技创新，开发有机产品；同时，通过不断发展完善农产品和服务市场有机标准认证等措施，实现"有机农业面积增加 1 333 960 莱[①]（约为 1 920 公顷）"的目标。

1. 推动有机农业村建设

为响应商业部部长关于"扩大有机农业村项目，推动泰国有机农业发展"的

[①] 泰国面积测量单位，1 莱=0.001 44 公顷=1 600m^2。

指示，2018 年 8 月，泰国商业部国内贸易厅副厅长素塔妮女士表示，将在原有 8 个有机农业村的基础上，再新增 4 个有机农业村，分别在邬汶叻他尼府、安纳乍能府、尖竹汶府和清莱府发展绿色有机农业村项目，推动有机农业发展，着重提高有机农产品的加工技术，在扩大有机农产品销售渠道的同时，推动当地有机农业旅游发展。

2. 健全农产品有机标准认证

有机农产品生产要保证每个步骤都符合国际有机农业运动联盟[1]制定的"健康、生态、公平、关爱"原则，符合经济、社会、气候和当地条件。泰国农业合作部授权给泰国国家农业商品与食品标准委员会下属的农业商品与食品标准局，制定良好农业规范[2]和有机食品认证国家标准，同时负责认证相关的工作。该部门根据粮农组织和世界卫生组织的相关要求，参照当前的良好农业操作标准，制定了有机食品的农作物种植和畜禽养殖国家标准。此外，泰国的第一家私人有机食品认证机构——泰国有机农业认证（Organic Agriculture Certification Thailand，ACT）[3]也参照国家标准和国际有机农业运动联盟基本标准制定了自己认证机构的标准。泰国还为有机农业生产制定了专门的国家标准和国家认证计划，并推出有机农产品商标——"有机泰国"。

3. 提倡有机种植

泰国提倡发展有机肥和农业废弃物资源利用，实施有机耕作，在农业生产过程中不使用农药和化肥；农民将农作物秸秆、稻糠、畜禽粪便、餐厨垃圾、水果残渣等物料分类，利用农业技术推广部门免费提供的微生物制剂，进行有机肥生产；在有条件的地区推广喷灌、滴灌等水肥一体化技术。

4. 加强有机产品市场推广

在市场推广方面，除了同商场、百货公司、超市合作外，还将进驻户外集市、4 万多家蓝旗商店；把有机农业村发展成为当地的旅游景点，推动农业知识

---

[1] 国际有机农业运动联盟（International Federal of Organic Agriculture Movement，IFOAM），是一个全球最重要的非营利的世界性的有机农业组织，1972 年于法国成立，总部现设在德国，旨在通过发展有机农业保护自然和环境，联合各成员致力于发展集生态、社会和经济为一体的合理的、可持续发展的农业体系，在全世界促进优质食品的生产，尽量减少环境污染及不可更新的自然资源的消耗。

[2] 良好农业规范（Good Agricultural Practices，GAP）是通过经济、环境和社会的可持续发展措施，来保障食品安全和食品质量的一种方法和体系，以危害预防、良好卫生规范、可持续发展农业和持续改良农场体系为基础，避免在农产品生产过程中受到外来物质的严重污染和危害。

[3] ACT 成立于 1995 年，是由非政府组织、学者、消费者组织、媒体代表和环保商店等倡导可持续农业的人士发起建立的一个独立认证机构。1999 年 ACT 制定了第一个有机标准，开始提供认证和检验服务。2001 年注册泰国有机农业认证基金会，获得合法地位。

旅游，增加当地村民收入；协助农民和农民协会利用电子商务平台开拓国内外市场；推动有机农业村的商品到国内外的商品展销会（包括有机食品博览会、绿色食品展等）展出，充分发掘有机农产品国内外市场的巨大潜力。

二、重视农业科技与创新，培养智慧农民

（一）科学技术的转化和运用

2018年1月，泰国竞争力提升策略委员会确定泰国今后20年的国家竞争力提升将立足于"以技术创新带动价值增长"，并制定了《农业发展规划（2017-2036年）》，坚持"农民稳定、农业富余、农业资源可持续发展"理念，将泰国发展为热带农业大国，让农业成为国家经济增长的重要引擎之一。通过技术创新，让农业实现由量变到质变的发展，成为高价值产业，并让农业呈现可持续发展，让农民成为高收入人群。未来将按照"泰国4.0"战略，培养智慧农民，把新发明和现代科技运用于农业，包括信息研究、确定种植计划等方面。

政府十分重视科技推广，加快推动科学技术、知识创新在地方农业的转化和运用，出台《国家生物技术政策框架》，强调运用基因组学、生物信息学等核心技术，选择理想的农作物品种，提高农业生产力；重点关注农产品的安全性和市场性，满足消费者多样化的消费需求，增加农产品附加价值；加快建立严格的控制机制，保证在确定研究、开发和技术推广应用的方法时，新的农业生产不会在人们生活质量和社会环境方面产生负面影响。

（二）加强生物技术在农业生产中的应用

近年来，随着农业发展水平的不断提高，关于生物技术的研究活动不断增多，众多实验结果证明，生物技术不仅能够提高农作物的质量和产量，还能在一定程度上降低种植成本，提高种植户的经济收益，对促进农业发展来说有着积极的作用。

转基因技术将优秀的农作物基因转移到某一种不具备该基因的农作物上，通过基因的提取和嫁接，来改善农作物的抗病虫能力，起到提高质量和产量的效果。它的安全性较高，不会对人体健康造成任何不利影响，并且能够起到促进增产、增收的作用，对农业发展有着非常积极的意义。植物组织培养技术[①]能提高

---

① 植物组织培养技术指在无菌条件下，利用植物体离体的器官（如根、茎、叶、茎尖、花、果实等）组织（如形成层、表皮、皮层、髓部细胞、胚乳等）或细胞（如大孢子、小孢子、体细胞等）以及原生质体，在适宜的条件下，培养成完整植株的生物技术。

植物的生长和繁衍速度，提高植物的抗病、抗倒伏性能，而且占用空间小，不受地区、季节限制，在较短的时间内就能完成育苗任务，而且在获取特殊的生化制品、拯救濒危植物等方面具备很大优势。相比化学农药易对农作物的质量产生不良影响，污染环境的缺点，生物农药技术不会对农作物或者环境造成破坏和影响，具有生长快、范围广的特点，能够在一定程度上节约种植户的资金投入，降低生产成本，具有较明显的增收效果。

泰国科技部制定实施的《泰国国家生物技术政策框架（2004-2009 年）》从制度层面进一步推动泰国生物技术的发展，实现了泰国生物技术的重大飞跃。生物技术业务增长，以生物技术研究为目的的投资不断增加，全新的产品和服务不断涌现，食品发酵技术得到改善，有机肥的生产和使用让生产水平进一步提高。泰国将通过提高农产品质量、生产力和创新水平降低生产成本，提高农民生活水平，提高市场竞争力，实现农业可持续发展，应对全球气候变化。科技部制定的《泰国国家生物技术政策框架（2012-2021 年）》提出，将通过支持生物技术在能源、食品和卫生安全等方面的应用，巩固生物技术作为农业、社会和经济可持续发展重要力量的地位。

1. 在培育作物和牲畜方面

着力提高作物抵御病虫害的能力；开发满足新兴市场需求的作物，如高淀粉的细粒木薯、高蛋白的抗氧化大米等；为适应气候变化培育抗旱橡胶。

2. 在改善农业投入品方面

增加并且多元化运用用于改良土壤、生产有机肥料、杀虫剂的微生物；开发疫苗及检测疾病的试剂，减少抗生素的使用。

3. 在提高农产品生产价值方面

通过将农业废弃物作为其他工业的投入品进行再利用，减少浪费，如生物能源、生物聚合物、其他生化产品、食物补充剂（如可溶性纤维等）。

（三）培养智慧农民

"智慧农民"项目是对农民人力资源开发的过程，旨在发展和提高农民的知识、能力、对行业的认知，使其具备知识、技能及在未来具有可持续的竞争优势和改善目前农业现状的能力。

农业合作部实施农民向智慧农民发展的指导方针包括：分析和评估农民的技能和能力，发掘农民的潜力；为农民提供获取知识和信息的学习环境，积极开展培训活动以拓展和提高农民的专业技能；推动农民在生产、加工、营销环节对现代技术的掌握与应用，让其具备使用数据分析市场需求的能力，做出生产和营销的正确决策。

三、提升产业价值链，提高农产品竞争力

为增强农产品的竞争力，提升产业价值链，泰国在 2001~2006 年推出了"一村一品"计划，以"促进就业，增加收入，充分开发现有资源，发展旅游业"为目标，为有意愿经营"一村一品"的村民提供生产援助，并因地制宜制定相应的发展策略。

目前，泰国 2014 年之后仍在继续推广这个政策，在政府的统一规划下，全国 5 000 多个乡各自开发出一种充分体现自身优势的特色产品，全国至少有 120 万个农户从事"一村一品"的各种手工业和工业活动。"一村一品"产品涵盖了几乎所有的泰国农村本地产品，每一"品"都有着独特风味和地方风格，这一计划改进了技术，融入了更多泰国文化因素，生产出许多地方特色产品，也让世界游客对泰国印象更加深刻。

（一）立足市场进行产品开发

由"一村一品"委员会负责总体监管"一村一品"的产品质量和包装，泰国工业部协助进行产品开发、技术培训和质量控制，由泰国产品开发中心的设计师团队与村民共同确定适销对路的产品包装。

（二）严格把控产品质量，引入示范村竞争机制

建立以"星级认证体系"为核心的质量改进制度，并设立专门委员会，开展"一村一品"示范村的评选活动，选出近 500 项最优产品并将其正式注册为"一村一品"产品，享受政府对其商业咨询、市场渠道、技术服务等方面的支持。

（三）加强产品宣传和市场推广

泰国政府在旅游景点和机场设立了"一村一品"产品展销中心，泰国商务部出口促进厅"一村一品"任务组在海内外定期举办泰国贸易展销会，设立电子商务网站进行全球推广，使"一村一品"产品打入国际市场。

泰国政府提出的"一村一品"项目以特色优势主导产业为支持重点，引导各类社会资本和新型经营主体的集聚，找准产品的市场定位，规模化生产，开展品牌创建与营销，激发产业链、价值链的重构和功能升级，推进一二三产业融合，加快了泰国现代化农业的发展。

四、提升泰国香米世界竞争力

泰国是世界上多种热带经济作物的主要生产国,也是世界第二大米出口国,泰国大米出口量对世界大米市场走势发挥着基础性作用,这一地位的取得,与泰国的农业基础、对科学技术的应用以及务实的公共政策密不可分。

(一)严把种子质量

泰国政府在水稻技术推广上,坚持抓好种子生产。农业合作部建立了20多个水稻种子生产中心,这些种子生产中心按照国家的技术要求对种子进行提纯,做好种子繁殖,以保持大米的品种优良性状。例如,泰国在推出优质香米品种"茉莉"后,每两至三年更新一次,使"茉莉"至今仍保持泰国主要香米应用品种地位。

(二)重视科技推广

科学技术在泰国农业发展中起了巨大的作用。泰国政府出台国家生物技术政策框架,强调应用基因组学、生物信息学等技术,利用 DNA 分子标记育种,选择理想的农作物特性,进一步提高农业生产力。

(三)重视产品质量

泰国政府十分注重大米的出口质量,1998年颁布了第一版《泰国茉莉香米标准》,对出口香米的纯度做出了明确规定,此后多次对此标准进行修订,提高出口香米质量。

五、确保农产品质量,制定农业安全标准

制定农业和(非)食品产品[1]的卫生国际公认的安全标准、检查制度、国内外市场认可的认证体系和可追溯标准;监测和评估影响农业和食品生产过程的风险,严格执行有问题产品召回制度等有关农产品安全的法律法规,保证农产品生产的质量;对农民进行标准化生产流程培训(如 GAP);促进农产品在利基市场[2]销售,如有特定标准的有机农业、清真食品和环保产品;制定相关的激

---

[1] 非食品产品,如草药、补充剂、医药、可再生能源和生物材料等。

[2] 利基市场是在较大的细分市场中具有相似需求的一小群顾客所占有的市场空间,具有产品差异性大、市场狭小的特点。

励措施改进农产品生产质量。

六、建设富强农村，帮助农民脱贫减困

（一）设立农村基金

泰国政府在2007年成立了专门委员会，开始推行农村基金计划，致力于推动农业生产和农村工业发展，减轻农民负担，提高农村生产力。在该计划实施期间，全国7万多个村庄平均每个获得60多万泰铢的发展基金。这些村庄都成立了基金管理委员会，自主确定投资项目，并向市场推广农村产品，包括"一村一品"在内的农村工业、商业和服务业等项目发放的基金绝大部分都被农民投入农业生产中。

泰国政府2014年以后也提出了相应的农村基金规划，总理巴育多次重申，希望农村基金的执行能和政府政策方向保持一致，农村基金成为推动国家经济增长的重要力量。同时，也希望通过该基金的实施不断改善农民家庭收入结构。

（二）提出扶贫计划

2016年初，泰国针对农村问题启动了"2016-2020年扶贫发展规划"，该项目计划在未来五年内，帮助两万多个村庄的两千多万人口解决贫困问题。与之前的皇家项目相比，这个新扶贫计划的特点是积极寻求与高等院校及私营企业合作，同时鼓励社会组织和个人参与农村扶贫减贫事业，把扶贫与农村发展事业推向更高阶段。

2018年1月，作为实现新农村发展和农民脱贫增收第二阶段的计划之一，主管经济事务的副总理颂奇提出"新农民带路脱贫致富"计划，首先帮助年收入低于30 000泰铢的低收入者脱贫，其次帮助年收入在10万泰铢以下的民众。为此，泰国政府正寻求约1 500亿泰铢的预算经费，为该计划提供财政支持，资金将主要流向人口密集的基层地区，包括创造农村就业、改革农村经济体系、充实农村基金等。

（三）建立慈善组织

除了泰国政府之外，泰国皇室在普密蓬国王的带领下，也一直十分重视通过一系列的"皇家项目"来惠及农民。早在2008年，为庆祝国王普密蓬81岁圣寿，泰国皇室创建了一个名为"佛背贴金"的慈善组织，该组织推行的皇家项目主要内容是帮助农村解决水、土、森林、能源、环境等问题，促进农业知识传播等。

七、制定财政政策，保护农业发展

（一）价格保护政策

根据市场行情，泰国政府对几种主要农产品实行最低保护价格，通过银行对季节性滞销产品给予贷款、降低农产品出口关税的支持，保护农户利益，如2016年大米价格下跌，泰国就对稻米实施了保护价和补贴政策。

（二）信贷支持政策

泰国政府制定和综合运用多种支持农业发展的信贷政策，如规定所有商业银行必须将14%的信贷资金投向农业；农业银行和农业合作社必须以平均成本价确定贷款利息；政府设立储备粮食抵押贷款，帮助农民在销售旺季前进行粮食储备，待市场价格上升时再出售；等等。

2015年泰国金融机构启动了"一村一百万"项目，为全泰国5.9万个乡村基金提供600亿泰铢的无息贷款，支持农村最低收入群体脱贫。

（三）资金支持政策

泰国政府向主要农业产区大量投资，2015年9月，政府推出一系列经济刺激方案，投入1 360亿泰铢财政资金，刺激泰国农业及乡村经济发展。

（四）设置外资准入门槛

泰国现行《外籍人经商法》规定，农业、畜牧业、渔业等行业的泰国籍投资者持股比例不得低于51%，水稻种植、旱地种植、果园种植、牧业、林业等领域，因特殊理由禁止外国人投资。

第五节　粮农组织对泰国农业总体规划

泰国于1947年成为粮农组织成员，一年后曼谷被指定为粮农组织亚洲和太平洋区域办事处的临时所在地[①]。粮农组织通过泰国农业合作部粮农组织全国委员会，不断与泰国政府进行合作。在过去60年中，泰国为粮农组织做出了重大贡

---

① 于1953年得到正式批准，并存在至今。

献，已从受援国转变为资源伙伴。

《2018-2021年粮农组织国家规划框架》（以下简称《国家规划框架》）中提出了粮农组织对泰国在以下三个方面的援助：实施食品安全和标准，促进消费者健康和贸易发展，加强自然资源可持续的管理。《国家规划框架》强调优先发展国家农业发展的关键领域，包括食品安全标准、可持续农业和自然资源管理等方面。这与泰国社会与经济发展委员会《十二五规划》和《联合国伙伴关系框架（2017-2021年）》提出的可持续发展目标相一致。

参 考 文 献

谷悦. 2015. 泰国有机食品认证现状[J]. 中国食品，666（2）：44-45.
昆明日报. 2013. 泰国一村一品行走世界[EB/OL]. http://roll.sohu.com/20130528/n377225272.shtml.
李芒茳. 2016. 泰国如何抓"三农"问题[J]. 农产品市场周刊，（9）：60-62.
南方都市报. 2017. "东南亚粮仓"泰国：鼓励发展有机农业[EB/OL]. http://www.oeeee.com/mp/a/BAAFRD00002017072044432.html.
沈红芳. 2001. 泰国促进农业可持续发展的新思路与新政策[J]. 世界农业，（11）：25，26.
孙广勇. 2018. 泰国力争农业成为经济增长新引擎[EB/OL]. http://world.people.com.cn/n1/2018/0509/c1002-29974585.html.
泰国世界日报. 2018a. 泰国农业部决定实施二十年（2017-2036年）发展战略[EB/OL]. http://www.ccpit.org/Contents/Channel_4114/2018/0618/1019476/content_1019476.htm.
泰国世界日报. 2018b. 泰国商业部将新增4个有机农业村[EB/OL]. http://www.ccpit.org/Contents/Channel_4114/2018/0818/1049104/content_1049104.htm.
王琛. 2013. 泰国城市化进程的教训[J]. 中国中小企业，（12）：72，73.
王中美. 2017. 生物技术在农业生产中的应用[Z].
杨婷. 2018. 农业产业链整合中的农产品价值链分析[J]. 商业经济研究，（12）：150-152.
中国国际贸易促进委员会. 2018. 泰国农业部决定实施20年发展战略[EB/OL]. http://songkhla.mofcom.gov.cn/article/jmxw/201806/20180602756122.shtml.
中华人民共和国驻泰王国大使馆经济商务处. 2012. 泰国服务业（2011年版）[EB/OL]. http://th.mofcom.gov.cn/article/ddgk/zwdili/201202/20120207948710.shtml.
FAO. 2018. Thailand and FAO Partnering to Achieve Sustainable Agricultural Development[Z].
Ministry of Science and Technology, Thailand. 2012. Thailand's National Biotechnology Policy Framework（2012-2021）[Z].
NESDB. 2017. The Twelfth National Economic and Social Development Plan（2017-2021）[Z].

第三章 缅 甸

第一节 缅甸社会经济与农业概况

一、社会经济基本情况

(一)经济发展水平

近代英国人凭借三次侵略战争最终占领缅甸全境,之后在缅甸大肆掠夺资源,为更好地掠夺资源,英国人在缅甸进行相当规模的工业建设,并修建道路将其与印度殖民地连成一体,使得缅甸经济得以快速发展,整个国家日益繁荣。

第一次世界大战时期缅甸人均GDP在亚洲名列前茅,甚至一度超过日本。第二次世界大战爆发之前,缅甸凭借境内自然资源丰富、初级加工业发达与人口稀少的优势,人均GDP遥遥领先亚洲各国,逼近1 000美元,已接近当时西方工业国家水平。这与英国的刻意扶持分不开——为制衡印度,英国大力发展以实现殖民地力量平衡,以此获得最大利益。

在第二次世界大战中,缅甸遭受的战争损失很小,工业设施损失不多,在缅甸独立之时,依旧是亚洲比较发达的国家。遗憾的是,缅甸自独立后不断衰退,国家经济发展停滞不前,国民也逐渐陷入贫困之中。如今,缅甸已名列联合国最不发达国家名单之中,其人均GDP只有1 275美元,不到日本人均GDP(38 428美元)的三十分之一,考虑到通货膨胀因素,缅甸的经济水平远不如70年前。

(二)农业与国民经济

缅甸是一个以农业为基础的国家,大部分地区属于热带季风气候,境内河流众多,得天独厚的地理、气候条件适宜农作物生长。2000年缅甸农林渔业对GDP的贡献高达57.24%,而同年中国的比重仅为14.68%(图3-1)。

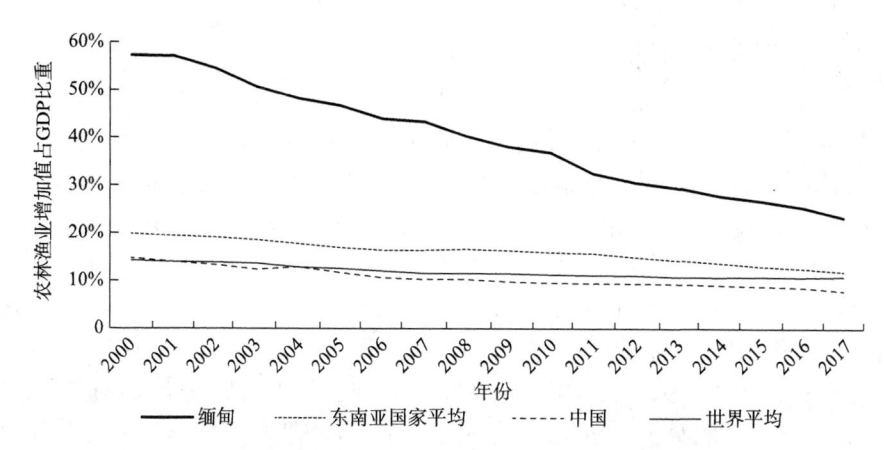

图 3-1 2000~2017 年缅甸、中国、东南亚国家平均和世界平均农林渔业增加值占 GDP 比重
资料来源：根据 World Bank. World Development Indicators 数据编制

由图 3-1 中可以看出，虽然 2000~2017 年缅甸农林渔业增加值占 GDP 比重持续下降，但均占到 20%以上，远远高于中国、东南亚国家平均和世界平均。近年来缅甸农村人口占比在 70%左右，远远超过中国和世界平均农村人口占比[①]（图 3-2）。缅甸的主要农作物有水稻、小麦、棉花、豆类、甘蔗、烟草、黄麻等，农业资源丰富，但农业发展不均衡、农业技术落后、农业投资不到位等因素，严重制约了缅甸农业的发展。

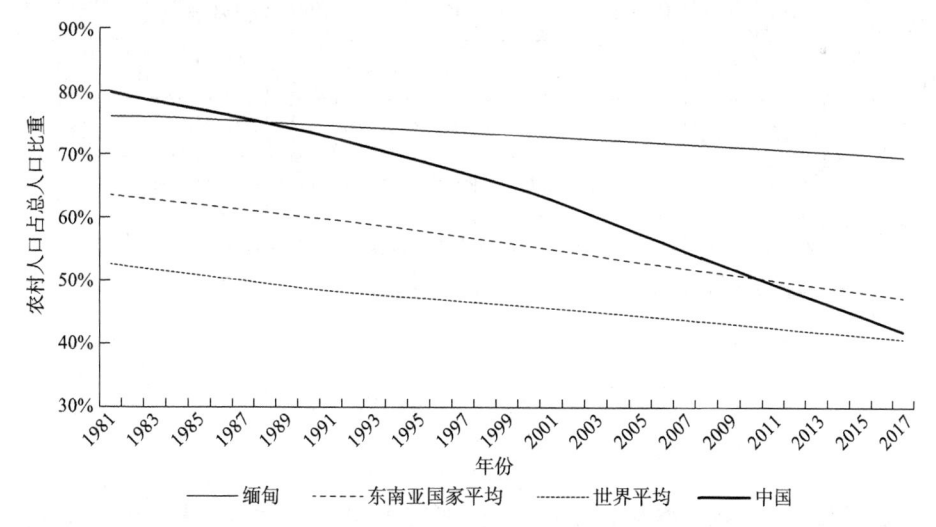

图 3-2 1981~2017 年缅甸、中国、东南亚国家平均和世界平均农村人口占总人口比重
资料来源：根据 World Bank. World Development Indicators 数据编制

---

① 2017 年缅甸农村人口占比 69.68%，中国为 42.04%，世界平均为 40.82%。

二、主要农业指标

表 3-1 展示了 2008~2018 年缅甸主要农业指标。缅甸的土地面积为 65.31 万 km², 2008~2018 年农业用地面积稳定在 12 万 km² 以上, 根据世界银行提供的 2016 年数据, 缅甸农业用地为 12.76 万 km², 占土地面积的 19.54%, 其中耕地面积为 10.91 万 km², 占土地面积的 16.70%。2008 年起, 缅甸农业人口占总人口的比重持续下降, 平均每年下降 2.82%, 农业人口占比从 2008 年的 64.29% 下降至 2018 年的 48.31%。相较于农业人口占比, 缅甸农村人口占比的下降速度较为缓慢, 直至 2017 年农村人口占比仍高达 69.68%。表 3-1 中最后一个农业指标反映了 2008~2018 年缅甸农林渔业对 GDP 的贡献, 农林渔业增加值占 GDP 比重自 2008 年以来持续以年平均 5.89% 的速度快速下降, 直至 2017 年, 农林渔业对 GDP 的贡献率降为 23.33%。

表 3-1 2008~2018 年缅甸主要农业指标

主要农业指标	2008年	2009年	2010年	2011年	2012年	2013年	2014年	2015年	2016年	2017年	2018年	年平均增长率
农业用地/万 km²	12.28	12.44	12.53	12.56	12.55	12.59	12.63	12.75	12.76	—	—	0.48%
农业用地占比	18.79%	19.04%	19.17%	19.22%	19.21%	19.27%	19.34%	19.52%	19.54%	—	—	0.49%
耕地面积/万 km²	10.69	10.79	10.81	10.79	10.75	10.77	10.78	10.89	10.91	—	—	0.25%
耕地面积占比	16.37%	16.52%	16.55%	16.51%	16.46%	16.49%	16.50%	16.68%	16.70%	—	—	0.25%
农业人口占比	64.29%	62.40%	60.61%	59.08%	57.36%	55.79%	54.08%	51.76%	51.30%	49.93%	48.31%	-2.82%
农村人口占比	71.49%	71.31%	71.12%	70.93%	70.73%	70.54%	70.35%	70.14%	69.92%	69.68%	—	-0.28%
农林渔业增加值占 GDP 比重	40.28%	38.11%	36.85%	32.50%	30.59%	29.53%	27.83%	26.77%	25.47%	23.33%	—	-5.89%

资料来源: 根据 World Bank. World Development Indicators 数据编制

第二节　缅甸农业机构

缅甸农业、畜牧和灌溉部 (Ministry of Agriculture, Livestock and Irrigation, MOALI) 前身为缅甸畜牧、渔业和农村发展部及农业和灌溉部, 下设 13 个部门, 分别是规划部、农业部、农业土地管理和统计部、灌溉和水资源管理部、农业机械化部、农业研究部、合作部、小规模产业部、畜牧与兽医部、渔业部门、农村发展部、耶津农业大学、兽医科学大学。

第三节 缅甸《农业发展第二个五年短期计划（2016-2020年）》

近年来，农民的生活水平进一步受到气候变化、自然灾害和人为灾害等现象的不利影响，特别是2008年"纳尔吉斯"强热带风暴之后，几乎每年都会发生不可预测的天气变化，给农业部门造成了巨大的破坏和损失。同时，由于农民们未能对现有森林和土壤采取有效的养护措施与行动，故土壤质量和肥力下降，造成农业生产力低下，农民收入减少，大多数农民无法打破这样的恶性循环。为此，缅甸农业、畜牧和灌溉部于2017年1月发布了《农业发展第二个五年短期计划（2016-2020年）》，通过制定发展战略和执行有效的具体政策组合，把农业作为国民经济发展重点，改善农民的社会经济状况，提高农业部门的效率。

在此计划中提出以下政策目标：充分利用缅甸农业的有利条件，满足当地和外部消费者快速增长的需求；为农业、畜牧业和渔业部门创造有利环境，使之相互促进和提高，生产更多、更多样化的优质农业、畜牧和渔业产品。

1. 愿景与设想

建立一个包容、竞争、粮食和营养安全有保障、可持续发展的，为农民和国民经济进一步发展做出贡献的农业体系。

2. 任务

让农民和农业企业运用创新的、可持续的生产、加工、包装、物流和市场营销技术，从生产和贸易多样化、安全、有营养的食品和农产品中获利，满足日益增长的国内外需求。

3. 目标

（1）保障粮食安全和国民良好的营养状况。
（2）根据不断变化的市场和农业气候条件，制订多样化农业方案。
（3）生产符合市场质量标准的农畜渔业产品。
（4）保障农民的权益，改善农民的福利和生活；通过加大农村基础设施建设、引导农民进入市场、建立小型民营企业、发展企业合作制度等措施实现可持续的农村发展，提高农民创收能力，改善生活和经济条件。

（5）从地方和国际机构调集财政资源，积极寻求科学技术援助，支持种植业、畜牧业、渔业发展。

（6）提高科研和人力资源管理能力。

（7）延长农产品生产、贸易、加工、服务和消费的价值链。

（8）促进国内和国外对农业部门的直接投资。

（9）改进政府间机构的协调机制，促进公私伙伴关系，促进包括公共机构、学术界、农民协会等的民间组织和私营部门在内的农业机构之间的协作与联系，以推动农村发展和减少贫困。

第四节 缅甸农业发展规划与政策

一、完善土地利用和管理制度

（1）所有种植农作物、饲养牲畜和鱼类的农民可以按照现行的土地法律取得土地，也可以转让、出售、抵押、出借、交换、赠送、继承其使用权。

（2）完善法律制度，使农民可以依法自由选择在准许耕种和使用的土地上，从事任何具有经济可行性[①]的农业活动。

（3）按照国家土地利用政策，积极开发空置地、休耕地和原农业区，切实有效地利用现有农业区和已划拨土地；将新开发的农作物用地，分配给正在耕种和居住在农村但缺乏财政资源的无地农民与农业劳动者，并为他们提供相应援助以确保其土地所有权；在被没收土地的情况下，依法协助农民取得补偿费、偿还费或者置换土地；向没有或拥有极其有限的土地和财政资源的小农场主与农场工人提供援助，使他们有权开发新的农业用地用于耕作。

（4）若未按照原计划使用划拨的农作物用地（由闲置地、休耕地、荒地开发而成），由国家依照现行法律收回土地使用权。

（5）绘制准确的地形图，使用数字制图系统而非传统的制图系统；做好土地调查工作，完善土壤分类和土壤分级；编制高原、丘陵地区系统的轮作记录；发展高原栽培，引进坡耕地技术[②]。

（6）建立农畜渔业产品生产特区，提高生产水平。

（7）重视和尊重不同民族在传统和文化上利用土地的权利。

---

① 经济可行性是指可以使用的资源的可能性（资源包括人力资源、自然资源和资金条件）。
② 坡耕地技术：slopping agriculture land technology，SALT。

二、加强水资源利用和管理

（1）采取必要的行动和措施，确保每一个已建成的包括灌溉大坝、水渠、抽水站在内的整个灌溉系统全面高效地投入使用；利用水资源管理系统，最大限度地提高用水效率。

（2）为不同地区的农民开展供水项目，确保灌溉用水能及时地被农民有效利用；对现有大坝、抽水灌溉工程、地下水钻探工程、配水系统、灌溉系统进行现代化改造，减少浪费，提高用水效率。

（3）支持村庄自有水坝、河堤、池塘、灌溉和排水系统的建设和维护；根据重点地区的预算情况进行水堤（用于保护淡水）和海堤（用于保护半咸水）建造、维修和排水管道建造。建造、维修内河及海堤，防止淡水及咸水入侵；在易受水浸地区预先挖掘排水渠道。

（4）积极探索在不影响自然环境和水资源的情况下，为农业、畜牧业和渔业及相关活动开采地下水，在需要的地方引入滴灌和喷灌系统。

（5）在现有水资源基础上，实施农村饮水工程，实施清洁饮用水，提高农民用水意识。

三、拓展农业融资渠道

（1）寻求本地及外来资金对农业、畜牧业、渔业部门、合作社和农村发展部门的资助，协助农民获得贷款、信贷、资本投资和财政支持，并为农民有效使用资金提供必要的服务。

（2）支持建立循环基金[①]、小额信贷、统筹拨款、集体赠款等融资项目，拓宽农民的融资渠道，提高农民家庭收入，改善农村人口的生活；和有关部门一同组织制订农作物保险方案、信用担保方案和仓储金融担保方案。

（3）加强与有关部门、组织、团体、银行、合作社、公司的沟通与联系，实行分期付款交易、小额信贷等措施，鼓励农民购置农用机械和设备，促进农业现代化发展，提高农村居民的生活和收入水平。

（4）制定有关政策，加快缅甸农业开发银行从国家预算中获批贷款的速度，优化资金的规划利用，并对缅甸农业开发银行进行结构调整和现代化改

---

① 循环基金（revolving fund）是保险基金在收付过程中各形式依次自身运动的过程。假定保险期间等于资金循环一次所用的时间，在期初，生产者用货币资金的一部分缴纳保险费购买保险，由此形成保险基金，处于责任准备形态，在保险期间内，无论在生产过程的哪一个环节或时点上发生保险事故，保险人都要用保险基金补偿其损失；当生产过程结束时，资金循环走到终点，保险基金亦支付完毕。作为一个连续过程，保险基金自收集保费开始，经过责任准备阶段，至逐渐转化为赔款支付出去止，完成一次循环。

造，使其能够更好地运作，在提供季节性贷款的同时，还能够提供长期和短期贷款。

（5）吸引外商直接投资，在使农业、畜牧业和渔业方面获得投资的同时，也借此获得国外的技术援助，加快进入国际市场。

四、推动农业机械化进程

（1）增加优质农机装备，促进农业机械和器具的标准化和现代化；鼓励小农户、养殖户在农牧渔业等日常工作中广泛使用小型机械、大型机械和设备，进行大规模生产，逐步实现农业机械化。

（2）支持传统养殖体制向机械化养殖体制转变，加快推进农业生产技术和现代机械设备应用能力建设，通过引进采后农业生产机械设备（如收割、脱粒、清选、干燥机械）提高农产品质量，提高加工附加值，延长产业链。

（3）发展农业机械化培训，建立学历教育和职业教育培训中心，对修满相关课程的人员颁发正式证书，提升农业从业人员专业知识与技术能力。

五、提高农业生产投入质量

（1）协助农民采购种子、肥料、农药、除草剂、饲料、药品和其他投入物，使其以较低价格获得高质量的商品；为农民自产自用天然肥料提供技术支持。

（2）提高农业质量监管有关部门监督和定期检查的力度，对掺假行为做出惩罚。确保生产商与供应商严格遵守现行法律，按照规定提供高质量和高标准的产品，给农民营造一个没有假冒产品（包括化肥、农药、除草剂、种子、初生雏、动物饲料和药品）的市场环境。

（3）在政府机构和私营组织的合作下，扩大种子生产农场和优质种子区，为农民提供示范区，供应适应各地区条件的种子，加快传播和推广已证实的技术。

六、鼓励合作，改善农村基础设施

（1）建立以生产、服务和贸易为重点的农业合作社与组织，根据法律法规对这些组织进行监督和评估，并进行教育培训；与有关机构合作，提高合作社家庭成员的经济、教育、保健和生活水平。

（2）在国家电网以外地区实施农村照明计划，并与私营部门合作实施农村照明。

（3）到2030年实现每个乡村开通一条以上四季通畅的公路，制定和实施关于农村交通道路和桥梁发展战略规划，特别是影响农村经济发展水平和村民生活水平的农产品运输道路的筹建和规划；保障农村道路和桥梁的持续发展。

（4）为处于紧急状况或是受自然灾害影响失去房屋的村民修建农村住房；积极推动农村地区公厕的建设。

七、提高科研和技术推广水平

（1）建立国家级的涵盖农业、畜牧业和渔业部门的研究系统和推广系统，加强科学研究。

（2）加强农业科研基础设施建设，建设先进实验室，配备现代化实验室仪器设备；鼓励民间资本和企业投入和参与科学研究。

（3）加强人力资源建设，提高农业科研人员技术水平，根据短期和长期计划培训专题专家；与旨在交流现代农业、畜牧和渔业技术的国际组织建立合作关系；加强同政府组织、民间社会组织、非政府组织和私营公司的交流合作，以便在这些组织的充分参与下开展研究。

（4）加快进行项目研究，包括符合市场需求和保护生态环境的高产品种研发、适应气候变化作物的生产技术、气候适应性强和抗虫害的作物品种的研发。

（5）加强对种质资源的保护，培育不同的作物品种、牲畜品种和鱼类品种，以抵御气候变化和病虫害，保护生态资源；与相关部门、组织进行合作，保护遗传学资源。

八、立足市场，延长农产品价值链

（1）支持、鼓励发展以新技术为基础的均衡营养体系，提高优质农副产品的产量，利用农业初级产品发展附加值加工业。

（2）及时获取充足的本地及国际市场的贸易信息，了解供求情况、价格波动等市场信息。

（3）设计并实施贯穿整个农牧业价值链，政府、民营企业参与的 PPP 模式。探索农业领域推广 PPP 模式的实施路径，创新农业公共产品和公共服务市场化供给机制，提高农业投资的有效性和公共资源使用的效益，提升农业公共服务的质量和效率。

（4）形成良好的农业投资环境，建立政府、各民间组织、私营公司和生产者充分参与的"农业—商业"价值链，并积极吸引当地和外部投资资金进入。

（5）加快发展批发市场和商品交易中心，以建立可靠和稳定的市场，确保农产品价格稳定，尽可能降低物流成本。

（6）支持农业生产者参加贸易展销会、国内外举办的研讨会和讲习班等重要活动，主动积极地融入农牧渔业产品市场。

九、加强机构管理和人力资源建设

（1）实行农业、畜牧业、渔业全领域电子政务管理和公共关系一站式服务。

（2）制定和颁布法律，保护新投放品种的产权。

（3）大力支持联邦和州、地区各级机构同私营部门、民间社会组织和非政府组织在实施已批准的政策和战略目标方面的合作。

（4）加强学术教育和职业教育，做好职前和在职培训方案，进一步开发人力资源；拟订系统的培训方案，培训和培养专题专家，包括土壤和水资源的使用和管理、农业机械化及现代销售制度等，提高从业人员的专业技术知识水平。

十、重视生态环境保护，提高应对全球气候变化的能力

（1）加强与技术委员会、有关部门、专家的合作和协调，促进在生态系统和自然环境的养护和保护方面的合作，保障农业、畜牧业和渔业活动可持续进行，执行遗传资源保护和利用方案。

（2）对农民使用的农药、除草剂、动物药品、肥料等农业投入品进行监督，规范农业、畜牧业和渔业部门的生产活动，防止水土资源和自然环境进一步被破坏。

（3）进行提高气候适应性的农业实践，如保护区农业、有机农业、提升生物非生物耐逆性[①]（耐热、耐盐、耐旱、耐深水）、GAP、良好畜牧业规范（Good Animal Husbandry Practices，GAHP）、良好水产养殖规范（Good Aquaculture Practices，GAP）等。

（4）为农业、畜牧业和渔业部门生产活动提供及时准确的天气信息。

（5）因地制宜采用保持水土的耕作方法，如作物轮作、作物多样化耕种等方法，控制和缓解丘陵、坡地和流域的土壤退化，以及干旱地区因水和风引起的水土流失；重视水资源的收集和利用。

[①] 指在不良环境中通过代谢的变化来阻止、降低甚至修复由逆境造成的损害，从而保证正常的生理活动。如植物遇到干旱或低温等逆境胁迫时，细胞内的渗透物质会迅速增加，以此提高细胞抗逆性。

第五节 缅甸与粮农组织

粮农组织在2019年3月公开的《缅甸国家规划框架（2017-2022年）》中，确定了接下来6年对缅甸的农业援助工作。在新的框架下，粮农组织审议了以下3个优先援助领域：加强粮食、营养和食品安全；加强土地、森林、水资源和生态系统的可持续管理；增强当地社区和农户对自然灾害、气候变化及跨境和新的传染病的抵御能力。此外，粮农组织将在一些交叉问题上提供资助，如能力建设和促进性别平等。

参 考 文 献

孔志坚，杨光.2017.中国云南与缅甸粮食贸易研究[J].世界农业，（2）：145-148，176.
FAO. 2016. Country Programing Framework for Myanmar 2017 to 2022[Z].
MOALI. 2017. Agricultural Sector Policies and Thrusts for Second Five Year Short Term Plan[Z].

第四章 老　　挝

第一节　老挝社会经济与农业概况

一、社会经济基本情况

（一）经济发展水平

老挝人民民主共和国（以下简称老挝）于1975年12月2日成立，1986年11月，老挝人民革命党根据老挝国情和国际形势，提出推行革新政策，老挝进入革新时期，推行市场经济和对外开放政策，改变了老挝长期以来对外封闭的情况，国内人民的生活水平得到了大幅度提高，提升了老挝的国际形象，使其进入了经济高速发展时期。近年来，老挝国内连续遭遇水灾、泥石流等自然灾害，威胁着老挝农业发展；加之近年全球经济放缓，国际矿产品原材料价格大幅下降，使以矿产资源出口为主的老挝遭受较大损失，但是老挝政府积极应对，努力维护宏观政策的持续性和稳定性，确保经济保持快速发展势头，并以主办东盟峰会为契机[①]，谋发展，加强与其他东盟国家的交流合作。

根据老挝有关部门的统计报告，2017年老挝经济增长率为6.83%（低于7%的目标），全年GDP为168亿美元，由于受到国际和区域经济的影响，加上政府财政预算有限，老挝政府调低了经济发展预期。2013~2017年老挝GDP总量、GDP增长率和人均GDP等详细统计数据如表4-1所示，老挝GDP增长率呈下降趋势。

---

① 2016年9月6日第28届东盟领导人会议在老挝首都万象拉开帷幕，东盟轮值主席国老挝领导人呼吁继续推动东盟共同体建设，加强区域和外部合作以应对新挑战，峰会还就推进东盟共同体建设进行了讨论。7日举行的第29届峰会主要讨论东盟与外部的关系和发展方向，就共同关注的国际和地区问题交换意见。

表 4-1　2013~2017 年老挝经济总量及经济增长情况

经济指标	2013 年	2014 年	2015 年	2016 年	2017 年
GDP/亿元	772.16	812.40	828.13	921.30	1 159.38
GDP 增长率	8.50%	7.50%	7.50%	7.02%	6.83%
人均 GDP/万元	1.17	1.21	1.19	1.66	1.71

资料来源：根据商务部《对外投资合作国别（地区）指南》数据编制

2017 年老挝经济结构中，农林渔业增长 2.78%，占 GDP 的 16.34%，工业增长 9.5%，占 GDP 的 30.05%，服务业增长 6.15%，占 GDP 的 42.08%；进口关税增长 6.9%，占 GDP 的 11.53%。

图 4-1 展示了 2017 年各个产业与进口关税对老挝 GDP 的贡献占比情况，服务业占比最大，达到 42.08%，其次是工业与农林渔业，分别占比 30.05% 和 16.34%，进口关税占 11.53%。

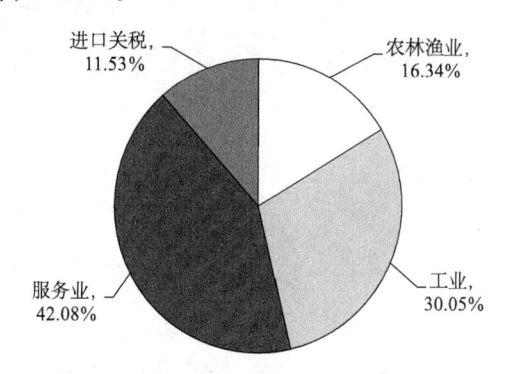

图 4-1　2017 年老挝三大产业与进口关税增量占 GDP 比重
资料来源：根据商务部《对外投资合作国别（地区）指南》数据编制

（二）农业的战略地位

自 1975 年国家成立起，老挝粮食生产呈现出小农户分散、缺少农业专业技术人员、农业发展基础薄弱的特点。当时水稻种植主要集中分布于南北两个地区，面积为 12 700 公顷，大米产量为 35 万吨，粮食生产没有保障，依靠国外进口。1986 年起推行革新开放[①]，调整经济结构，即农林渔业、工业和服务业相结合，

[①] 1986 年 11 月，老挝革命党第四次全国代表大会提出了"革新"路线，主要内容是导入市场经济和对外开放，对老挝的所有制政策、经济运行机制和对外开放政策进行根本性调整，改变了老挝长期以来对外封闭的情况，使老挝进入了经济高速发展时期。

优先发展农林渔业。1988年国家部长委员会和国家管理党员团会议决定，转变经济发展思路，把农业发展作为国家经济发展的首要事宜和基础。此后，每届国家会议均将农业和林业发展列为老挝社会经济发展第一要务，1988年6月举行的老挝人民革命党中央委员会和部长会议明确了农业部门的新经济机制，总统凯山·丰威汉指出"农业生产是第一战争"，确定了自然经济向商业生产或市场经济过渡的方向。老挝第八次和第九次党的代表大会决议都强调了农业的重要性。

（三）老挝农业对社会经济的意义

1. 对国民经济的贡献

1989年老挝农林渔业增加值占GDP比重接近50%，而同年中国农林渔业增加值占GDP比重则为24.61%，几乎是老挝的一半（图4-2）。随着经济发展和产业结构的转型升级，老挝和中国经济对第一产业依赖逐渐减少[①]，直至2017年，老挝农林渔业对GDP的贡献还是明显高于中国和世界平均水平[②]。

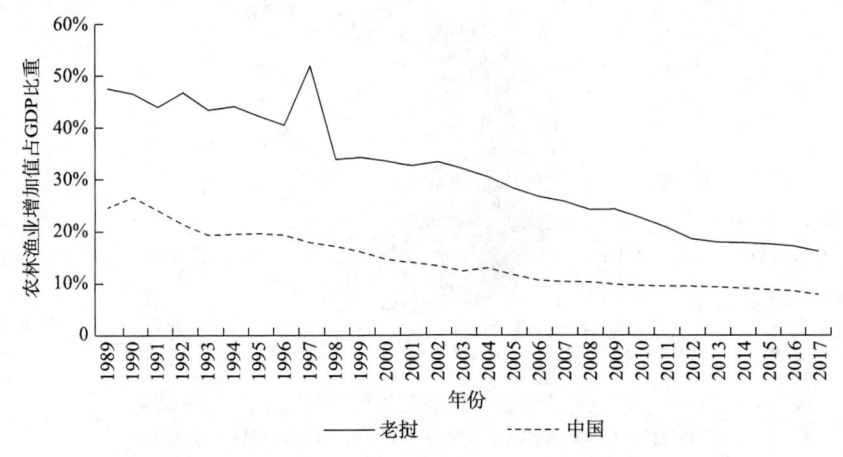

图 4-2　老挝、中国农林渔业增加值占 GDP 比重

资料来源：根据 World Bank. World Development Indicators 数据编制

2. 保障粮食安全

"粮食安全"的概念是在20世纪70年代中期世界粮食危机后，由粮农组织提出的，其定义为"保证任何人在任何时候都能得到为了生存和健康所需要的足够食品"，粮食安全是一国经济安全的重要指标。当今时代，发达国家和发展中

[①] 除1997年老挝和1990年中国比重有所上升，从图4-2中可看出两国农林渔业增加值占GDP比重有显著的持续下降的趋势。

[②] 笔者统计了2017年所有数据可用的163个国家农林渔业增加值占GDP的平均比重，该数值为10.85%。

国家所面临的粮食安全形势是不同的。对于发达国家来说，一般意义上的粮食数量安全问题已经基本解决，它们把更多的精力放在卫生、检验检疫、营养、生态环境甚至资源保护等粮食安全质量问题上；但是对于像老挝这样的发展中国家来说，温饱问题才刚刚解决，粮食占有水平不高，调整食物结构的余地不大，粮食安全问题其实是一个粮食数量的安全问题。

2017年7月，老挝农业与林业部（Ministry of Agriculture and Forestry，MAF）（以下简称农林部）部长连·提乔在粮农组织第四十届会议上表示，老挝目前致力于降低粮食不安全率和营养不良率，根据"国家营养战略"，老挝力争到2030年消除饥饿。

3. 减少贫困

农业是为穷人创造最多收入的部门，因此农业的快速发展有助于解决贫困问题。2002~2012年，老挝农业发展使贫困家庭消费增加44%，对减少贫困的贡献位列第一、第二和第三的分别是制造业（14%）、酒店和贸易活动（每项各7%）[1]。

二、主要农业指标

表4-2展示了2008~2018年老挝主要农业指标。老挝的土地面积为23.08万 km², 根据世界银行提供的2016年数据，老挝农业用地为2.37万 km²，占土地面积的10.26%，其中耕地面积为1.53万 km²，占土地面积的6.61%。自2008年起，老挝农业人口占总人口的比重持续下降，平均每年下降2.28%，农业人口占比从2008年的75.38%下降至2018年的59.86%。相较于农业人口占比，农村人口占比的下降速度较为缓慢，直至2017年农村人口占比仍高达65.63%。老挝农林渔业增加值占GDP比重从2008年来持续以年平均4.35%的速度下降，直至2017年，农林渔业对GDP的贡献占16.20%[2]。

表4-2 2008~2018年老挝主要农业指标

主要农业指标	2008年	2009年	2010年	2011年	2012年	2013年	2014年	2015年	2016年	2017年	2018年	年平均增长率
农业用地/万 km²	2.10	2.17	2.22	2.28	2.30	2.34	2.37	2.37	2.37	—	—	1.52%

---

[1] 资料来源：World Bank Group. Country Partnership Framework for the Lao People's Democratic Republic, 2017-2021.

[2] 此数据（16.20%）相比前文中农林渔业对GDP的贡献占比（16.34%）稍有出入，可能是世界银行与老挝计划投资部数据来源与统计标准不同所致。

续表

主要农业指标	2008年	2009年	2010年	2011年	2012年	2013年	2014年	2015年	2016年	2017年	2018年	年平均增长率
农业用地占比	9.12%	9.39%	9.62%	9.86%	9.96%	10.12%	10.26%	10.26%	10.26%	—	—	1.48%
耕地面积/万 km^2	1.29	1.36	1.40	1.43	1.45	1.49	1.53	1.53	1.53	—	—	2.16%
耕地面积占比	5.59%	5.89%	6.07%	6.19%	6.28%	6.45%	6.61%	6.61%	6.61%	—	—	2.12%
农业人口占比	75.38%	73.71%	71.46%	70.53%	67.11%	65.48%	64.26%	63.12%	61.99%	61.34%	59.86%	-2.28%
农村人口占比	71.11%	70.53%	69.94%	69.34%	68.74%	68.13%	67.51%	66.89%	66.26%	65.63%	—	-0.89%
农林渔业增加值占GDP比重	24.18%	24.21%	22.60%	20.79%	18.55%	17.93%	17.85%	17.59%	17.23%	16.20%	—	-4.35%

资料来源：根据 World Bank. World Development Indicators 数据编制

第二节 老挝农业机构

老挝农业与林业部是老挝负责农林业发展的政府部门（图4-3），下设 12 个部门，分别是农业部门、林业部门、灌溉部门、林业检验署、渔农自然护理署（渔护署）、组织人事部、规划与合作部、森林视察部、农业土地管理部、科学技术理事会、国家农林科学研究院、扶贫基金。

图 4-3 老挝农林部标志
资料来源：维基百科

第三节　老挝农林部《2025年农业发展战略》

老挝农业与林业部（以下简称农林部）于 2015 年 5 月公开了《2030 年远景》，明确了 2030 年对农业发展的展望："确保老挝粮食安全，生产具有竞争力的农产品，发展绿色、安全、可持续的农业，推动农村建设与农业现代化发展，为国民经济进一步发展打下坚实基础。"为实现这一目标，老挝农林部在《2025 年农业发展战略》中提出了 2020 年和 2025 年的农业生产与发展目标。

一、2020 年农业生产与发展目标

到 2020 年，农业和林业部门的 GDP 达到年均增长 3.4%，对国民经济的贡献率为 19%，比 2017 年的实际贡献率增加约 3 个百分点。确保人们每天能获得的最低能量为 2 600 千卡；其中，大米和淀粉占比为 62%，肉类和鱼蛋类占比为 10%，蔬果和豆类占比为 6%，脂肪、糖和牛奶占比为 22%（图 4-4）。

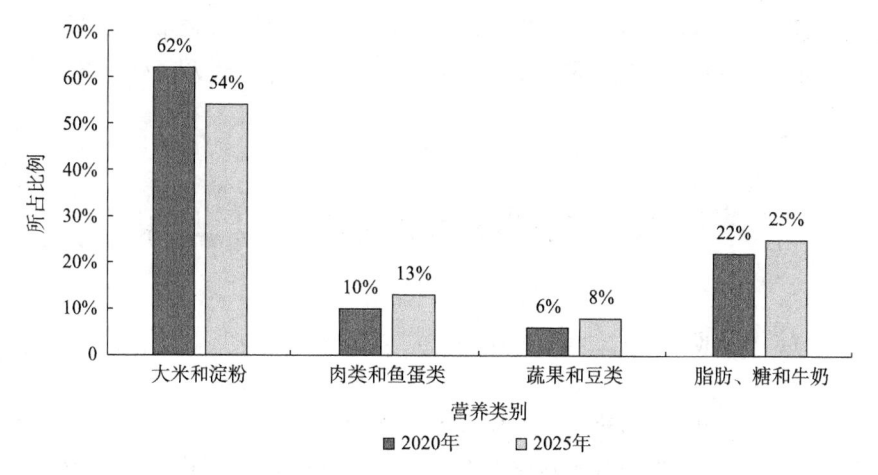

图 4-4　老挝 2020 年与 2025 年目标营养结构比较
资料来源：根据 Agriculture Development Strategy to 2025 and Vision to the Year 2030 数据编制

农林部门的水稻总产量至少为 470 万吨，提高水稻和蔬菜生产的清洁水平，达到 GAP 标准。在商业生产方面，饲用玉米产量至少达到 130 万吨，咖啡 12 万吨，甘蔗 215 万吨，木薯 150 万吨，豆类 5 万吨；生产肉类和蛋类 26.3 万吨，鱼等水生动物 22.5 万吨，渔业和动物养殖业年增长率达到 8%~10%；出口肉类（牛肉和水牛肉）达 1 万~1.5 万吨，延长以市场为基础的国内肉类鱼类加工生产链，

实现农业工业化和现代化。

二、2025年农业生产与发展目标

到2025年，继续确保人们获得每人每天2 600千卡最低能量的营养，优化营养结构：下调大米和淀粉所占比例，提高肉类和鱼蛋类，蔬果和豆类及脂肪、糖和牛奶占比（图4-4）。

水稻总产量不低于500万吨，严格按照GAP确保产品质量，提高国内和国际市场竞争力。在商业生产方面，生产饲用玉米至少140万吨，咖啡28万吨，甘蔗240万吨，木薯160万吨，豆类5.2万吨；生产肉类和蛋类41.4万吨，鱼类和水生动物29.7万吨；出口肉类（牛肉和水牛肉）1.5万吨。通过先进技术，发展和完善下游加工和销售，形成现代高效的农产品产业链，提高产品附加值。

三、《2025年农业发展战略》的意义

《2025年农业发展战略》是老挝农林部对农林业发展的长期农业发展框架，也是其国家社会经济发展计划的重要部分。农林部明确了保障粮食生产和商业化农业生产的重要性，并在国际合作、人力资源开发、工业化及现代化建设等方面做出了规划。

第四节　老挝农业发展规划与政策

一、加强国际合作

继续保持同国际战略伙伴之间良好的合作关系，努力寻求国际组织，包括政府组织（如东盟、大湄公河次区域经济合作[①]、粮农组织等）和非政府组织，在粮食安全、经济作物生产、农业部门就业问题、增加农民收入等老挝农业发展重点领域方面的援助和支持。

积极参与对外合作项目，致力于帮助贫困地区和贫困乡村摆脱贫困，为实现"联合国千年发展目标"，创造永久性就业机会做出贡献。持续对协助与合作项

[①] 大湄公河次区域经济合作（Great Mekong Subregion Cooperation，GMS）于1992年由亚洲开发银行发起，涉及流域内的6个国家（中国、缅甸、老挝、泰国、柬埔寨和越南），旨在通过加强各成员国间的经济联系，促进次区域的经济和社会发展。

目的实施情况进行监控、检查、评价，确保项目推进的持续和高效。

二、保障粮食生产

粮食生产是保障粮食安全的前提，为保障本国的粮食安全，老挝政府采取了如下一系列措施提高粮食产量。

（一）调整土地政策，扩大种植面积

土地是粮食种植的基础条件。老挝实行土地公有制，即作为土地唯一所有者的国家对土地依法享有占有、使用、收益和处分的权利。老挝全国范围内的土地划分为农业用地、林业用地等八种类型。老挝政府为增加粮食产量，对土地政策进行完善；巩固和完善农村土地分配政策，将农田和林地使用权划分到户，使农民获得长期使用权和继承权，充分调动农民种粮积极性，确保本国粮食安全；划分区域，制定关于农林业用地的总体规划，完善农业用地流转制度，创建将未经批准的稻田擅自改作他用的预防措施。

（二）扩大稻谷种植面积

在保持原有传统雨季稻谷种植区域万象、甘蒙、沙湾拿吉和占巴塞四大平原的基础上，拓展老挝北部川圹、华潘、沙耶武里、琅南塔、丰沙里、波里坎赛和波乔七个旱稻主要产区，增加粮食产量。

（三）积极争取国际社会对老挝粮食安全的合作与援助

老挝政府积极争取亚洲开发银行，以及粮农组织等国际组织对老挝粮食安全的合作与援助。例如，2017年6月老挝政府与亚洲开发银行签订合同，亚洲开发银行将援助3 650万美元，帮助老挝北部四省（波乔省、琅南塔省、乌多姆赛省、丰沙里省）改善农村基础设施建设。世界银行与其他发展伙伴也为老挝国家营养战略提供资金支持，包括欧盟批准的5千万欧元的营养支持计划，国际农业发展基金会[①]的全球农业和食品安全计划。

近年来，随着全球气候变化，老挝国内灾害频发导致粮食歉收，2017年2月28日，全球环境基金和老挝自然资源与环境部（Ministry of Natural Resources

---

① 国际农业发展基金会（International Fund for Agricultural Development，IFAD）是联合国系统专门向发展中成员国提供粮食和农业发展贷款的金融机构，有成员国142个，总部设在意大利罗马。其宗旨是筹集资金，以优惠条件向发展中成员国发放农业贷款，扶持农业发展，消除贫困与营养不良，促进农业范围内南北合作与南南合作。

and Environment，MNRE）签署了四年（2017~2021 年）合作的国际协议。按照项目协议，全球环境基金将提供四年期，总计超过 540 万美元的资金，用于改善老挝因气候变化导致的粮食安全问题。老挝农林部渔业畜牧司与粮农组织联合发布《老挝渔业发展管理战略计划（2015-2020 年）》，旨在探究推动渔业的养殖、保护、发展和利用，确保消费者的食品供给和安全。

三、促进投资稳步增长

到 2020 年，保证 GDP 增长 8%，其中农林业保持平均 3.4%的增速，在农林业方面的总投资计划达到 79.2 万亿基普，包括 1.20 万亿基普的公共投资项目；政府开发援助[①]的 13 万亿基普援助，占总投资的 16.4%，每年增长 20%；而国内和国外直接投资为 65 万亿基普，占总投资的 82.1%，其中国内投资占比 30%，外商直接投资[②]占 70%。为实现上述目标，老挝农林部将采取以下措施。

（1）严格执行政府于 2009 年 11 月推行的 No.08/NA 投资法案和有关投资的法律法规；继续为投资者提供优良的服务和完善的基础设施，吸引国内外投资者增加对农林业部门的投资，为老挝农林业创造更多的就业机会，增加农民的固定收入。

（2）促进国内外经济部门对老挝农产品商业化生产领域的投资，特别是农业灌溉系统和国家重点培育的水稻和经济作物种植方面，增加农产品附加值。

（3）未来几年投资主要集中于老挝农业发展的重点领域，如农业生产及农业区域划分、粮食安全、提高战略物资（大米、玉米、咖啡、木薯、甘蔗、橡胶、种子等）生产力。

四、加快人力资源开发

（1）提高农业部门文职人员专业技术知识水平。到 2020 年，在现有 44 名博士水平人员基础上提高 25%，现有 560 名硕士水平人员基础上提高 20%，现有本科 2 298 名基础上增加 35%。完善选拔制度挑选重点人才，并给予攻读博士学位和硕士学位的人以资金支持。

（2）到 2020 年，培养科研人员 13 930 人，比现有人数增长 49.62%。到 2025

---

① 政府开发援助（official development assistance，ODA）是指发达国家为促进发展中国家的经济发展水平和福利水平的提高，向发展中国家或多边机构提供的援助，是第二次世界大战后兴起的一种典型的经济外交模式，成为双边外交的重要组成部分。

② 外商直接投资是一国的投资者（自然人或法人）跨国境投入资本或其他生产要素，以获取或控制相应的企业经营管理权为核心，以获得利润或稀缺生产要素为目的的投资活动。

年，达到 15 500 人，增加 11.27%。老挝农业学科科研人员目标培养人数及所占比例如表 4-3 所示。

表 4-3　老挝农业学科科研人员目标培养人数及所占比例

农业类分支学科	2020 年人数/人	2025 年人数/人	各学科占比（2025 年）
栽培、植物保护	2 788	3 100	20%
林业	2 778	3 100	20%
牲畜	1 394	1 550	10%
土壤学和农业化学	1 115	1 240	8%
灌溉	1 115	1 240	8%
农业、农业经济	976	1 085	7%
兽医学	976	1 085	7%
渔业	836	929	6%
农业机械	558	620	4%
环境、生态和生物多样性	418	465	3%
其他学科	976	1 086	7%

资料来源：老挝农林部《2025 年农业发展战略》。

（3）全面提升管理人员知识水平，制订系统的培训计划，提升思想观念和技术能力；完善人才培养政策，让各性别、各民族人员在获取知识和职位提升时享有平等机会；针对派出到偏远地区工作的农业技术人员，制定合理的轮班制度；制定一套合理的人员更替制度。

（4）为每村 3~5 名基层农村开发人员提供入村现场培训，提高其专业技能和与社区合作的能力，指导当地农民进行现代化、可持续的农业生产。该计划预计到 2020 年覆盖 80%村庄，到 2025 年 100%覆盖。

五、加快工业化与现代化建设

农业农村工业化和现代化是把农业建立在现代科学的基础上，用现代科学技术和现代工业来装备农业，用现代经济科学来管理农业，创造一个高产、优质、低耗的农业生产体系和一个合理利用资源、保护环境、有较高转化效率的农业生态系统。它是以农产品增值为基础的农村经济结构的变化过程，主要体现在生产力和生产关系提高、农业机械的大量运用、农业劳动力从农业转移到工业和服务业方面，有利于减少贫困，使社会经济实现绿色、稳定和持续发展。为加快农业工业化与现代化进程，农林部的具体政策如下：

（1）加强农产品供给方与市场的联系，特别是随着有机食品的推广，加快推进市场潜力巨大的商业化生产；促进农机在各个生产环节与市场营销的结合，通过推进综合的生产和服务产业链，提高生产力，降低生产成本，以增加农民和生产者的利益为目标，将农业劳动力向工业和服务业转移。

（2）重点发展战略性农产品的生产工业化和现代化，优先发展如大米、玉米、咖啡、甘蔗、橡胶、牛、蔬菜等经济作物产品，为加工工厂（食品工厂、动物饲料加工厂）供应原材料，增加出口产品的附加值。

（3）提高对农产品加工业的投资比例，为以原料和能源供应为目标的农产品加工业制定激励措施。

（4）推广灌溉农业和集约化农业生产，尤其是应用于山区的大、中、小平原的经济作物生产，增加作物产量，满足国内市场需求；加强山区家庭小型集约化农业与农村全面发展，提高农村集群水平。

（5）为确保工业化和现代化在农业和农村的有效和可持续发展，建立专门负责农业机械研究、制造、利用和推广的机构或单位。

六、发展清洁高效农业

（一）提高农产品质量和标准

老挝政府以发展清洁、安全和可持续农业为重点工作，倡导 GAP、有机农业生产、非杀虫剂生产和保守农业生产，依照国际标准制定和修订国内规章制度，升级技术和基础设施的认证标准，特别是清洁农业标准评定和证书颁发必须符合 ISO/IEC 17065[1]和 ISO/IEC 17025[2]。

随着国际贸易发展和贸易自由化程度的提高，各国实行动植物检疫制度对贸易的影响已越来越大，某些国家尤其是一些发达国家为了保护本国农畜产品市场，多利用非关税壁垒措施，阻止国外尤其是发展中国家农畜产品进入本国市场，其中动植物检疫就是一种隐蔽性很强的技术壁垒措施。在乌拉圭回合谈判[3]中，许多国家提议制定了《卫生和植物检疫措施的协议》，它对国际贸易中的动植物检疫提出了具体的、严格的要求，促进了农产品、食品国际贸易的

---

[1] ISO/IEC 17065（合格评定产品、过程和服务认证机构的要求标准）是国际标准化组织近几年制定的合格评定领域最重要的标准之一，是提供产品、过程和服务认证的认证机构开展认证活动必须遵循的基本准则，也是这些相关认证机构特别关注的一项国际标准。

[2] ISO/IEC 17025（检测和校准实验室能力的通用要求）是实验室认可服务的国际标准。

[3] 1986 年 9 月在乌拉圭的埃斯特角城举行的关贸总协定部长级会议，旨在全面改革多边贸易体制的新一轮谈判，通过谈判要求成员削减贸易壁垒，逐步实现贸易自由化。此次会议历时 7 年半，是迄今为止最大的一次贸易谈判。

健康发展，为农产品、食品卫生与植物卫生检疫的国际规范化，削弱并减少技术贸易壁垒以确保农产品与食品市场的公平竞争和正常秩序提供了有力的法律保证。

农林部结合世界贸易组织[①]规则的实际要求，研究和制定政策以提高农产品质量和标准，包括构建粮食生产和动植物卫生系统。根据协议和条约，采取一系列与国际通行做法相一致和逐步向国际标准靠拢并与之接轨的措施，修订有关种植和养殖的法律条款，为构建老挝技术性贸易措施体系提供法律根据。

（二）完善动物卫生监测体系

（1）完善和发展动物、鱼类或水生动物疾病监测系统，将国家流行病学网络从中央扩大到村级；开展监控活动，确保及时、准确地报告疾病监测，以便采取有效的应对措施。

（2）通过改善生物安全系统和农业升级，促进和鼓励疫苗接种运动，确保不暴发严重疾病；降低出血热、败血症导致的死亡率，预防和控制口蹄疫。

（3）在中央建立满足区域和ISO/IEC 17025国际标准的动物疾病实验室，加强在动物疾病诊断方面的对外合作；与国际组织和其他国家在防止禽流感、口蹄疫等其他跨界动物疾病方面进行合作交流与协调。

（三）促进农业商品化发展

采用绿色经济发展模式，发展清洁、高价值、立足市场的农产品。世界银行也将为老挝提供资金支持，并通过帮助老挝创建农业商业化项目，改善商业和贸易模式。农业商品化项目旨在支持农业系统的商业化和多样化，提高生产力和竞争力，增强气候适应能力和环境友好性。

实施农业集体化生产，特别是新经济体制以来，根据每个区域的自然资源潜力和农业生产传统，各地组织积极开展商业农业生产，如橡胶树及其他经济作物，包括大米、玉米、咖啡、茶、甘蔗、烟草、木薯等取得了显著的成果。

农业商业化通过强化农民与企业之间的信任，使农民融入商业食品价值链，提高农业企业承包经营和业务拓展能力，提高老挝企业在国内外的竞争力。农业商业化项目将解决老挝低收入人群营养食品供应不足问题，提高国民收入水平。

---

① 1994年4月15日，在摩洛哥举行的关贸总协定乌拉圭回合部长会议决定成立更具全球性的世界贸易组织（World Trade Organization，WTO），以取代成立于1947年的关贸总协定。世界贸易组织是当代最重要的国际经济组织之一，成员贸易总额达到全球的98%，有"经济联合国"之称。

七、预防和控制自然灾害

在农业生产地区，提高预防包括水灾、旱灾在内的自然灾害和动植物病害的能力，最大限度地控制和减轻负面影响，农林部在以下方面做出了规划。

（1）与国际组织 ICCR-DRR[①]合作制订农业领域的减灾工作计划，将自然灾害计划的管理、预防和控制纳入农业发展计划制订的各阶段，并同步实施。

（2）进行信息收集与研究，建立现代预警系统，识别自然灾害多发或可能发生的危险区域，如下游地区有洪水危险的河流、有干旱危险的地区、经常受到动植物疾病暴发影响的地区；采用卫星地图、航空照片等现代技术，对土壤进行侵蚀等风险的判定；等等。

（3）修建、修复河道两岸的水闸和堰[②]，如 Xe Bang Fai 河岸、Xe Bang Hieng 河岸等，特别是对大平原及湄公河及其支流的堤岸进行检查和维修。

八、其他政策

（一）农业金融方面

（1）确定适当的信贷利率，增加长期信贷额度，完善高风险（自然灾害）农业产品抵押品使用原则和制度，特别是国家和地方农业生产的重点产业。

（2）对种植水稻和经济作物并采用机械化农业生产的群体，实行低息信贷政策，如使用机械进行种植、收割、干燥和轧机的大米生产者。

（3）与工商、金融等相关部门合作，研究和实施保障粮食安全与农产品生产的政策，如财务政策、商品出口、价格稳定等；建立商业化生产促进基金、风险保障基金、食品和农产品安全储备基金等。

（4）实行补贴政策，稳定大米和重点经济作物价格，确保生产者应当至少从生产成本中获得30%的利润；建立有效的国家水稻储备项目。

（5）研究制定适当的减征进口关税政策（进口税），特别是针对老挝无法生产的生产要素或农业投入，如农业机械、肥料、杀虫剂、动物疫苗、药品和化学药品、水稻和植物种子，以及优良动物品种。

[①] 国际减轻灾害风险合作研究中心（International Center for Collaborative Research on Disaster Risk Reduction, ICCR-DRR）是由北京师范大学、民政部、教育部减灾与应急管理研究院于2015年12月正式成立的国际合作研究中心。在亚洲社区综合减灾合作项目的整体目标下，ICCR-DRR旨在通过推进减轻灾害风险主题下的前沿课题与核心技术的合作研究，增进南南合作中的学术与技术交流，致力于帮助其他发展中国家，以期促进减灾领域的区域和全球合作。

[②] 较低的挡水构筑物，用于提高上游水位，便利灌溉和航运。

（二）农业生产方面

（1）研究和制定合理的农业生产用电和灌溉用水费用政策，特别是畜牧业和农业加工业，降低生产成本。

（2）引导建立农业生产、粮食安全和降低农业生产风险的商业扶持基金。

（3）制定和修订关于控制与管理进口老挝无法生产的农业生产要素的法律条款，如肥料、用于动物治疗的疫苗或药品、杀虫剂、农作物种子和动物品等。

第五节 粮农组织对老挝农业总体规划

粮农组织与老挝农林部以及自然资源与环境部一同为未来农业发展指明道路和提出设想，致力于解决营养与粮食安全，包容性价值链发展，粮食浪费和损失，跨界动植物病虫害、气候变化的适应能力和农业可持续发展，数据监测分析及评价决策问题。《老挝国家规划框架（2016-2021年）》为老挝政府的工作重点提出了如下建议。

一、促进农业生产和农村发展

粮农组织的援助支持将围绕老挝《第八次全国社会经济发展计划（2016-2021年）》[1]提出的"持续包容性经济增长，优化经济脆弱性指数"来开展。按照粮农组织的"愿景"[2]和联合国"节约与发展方法"[3]，粮农组织将用包容性和参与性方法，以卫生和植物检疫措施[4]、GAP为参考，为老挝可持续农业生产提供创新办法。粮农组织将最大限度地为老挝制定、实施政策和规章制度的机构提供支持。

---

[1]《第八次全国社会经济发展计划（2016-2021年）》（The 8th National Socio-Economic Development Plan for 2016-2021）。

[2] 原文为 Vision：a food-secure world for present and future generations，粮农组织的愿景是为今世后代创造一个粮食安全的世界。

[3] 节约与发展方法（Save & Grow Approach），是粮农组织为政策制定者提供的可持续加强小农户作物生产的政策制定指南。

[4] 卫生和植物检疫措施（Sanitary and Phytosanitary Standard，SPS），是世界贸易组织管辖的一项多边贸易协议，体现了世界贸易组织协议原则。它对国际贸易中的动植物检疫提出了具体的、严格的要求。

二、让人民受益于粮食安全和营养的改善

（1）帮助老挝政府提高其政策分析、规划和执行国家以及地方行动计划的能力，包括制定国家粮食安全战略，提高粮食供应和消费。为实现这一目标，粮农组织将尽可能多地开展国家、省、区各级工作人员能力建设活动。

（2）粮农组织将最大限度地开发针对提高贫困人群知识及科学技术水平的项目，采取有关措施解决性别歧视问题，推动妇女更好地进入农产品生产。

（3）开展改进农林部监测和评价技能和系统、改善信息系统和政府服务的项目，使实践经验更好地体现到政策和行动计划的制定中。

三、保护生态系统

粮农组织将改进跨部门政策，实现农业和自然资源生产系统一体化和可持续化；提供相关数据和信息产品，推动农业和自然资源地理信息系统（geographic information system，GIS）的开发；完善生态系统评估、恢复和可持续发展的多部门综合战略管理，保持生物多样性，实现可持续发展。

四、提高应对粮食和农业威胁的气候变化能力

粮农组织将围绕老挝《第八次全国社会经济发展计划（2016-2021 年）》提出的"通过加强灾害防治，减少最不发达国家所受自然冲击的影响，稳定农业生产"对老挝农业发展提供支持。

（1）帮助老挝完善农业和自然资源部门在国家、省部级和省级以下区域的农业气候监测、影响分析和信息传播。

（2）提高国家、省、区级主流灾害风险的应对能力，包括降低风险和减少不稳定农业生产。粮农组织将制订适应气候变化的重大方案和国家自主贡献方案（INDC）[1]，让减少温室气体排放成为应对气候灾害行之有效的准备。

（3）加强控制和管理跨界动植物病虫害。粮农组织将向负责植物卫生风险预防和缓解标准的组织提供帮助，包括动物卫生、食品安全和农产品质量控制。

---

[1] 2015 年 12 月 12 日，近 200 个缔约方一致同意通过《巴黎协定》，该协定将为 2020 年后全球应对气候变化行动作出安排，协议核心是抑制或控制碳排放。各国向《联合国气候变化框架公约》秘书处递交的减排贡献即国家自主贡献方案。

参 考 文 献

孔志坚，寸佳苊. 2018. 老挝粮食安全及相关政策[J]. 云南农业大学学报（社会科学），12（4）：45-52.

文瀚，林卫东，陈玉保，等. 2017. 老挝农业发展现状、问题剖析及对策研究[J]. 云南科技管理，30（2）：53-55.

FAO. 2016. Country Programing Framework For Lao PDR 2016 to 2021[Z].

Ministry of Agriculture and Forestry. 2015. Agriculture Development Strategy to 2025 and Vision to the Year 2030[Z].

第五章 越　　南

第一节　越南社会经济与农业概况

一、社会经济基本情况

（一）经济发展历程和水平

经过20多年的战争，越南在1975年实现了南北方的统一，统一之后的越南千疮百孔，经济面临崩溃。由于战争的破坏，加上僵化的经济管理模式，越南全国陷入严重的经济社会危机，人民生活非常困难，通货膨胀率在1981年高达313%。

从20世纪80年代初开始，越南的党和政府开始尝试一些改革。尤其是在农业方面，鼓励合作社和社员开荒复垦，试行产品承包，有效地调动了广大农民的生产积极性，农业出现了复苏；在工业方面，政府试行了一些初步的改革，包括下放经营自主权，实行承包工资、计件工资等多种工资方式以调动工人的生产积极性；在流通领域也进行了初步的改革，如取消票证制等。

越南经济真正进入高速增长与发展始于1986年的革新开放[①]，革新战略充分解放了越南的生产力，工业增长13.3%，农业增长4.5%，出口增长20%，通货膨胀率从1991年的67.1%降至1995年的12.7%，每年创造100多万个就业机会。1996~2000年越南虽然受到金融危机的严重冲击，但仍取得了7%的年均经济增长。2001~2005年越南经济进入快速增长的阶段，年均增长达到8%，尤其是2006年加入世界贸易组织后，越南经济的开放程度扩大，使越南加速融入世界经

[①] 革新开放是指1986年越南共产党第六次全国代表大会所提出的政策，主要是经济上和思想上的改革与开放，改变了越南长期以来对外封闭的情况，向世界开放，大幅度提高了国内人民的生活水平，改善了国际上的形象，使越南进入了经济高速发展时期。

济。社会经济持续发展，贫困率不断下降，出口迅速增长，经济结构开始发生较大的变化，工业和服务业的比重逐步上升，农业的比重逐步下降。2017年越南GDP达2 276亿美元，人均GDP达2 431美元。

由图5-1可以看出，自1986年实行革新开放后，越南GDP实现了快速增长，虽然在1990年和1993年有波动，但是总体上呈上升趋势，并在1992~1996年，实现GDP每年8.89%的高速增长；受到金融危机的严重冲击，GDP增长率在1999年跌至4.77%，但2000年后GDP实现了稳定增长，2017年GDP总量同比增长6.81%，成为2008年以来的最高增幅。

图5-1 越南GDP增长率变化趋势
资料来源：根据World Bank. World Development Indicators 数据编制

（二）农业基本情况

越南的革新开放也是从农业开始的，农业革新的核心是把土地还给农民，使农民对土地与收成完全拥有自主权，从而充分调动了农民的生产积极性。在工业方面则是强调市场因素，改变过分强调发展重工业的战略，引进外资，鼓励发展以出口为导向的制造业。从20世纪90年代开始，财政日渐富足的越南政府开始加大对农业的资金支持力度。1992年越南政府开始实施"消饥减贫"计划，投入大量资金用于农村基础设施建设，改善农民的生产和生活条件，改进农业设施。1998年越南政府又启动了针对山区和边远地区特困乡村的"135工程"，每年向每个特困乡村无偿提供约3万美元资金，主要用于兴修水利、解决农民饮用水问题。通过几年的努力，越南初步摆脱了经济危机，国家的经济社会状况得到明显改善，通货膨胀率在1990年下降至67.4%，粮食连年增产。1999年越南出口大米的数量增加至400多万吨，位居世界第二，仅次于泰国。

二、主要农业指标

表 5-1 展示了 2008~2018 年越南主要农业指标。越南的土地面积为 31.01 万 km², 2008~2018 年农业用地与耕地面积均呈增长趋势,根据世界银行提供的 2016 年数据,越南农业用地面积为 12.18 万 km², 占土地面积的 39.28%, 耕地面积为 7.00 万 km², 占土地面积的 22.57%。自 2008 年起,越南农业人口占总人口的比重持续下降,平均每年下降 2.44%, 农业人口占比从 2008 年的 50.68%下降至 2018 年的 39.57%。相较于农业人口占比,农村人口占比的下降速度较为缓慢,直至 2017 年农村人口占比仍高达 64.79%。越南农林渔业增加值占 GDP 比重从 2008 年开始以年平均 3.12%的速度下降,直至 2017 年,农林渔业对 GDP 的贡献仅占到 15.34%。

表 5-1 2008~2018 年越南主要农业指标

主要农业指标	2008 年	2009 年	2010 年	2011 年	2012 年	2013 年	2014 年	2015 年	2016 年	2017 年	2018 年	年平均增长率
农业用地/万 km²	10.24	10.29	10.76	10.77	10.79	10.85	12.15	12.17	12.18	—	—	2.19%
农业用地占比	33.03%	33.19%	34.70%	34.73%	34.81%	35.00%	39.18%	39.26%	39.28%	—	—	2.19%
耕地面积/万 km²	6.28	6.30	6.44	6.44	6.40	6.42	7.00	7.00	7.00	—	—	1.37%
耕地面积占比	20.26%	20.32%	20.76%	20.76%	20.64%	20.71%	22.59%	22.57%	22.57%	—	—	1.36%
农业人口占比	50.68%	49.68%	48.85%	48.50%	47.86%	46.81%	46.34%	43.93%	41.87%	40.87%	39.57%	-2.44%
农村人口占比	70.87%	70.24%	69.58%	68.92%	68.25%	67.57%	66.89%	66.19%	65.49%	64.79%	—	-0.99%
农林渔业增加值占 GDP 比重	20.41%	19.17%	18.38%	19.57%	19.22%	17.96%	17.70%	16.99%	16.32%	15.34%	—	-3.12%

资料来源:根据 World Bank. World Development Indicators 数据编制

如图 5-2 所示,1986 年后越南农业用地占土地面积比重一直稳步上升,自 2014 年开始均保持在 39%的占比。在 20 世纪 80 年代农林渔业增加值占 GDP 比重高达 40%以上,虽然 1991 年后比重呈减少的趋势,但占比仍然没有低于 15%。值得注意的是,虽然农业用地占比不断增加,但农林渔业对 GDP 的贡献不断下降,由图 5-3 可看出,近年来服务业和工业对越南经济贡献呈增加趋势,所占比重远远超过农林渔业。

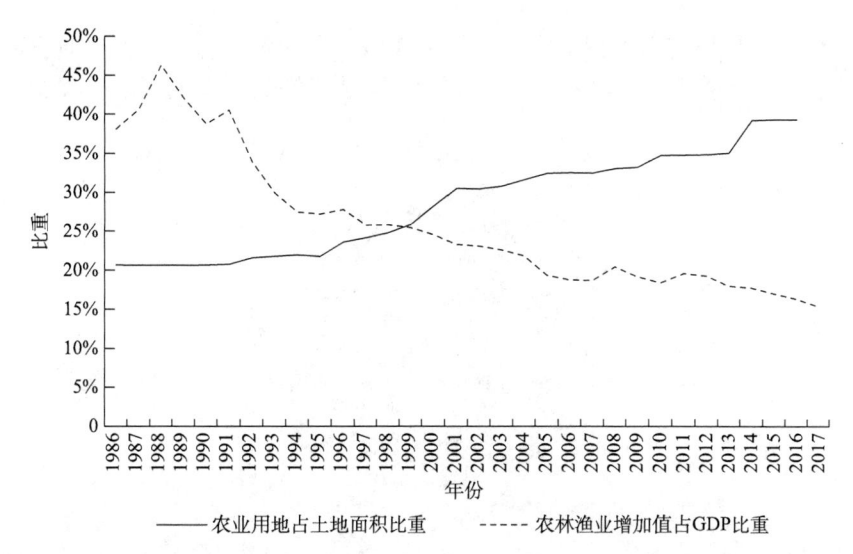

图 5-2　越南农林渔业增加值占 GDP 比重和农业用地占土地面积比重
资料来源：根据 World Bank. World Development Indicators 数据编制

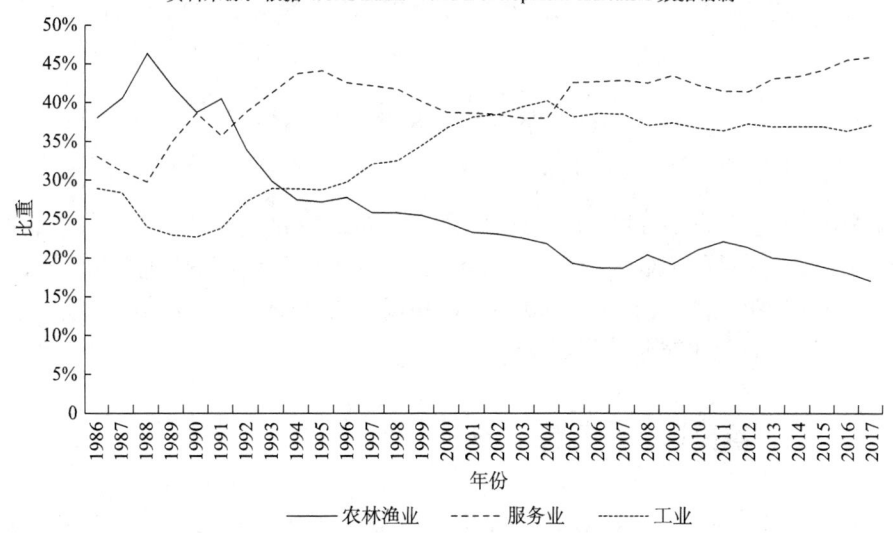

图 5-3　越南三大产业增加值占 GDP 比重
资料来源：根据 World Bank. World Development Indicators 数据编制

第二节　越南农业机构

越南农业与农村发展部[①]（图5-4）由农业部、食品部于1987年合并而成。总

[①] 越南农业与农村发展部：Ministry of Agriculture and Rural Development，MARD。

部位于河内,是越南负责促进农业发展和农村治理的政府部门,该部的管理范围包括林业、水产养殖、灌溉和盐业,在越南全国设有63个省级部门办事处。

图5-4 越南农业与农村发展部标志
资料来源:维基百科

第三节 越南农业政策回顾

越南农业革新从20世纪80年代初开始,1981~1988年允许个人承包农业生产的部分环节,这是越南农业改革的初始阶段;1988年后越南的农业改革进入了具有突破意义的第二阶段,即由计划经济向市场经济转变,由半自给的传统农业向以出口为导向的现代农业转变。

一、实行家庭联产承包责任制

1981年1月越共中央做出了实行农业承包制的第100号指示,拉开了农业改革的序幕。这一阶段改革的主要措施如下:把稻田承包给合作社和个人,刺激农户家庭经济发展;大幅度提高粮食收购价格,允许余粮自由上市;实施农业税收减免等,这些措施大大促进了农业生产,粮食产量在1981~1985年逐年增加。

1988年4月进一步完善生产承包制,越共中央"10号决议"把土地承包期限延长至15年,将土地使用权长期稳定地承包给农户;在全国推行家庭联产承包责任制,将国有土地的使用权交给农民,生产流程全部由农户自主经营,国家只收土地税;鼓励各种形式的联合和联营,整顿国营农场林场并允许员工承包。"10号决议"大大激发了农民的生产积极性,促进了农业生产。1989年越南摆脱粮食依赖进口的局面,实现自给并首次出口大米,当年出口量达140万吨。

1987~2014年,越南国会对《土地法》进行了几次修改,进一步把农民可承包使用土地,并把土地继承、出租、转让和抵押等权益以法律形式确定下来,鼓励农民通过合法转让、出租、抵押土地使用权实现联合和联营。

二、改革粮食流通体制

1989年4月,越南放开大米价格,粮食流通体制改革正式启动。主要包括:

(1)价格改革。国家取消价格双轨制,购销两头价格放开。

(2)收购制度改革。国家取消粮食定购任务,由农民自主决定;对水稻种植只下达指导性计划,但对粮食收购和出口则通过利率、税收等经济手段保证计划的完成。

(3)建立粮食经营和专储两大体系。对国营粮食公司实行自负盈亏的政策,将其推向市场。建立从收购到仓储完全独立的粮食专储系统,国家粮食储备所发生的全部费用由国家财政负担。

(4)建立国家宏观调控体系。建立与最低保护价相配套的利息补贴制度,设立粮食专项基金,建立进出口限额和关税调节制度,同时发挥中介组织的作用。

三、完善农业经营服务体制

(一)改革农业税收制度

1993年越南颁布《农业耕地税收法》,把按产量计征农业税改为按土地等级计征耕地使用税。2003年开始,越南政府决定免征各类农作物农业税。

(二)合作社改造

合作社改造是引导旧式合作社向新式合作社过渡,构成了越南完善农业经营体制的核心内容之一。改造的目的是把合作社推向市场,在市场竞争中促进其完成从管理型向服务型的转变。1996年4月,越南颁布了新的《合作社法》,这部法律充分肯定了合作社的作用,同时对新合作社做出了与旧合作社有本质区别的规定。

(三) 建立健全劝农系统

越南的劝农系统类似中国的农业技术推广体系，是在改革后为适应农民对科技的迫切需求、推进农业科技进步建立起来的。劝农系统为农户提供良种、技术、市场信息等服务，越南政府把劝农系统作为提高产量、促进农业技术进步的主要力量。

四、推广庄园经济等新型农业生产模式

越南重视发展新型合作社等集体经济形式，鼓励农民按照"自愿、民主、互利"的原则参加新型农业合作社等合作组织。同时推广庄园经济等新型农业生产模式，利用庄园的规模经营提高农业生产效率，加强生产的专业化和规模化。为推动庄园经济的进一步发展，越南共产党允许现职领导干部参与或自营庄园经济，并鼓励国内外投资，以进一步形成农业的规模经济。越南政府于2000年专门做出了关于鼓励和保护庄园经济长期发展的决议。

第四节 越南农业发展规划与政策

一、保障粮食安全，减少饥饿与发育不良

越南《社会经济发展计划》提出在2020年将发育迟缓率控制在23%以下，在粮农组织的协助下，消除饥饿和营养不良，确保粮食安全，包括营养安全和粮食安全。越南在《63/NQ-CP粮食安全决议》中规定，到2020年越南要维持380万公顷的稻谷种植面积，预计产出4100万~4300万吨稻谷，不仅充分满足国内消费需求，还有400万吨稻谷可供出口。2016年10月31日，亚太粮食肥料技术中心发布《越南大米政策研究报告》称，这项政府政策在提高大米产量、保障越南粮食安全等方面发挥了关键作用。近年来，越南大米种植面积保持稳定，产量不断增长。

为提高生产率、质量和效益，农业与农村发展部发布决议，批准了国家产业发展总体规划，其中稻谷作为重点发展的农产品。此外，农业与农村发展部于2016年5月23日发布了名为"越南稻谷产业2020年重建战略及2030年展望"的决议，这是一个综合性稻谷产业发展战略，政策重点在于生产组织、价值链完善、科学技术及环境可持续等方面。

二、农机化发展政策

（一）加大农业投入，推广农业机械化新技术

越南农业现代化目标提出后，国家加大了农业投入，越南政府还颁布法规，鼓励外资投入农业，利用外资和技术改造本国传统农业。在推广农业机械化新技术的过程中，越南政府制定了鼓励政策，如农民贷款购买烘干机可以分期还贷；对农户和农业合作组织使用农业机械给予扶持，按农机价格的70%提供购机贷款，且2年内免收利息；对农户投资建设家庭烘干设施和仓库等，按设备设施成本的30%直接补助。

（二）通过免税等优惠措施大力引进外资和农机具

越南政府大力鼓励外国企业在越南办独资、合资和合作企业。1992年出台的《外国投资法》做出了具体规定：对合资企业免征2年所得税，投产后的第3~4年减免50%的所得税等。对从国外引进的拖拉机等农业机械以及零部件实行进口减免关税的政策，促进越南的拖拉机进口业务，活跃国内市场。

（三）重视农机科研和技术推广工作

在农业行政管理和科研、教育系统普遍设立农业科技推广与开发机构，同时在53个省的农业厅设立省级农业技术推广服务中心，在各类农业科研单位、大专院校设立科技推广与开发机构。政府保障农机科研推广事业单位的工作经费，创收部分奖励科技人员，以调动科技人员的积极性。

三、新农村建设政策

越南当代新农村建设是从2008年开始的，出台标志是2008年8月5日越南共产党中央第十届七次会议做出的《关于农村、农民、农业问题》的第26号决议和越南政府发布的《关于新农村建设的国家目标计划》第24号决议。之后，越南政府总理于2010年批准颁布《新农村建设的国家目标计划（2010-2020年）》。

新农村建设总体目标是农村经济社会基础设施逐渐现代化，有合理的经济结构与生产组织形式，农业、工业和服务业同步发展，农村社会民主、稳定、具有民族文化特色，生态环境得到保护，社会秩序安全稳定，农民的精神和物质生活不断提高。具体目标包括到2015年全国乡级有20%达到国家新农村指标；到2020年全国乡级有50%达到国家新农村指标。

（一）发展农村生产性的基础设施

改造、建设完善农村水利工程，到2020年县级范围内水利工程基本满足农村生产生活需要；由乡级管理的硬化水利工程达到65%以上；建设达到越南建设部规定标准的乡级市场；规划、建设农村工业区、商业服务点的基础设施；等等。

发展农村生活和服务性基础设施。包括建设农村道路交通，计划到2020年70%的乡村公路和村内主要道路路面以水泥或沥青路面为主，65%的村耕田的道路路面硬化；改造电网体系；完善乡级服务体育文化的基础设施，到2020年75%的乡达到国家标准；完善农村卫生医务的基础设施，包括农村饮用水安全工程建设、人居环境整治、乡级医务站建设等工程，到2020年75%的乡达到国家标准；完善农村教育基础设施，到2020年75%的乡各级学校、幼儿园、小学、中学达到国家学校标准；加强农村信息化建设，达到村村通电话、广播电视和互联网。

（二）调整经济结构，提高农民的收入

在农业生产内部结构中，不断调整降低种植业的比重、推广养殖业和本地有优势的其他产业。注重培育和推广特色产业，形成规模化、专业化、多元化、高质量化的农业生产模式，推广"一村一品"模式。在生产过程中，吸引、鼓励企业和农民共同合作生产，提高经营效益，同时要继续改革与发展农村各种合作经济组织，特别是以流通和服务环节为农民提供稳定的原料产品与担保销售问题的新型合作社。鼓励和支持发展农村工业和服务产业，加快转移农村劳动力，做好职业教育，提高农民的就业能力。

（三）发展农村科教文化事业，提高农民物质和精神生活水平

（1）积极发展农村教育，完成农村中小学教育普及工作；提高农村教师队伍的质量，实行城市和农村教师之间的轮换工作。

（2）注重开展农村劳动力技能培训。提高农民整体素质，逐渐培养新型农民，新型农民需要掌握科技、农务技能，会运用新科技来提高生产效益；加强对农民的培训教育，提高转产转岗就业的能力。

（3）加大政府投资，并发挥社会力量共同参加农村公共文化设施建设。完善乡级文化站、村文化室建设，确保广播电视、电话、互联网"村村通"，不断提高农民的精神生活质量。

（4）加强农村社会保障工作。加大政府对农村社会保障投资，扶助农村特困户，到2020年农村特困户的比重下降到6%以下；探索建立农产品保险机制，逐渐推广多样化的各种农村医疗保险形式。

四、农业科技政策

（一）具有相对完备的法律与政策保障

2000年6月越南国民大会颁布《科学和技术法》，并于2006年11月颁布了《法律技术转让法》，作为运用先进科学技术指导全国农业生产、推动农业发展的最高法律框架。2010年1月越南政府颁布《02/2010/ND-CP法令》，法令的推广活动包括农业科研和生产的培训，信息和通信技术培训、示范、咨询和国际合作等。该法令指出，越南农业技术推广的重点任务是推进种植业、畜牧业、林业、渔业、水利、盐业生产加工等领域发展，促进信息技术在农业和农训发展中的应用，主要目标是实现市场机制与国际化接轨，积极鼓励科学创新，完善技术评估的方式方法，促进农业技术科研成果转化。

（二）建立比较完善的农业科技研发体制

越南形成了以农业与农村发展部为主导的三大科技研究系统：一是专门的科研组织系统，包括区域性研究院各地方分支研究院，科技部下属各处、研究室等部门，科技研究中心下设的分支中心、企业等；二是大学，中、高等院校研究系统，包括大学的研究所，中、高等院校的研究站；三是农村部属企业研究系统，包括部属企业设置的科研所、研究站。

（三）建立合理的项目推广机制

越南科技项目注重调查、考察和地点选择；根据具体条件，加强当地农民参与；成果应用单位注重选择新科技、新工艺，不断提高技术跟进能力、资本注入能力等。越南科技部门和各级地方政府密切合作，通过优惠贷款、宣传、教育培训等，推广有科学依据的农村科技项目成果。

五、构建农业支持政策体系

（一）国内支持政策

1. 价格支持政策

越南对涉农产品（包括投入品、产出品和终端消费品）制定价格稳定列表，并定义了价格异常波动的范围。例如，大米的异常波动被设定为30天内市场价格下降15%以上。一旦价格稳定列表上的产品出现异常波动，政府会通过调节国内农产品供需、调控农产品进出口、采购或抛售国家储备、设定最高最低价格等举措来稳定农产品价格。

2. 鼓励农业农村投资

越南农业产值占整个国民生产总值的 20%，但投资农业的企业数量仅占全国企业数量的不足 1%，2013 年后农业领域外商投资大幅萎缩。为吸引农业投资，帮助农业摆脱规模小、经营分散的状况，越南政府于 2018 年颁布了鼓励投资农业领域的《第 57 号政府议定》，期望通过该政策撬动新一轮农业投资。

新的政策在原有政策基础上做了调整优化。一是新的主要优惠机制已从资金扶持转变为政策扶持。二是优先扶持企业进行农业科学研究和发展高科技农业园，扶持企业参与"生产—加工—产品"销售供应链。三是集中推进行政改革，确保政策公开透明，废除"等、靠、要"旧机制，最大限度地减少对企业的检查审查。《57/2018/ND-CP 号决议》明确规定，优惠类农业投资项目自国家批准土地和水域租用之日起 15 年内免征土地、水域租用费，其后 7 年减半征收等。

3. 投入品补贴政策

投入品补贴政策具体包括对灌溉服务费、种子和动物繁育以及农机购置的补贴等，其中灌溉服务费减免是主要的投入品补贴政策。正常情况下，灌溉公司收取农户作物产量的 4%~8% 作为灌溉服务费，该费用仅相当于维护和管理灌溉总费用的 1/6，剩余部分由政府予以补贴。

4. 优惠信贷政策

越南政府规定政策性农业与农村发展银行向"三农"领域的贷款占其贷款总额的比重不低于 75%，并制定商业银行优先向"三农"领域放贷的激励措施。

5. 直接补贴政策

自 2003 年起减免农民的土地使用税或其他费用。为支持和保护水田发展，保障国家粮食安全，越南自 2012 年起实施水稻直接补贴，补贴额要保证越南 400 万公顷的稻田面积，且农户种植水稻的利润率达到 30%。

（二）对外贸易政策

1. 进口关税

越南的最惠国农业关税从 2000 年的 25% 降至 2013 年的 16%。虽然农业生产的关税保护力度已经下降，但是依旧高于非农产品的最惠国应用关税（9.5%）。特别是在一些亟须保护的商品（如甘蔗、猪肉和一些果蔬产品）上，关税水平较高。

2. 关税配额

越南对蔗糖、烟草、鸡蛋和盐实施关税配额,由越南工贸部决定年度进口配额,由越南财政部决定配额外关税税率。

3. 食品安全和检疫措施

2006年加入世界贸易组织以来,越南已经对从不同国家进口的肉、新鲜水果蔬菜等产品实施不同的SPS标准。虽然越南已经同意与国外食品安全措施保持同等效力,但是它并没有完全采用国际标准。例如,越南采取更严格的保护性措施以限制疯牛病牛肉的进口。

4. 促进出口

近年来,越南政府出台了许多农业政策,为市场开发和贸易促进提供便利。2011年起,政府已经向茶、胡椒、腰果、成品果蔬、糖、肉、家禽、咖啡、海产品等的出口商提供贷款帮助,此外,越南还对咖啡等农产品实行增值税出口退税。从2014年1月1日起,政府承担农产品出口商国外媒体广告费用的50%,承担获取市场信息和其他机构服务费的50%(袁祥州等,2016)。

第五节 粮农组织对越南农业总体规划

作为粮农组织成员国之一的越南,派出代表在两年一度的粮农组织大会上审议全球治理政策问题和国际框架。2017年,在由越南农业与农村发展部和粮农组织共同签署的《越南国家规划框架(2017-2021年)》中,提出了2017~2021年的"五年规划"。粮农组织利用其在协调解决粮食安全、农业资源管理和可持续利用等方面的丰富经验,结合越南《经济和社会发展计划(2016-2020年)》,在以下方面对越南农业和农村发展做出了规划。

一、实现农业可持续发展

(一)控制全球气候变化

结合越南《社会经济发展计划》中提出的"重视全球气候变化影响,提高自然资源管理和环境保护的能力",粮农组织将支持越南实现"在2020年森林覆盖面积达到42%"的愿望,帮助越南履行在《巴黎协定》中承诺的"在2030年之前温室气体排放量减少8%"。

（二）畜牧业

2011~2016年越南的畜牧业生产年均增长4.5%~5.0%，为农业的全面发展做出突出贡献。许多当地生产的畜牧产品满足国内需求并开始出口，尤其是猪肉、鸡蛋和奶制品已经建立了完整的价值链。随着国际一体化、全球气候变化、来自发达国家的竞争的加剧，越南的畜牧业也面临挑战。

粮农组织将帮助越南进一步把畜牧业发展为更具商业价值和市场导向，满足国内需求和出口的产业；提高越南卫生和公共服务水平；加强数据库建设和市场预测，发展安全高效的牲畜生产。

（三）渔业和水产养殖业

渔业和水产养殖业占越南GDP的4%~5%，在出口商品中排名第五，提供国民超过50%的膳食蛋白质，并为国内约10%的人口提供就业机会。但目前正面临过度捕捞、非法捕捞和监管不到位等问题，给环境、社会造成不良影响，带来经济损失。

《越南渔业发展总体规划（2020-2030年）》为渔业部门的发展制定了目标：于2020年基本实现工业化，2030年实现现代化，成为一个生产结构和组织形式合理，具备高效率与竞争力的大宗商品生产部门，让渔业部门扎实融入国际经济，逐步提高农民和渔民的收入和生活水平。粮农组织在其制定的《越南规划框架》中表示，将通过对渔业和水产养殖管理部门改组，通过制定关于未报告和非法捕鱼的国际行动计划及可持续小规模渔业的实施办法，帮助越南实现上述目标。

二、减少贫困，实现新型农村发展

粮农组织将支持越南在《经济和社会发展计划（2016-2020年）》提出的"经济结构调整和生产力提高取得突破式进展"的构想，特别是实现国家对建设新农村的目标规划，"力争到2020年使50%的公社达到新农村发展标准，农村居民收入比2015年提高1.8倍，在2016年至2020年，每年有针对性地减少1%至1.5%的贫困人口"。

为实现上述目标，粮农组织与越南农业与农村发展部将着力改善农村地区农户生计和农村形象，重点解决贫困人口和弱势群体问题；推进性别平等的农村政策制定和试点，提高农民、渔民、护林员、牧民的组织能力和以生产力为主导的农业创新、销售服务能力；提高产品信息的可追溯性，保证农产品质量安全，提高农业、水产和林业价值链的竞争力和包容性；清除农业发展的障碍，为企业改善投资环境。

三、提高对灾害和气候变化的防治能力

《越南灾害防治战略（2007-2025年）》旨在加强气候变化适应和灾害风险管理，改进卫生服务，提高气候变化适应能力、自然资源管理能力和环境保护能力。

粮农组织将帮助越南提高国家和地方各级执行和监测国家农业适应计划的能力，以及国家、省和地区灾害风险管理能力，包括缓解风险和减少生产系统的不稳定性；提升国家、省、区信息化管理和考核灾害的监测机制，包括查明和定位最易受灾的区域；提高处理自然资源和农业生计紧急情况及疾病预防、发现和管理能力。

参 考 文 献

曹云华. 2008. 越南的经济发展现状与前景[J]. 珠江经济，（8）：62-70.
宫玉涛. 2014. 近年来越南的农业改革新举措及评析[J]. 农业经济，（5）：14-16.
龙吉泽. 2015. 越南农业革新及农机化发展[J]. 时代农机，（1）：166，167.
农业部农业贸易促进中心政策研究所，中国农业科学院农业信息研究所国际情报研究室. 2017. 越南粮食安全规划支持大米产业发展[J]. 世界农业，（2）：205.
夏一维. 2015. 越南农业科技政策及其对中国农业科技政策制定的参考意义[J]. 孙庆梅译. 世界农业，（6）：94-98.
叶大凤，黄春正. 2012. 越南新农村建设政策实施的成效及看法[J]. 东南亚纵横，（7）：7-12.
袁祥州，徐媛媛，Binh N C，等. 2016. 越南农业支持政策效应分析[J]. 亚太经济，（2）：75-79.
张向斌. 2006. 越南发展农业农村的举措和经验[J]. 科学社会主义，（1）：100-103.
中国驻胡志明市总领馆经商室. 2018. 越南出台农业投资项目优惠政策[EB/OL]. http://silkroad.news.cn/2018/0426/93160.shtml.
中华人民共和国商务部. 2018. 越南政府颁布鼓励投资农业新政策[EB/OL]. http://vn.mofcom.gov.cn/article/jmxw/201805/20180502741570.shtml.
FAO. 2017. Country Programming Framework for Viet Nam 2017-2021[Z].

第六章 菲 律 宾

第一节 菲律宾社会经济与农业概况

一、社会经济基本情况

（一）经济发展水平

2008年金融危机让世界经济遭受重创，菲律宾却连续多年高速发展，成绩令人瞩目。如图6-1所示，世界经济受2008年金融危机的严重影响，2009年世界各国GDP总量较2008年下降5.20%，虽然2010年GDP又开始回升，但之后的增速明显不如2000~2008年。

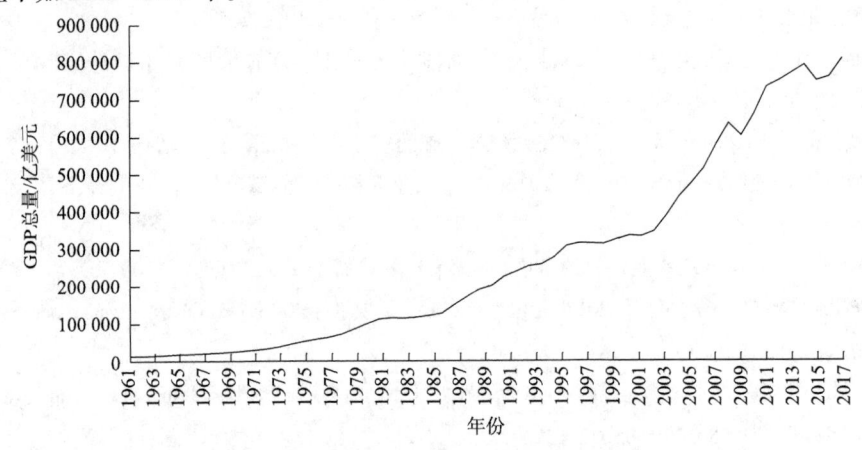

图6-1 1961~2017年世界各国GDP总量
资料来源：根据World Bank. World Development Indicators数据编制

反观菲律宾（图6-2），2009年菲律宾GDP下降3.36%，但2009年以后GDP却得到前所未有的快速增长，平均增速为8.21%（2010年甚至达到18.57%），远高于世界GDP 3.84%的增速。菲律宾的经济结构也发生了变化：香蕉和外出务工收入在经济中所占份额下降，取而代之的是互联网带来的服务外包业务（business process outsourcing，BPO）[①]行业的突飞猛进。

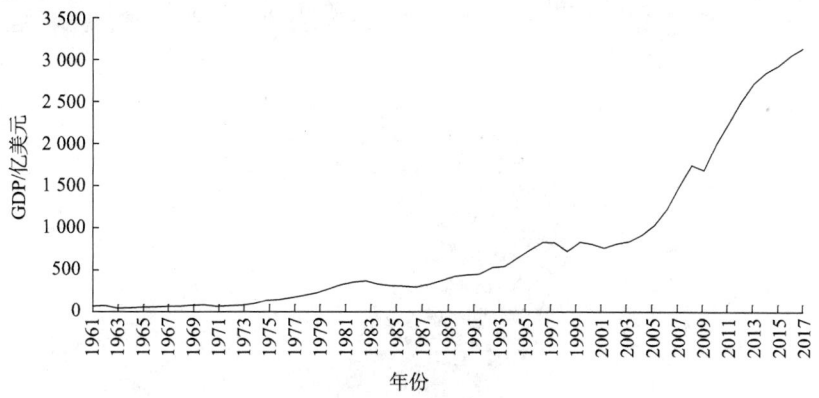

图 6-2　1961~2017 年菲律宾 GDP

资料来源：根据 World Bank. World Development Indicators 数据编制

（二）农业与国民经济

1970~2017 年，菲律宾农林渔业增加值占 GDP 比重总体呈下降的趋势，从 1970 年的约 30%下降到 2017 年的约 10%，工业对 GDP 的贡献变化较小，服务业对菲律宾整体经济增长的贡献一直是举足轻重的，其 GDP 占比还在不断上升；农林渔业对 GDP 的贡献与工业和服务业相比，差距越来越大（图 6-3）。

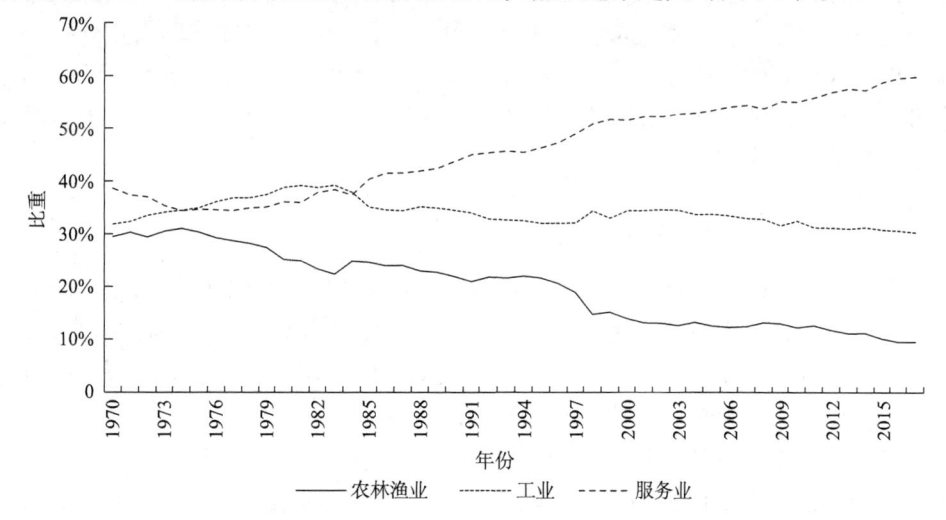

图 6-3　1970~2017 年菲律宾三大产业增加值占 GDP 比重

资料来源：根据 World Bank. World Development Indicators 数据编制

---

① 服务外包业务是指将本方商务流程中的部分或全部的非核心流程交由另方操作，主要目的是将公司有限的资源从非核心业务中解放出来，集中到核心业务上，提高公司本身的核心业务能力和效率。

如图 6-4 所示，2017 年三大产业对 GDP 的贡献：农林渔业 9.66%，工业 30.45%，服务业 59.89%，形成菲律宾服务业驱动、工业为辅、农业相对疲软的经济结构。

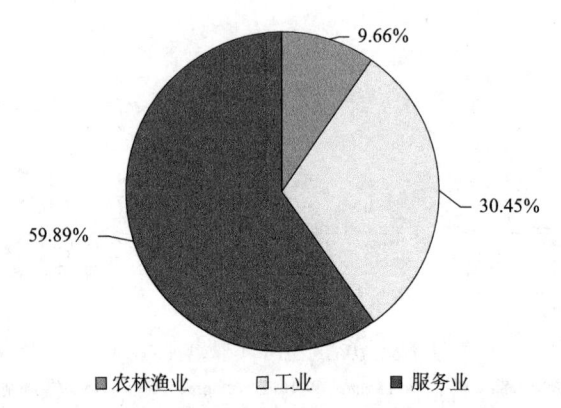

图 6-4　2017 年菲律宾三大产业增加值占 GDP 比重
资料来源：根据 World Bank. World Development Indicators 数据编制

在菲律宾的服务业中，占比重较大的是服务外包业务和外出务工汇款。服务外包业务的迅猛发展是推动菲律宾经济快速发展的最重要力量。2016 年菲律宾国内上千家服务外包公司产值达 255 亿美元，同比增长 13%，吸收就业 130 万人。预计服务外包行业收入不久将超过外劳汇款，成为菲律宾第一大创汇来源。菲律宾外出务工的劳工是一支很重要的队伍，每年约有 600 万名菲律宾人在外打工，每月汇回菲律宾的外汇接近 30 亿美元，2016 年一年就达到 279 亿美元。菲律宾外出务工汇款和服务外包业务两项加起来占到菲律宾 GDP 的近 20%，构成了菲律宾发展独特的经济模式。

（三）菲律宾农业现状

菲律宾是个农业大国，根据世界银行 2017 年数据，全国共有 53.32%的人口居住在农村，农业人口占总人口的 25.96%。不过该国还远不是一个农业强国，由于基础设施落后、资金技术匮乏，菲律宾农业总体上还停留在低水平阶段，粮食自给的目标也尚未实现，农林渔业产值仅占 GDP 的 9.66%。

有学者指出，制约菲律宾农业发展的主要因素是政策和基础设施。政府设置了过多的土地管理部门，相互之间职能重叠，导致农村市场交易成本大幅增加，农业费用高涨。政府四十年前提出的农业改革计划至今尚未完成，给农业市场特别是农村信贷带来很大的不确定性。由于信贷不足，菲律宾农业很难吸引到投资，政府对水利、供电和道路等基础设施的投入相对广大农村地区而言也是杯水车薪。

为了改变这一状况，推动农业更快更好地发展，菲律宾政府近期启动了"农业可持续发展伙伴计划"①，其目的是将不同部门的参与者聚集在一起，协调政府、企业、社会团体和农民之间的关系，共同制订旨在解决农业关键问题的行动计划，共同帮助农村发展，并将咖啡、木薯、玉米、椰子、蔬菜和渔业列为优先发展领域。

二、主要农业指标

表 6-1 展示了 2008~2018 年菲律宾主要农业指标。菲律宾土地面积约为 29.82 万 km², 2008~2018 年农业用地基本保持稳定。根据世界银行提供的 2016 年数据，菲律宾农业用地为 12.44 万 km²，占土地面积的 41.72%，其中耕地面积为 5.59 万 km²，占土地面积的 18.75%。自 2008 年起，菲律宾农业人口占总人口的比重有较为显著的下降趋势，平均每年减少 3.27%，农业人口占比从 2008 年的 35.29%下降至 2018 年的 25.31%。此外，2008~2018 年菲律宾农村人口占比变化不大，下降速度缓慢，从 2008 年的 54.55%下降到 2017 年的 53.32%，仅下降约 1 个百分点，直至 2017 年，农村人口占比仍然高达 53.32%。表 6-1 中最后一个农业指标反映出，菲律宾农林渔业对 GDP 的贡献持续下降，年平均下降 3.44%，直至 2017 年，菲律宾农林渔业增加值仅占 GDP 的 9.66%。

表 6-1 2008~2018 年菲律宾主要农业指标

主要农业指标	2008年	2009年	2010年	2011年	2012年	2013年	2014年	2015年	2016年	2017年	2018年	年平均增长率
农业用地/万 km²	12.01	12.10	12.10	12.26	12.43	12.44	12.44	12.44	12.44	—	—	0.44%
农业用地占比	40.28%	40.58%	40.58%	41.12%	41.69%	41.72%	41.72%	41.72%	41.72%	—	—	0.44%
耕地面积/万 km²	5.45	5.50	5.30	5.45	5.58	5.59	5.59	5.59	5.59	—	—	0.32%
耕地面积占比	18.28%	18.45%	17.78%	18.28%	18.71%	18.75%	18.75%	18.75%	18.75%	—	—	0.32%
农业人口占比	35.29%	34.35%	33.18%	32.99%	32.16%	31.01%	30.53%	29.15%	26.99%	25.96%	25.31%	-3.27%
农村人口占比	54.55%	54.63%	54.67%	54.48%	54.29%	54.10%	53.91%	53.72%	53.53%	53.32%	—	-0.25%
农村人口增长率	1.78%	1.76%	1.69%	1.29%	1.30%	1.30%	1.28%	1.24%	1.21%	1.15%	—	-4.74%
农林渔业增加值占 GDP 比重	13.24%	13.08%	12.31%	12.72%	11.83%	11.25%	11.33%	10.26%	9.66%	9.66%	—	-3.44%

资料来源：根据 World Bank. World Development Indicators 数据编制

---

① 农业可持续发展伙伴计划：Philippines Partnership for Sustainable Agriculture，PPSA。

第二节 菲律宾农业机构

菲律宾农业部（Department of Agriculture，DA）是负责推广菲律宾农业和渔业发展的政府部门（图6-5），前身是1898年6月23日成立的农业与制造业部。菲律宾农业部是促进农业发展的主要机构，负责促进农业发展，并为国内出口导向型企业提供政策框架、公共投资和资助服务；致力于提高农业收入，为农民、渔民和其他农村工人创造就业机会。农业部主要由八个局组成，分别是渔农业标准局、动物产业局、农业研究局、渔业及水产资源局、植物产业局、土壤与水资源管理局、农渔工程局、农业统计局。

图6-5 菲律宾农业部标志
资料来源：维基百科

一、愿景

建立一个有竞争力的、可持续的、以技术为基础的，由高产的农民和渔民推动，有高效的价值链支撑的农业和渔业部门，并与国内和国际市场充分融合，为减少贫困和菲律宾经济包容性增长做出贡献。

二、任务

帮助农渔业部门和私营部门为每一个菲律宾人生产足够的、可获得的、负担得起的食物。

第三节 《菲律宾发展战略计划（2017-2022 年）》

一、概述

菲律宾国家经济发展署（National Economic and Development Authority，NEDA），是菲律宾政府中一个独立的内阁级机构，负责经济发展和规划。该机构由菲律宾总统担任理事会主席，社会经济规划秘书兼任总干事，担任副主席。

菲律宾国家经济发展署于 2017 年公布了《菲律宾发展战略计划（2017-2022年）》（图6-6），明确了 2022 年菲律宾社会经济发展的目标："优化社会结构，减少不平等，提高增长潜力"；并计划在2022年以前把贫困率[①]从2015年的21.6%降低至14%，这相当于让大约600万人摆脱贫困；集中力量改善农业贫困和贫困发生率高的落后地区不平等状况。

图6-6 《菲律宾发展战略计划（2017-2022 年）》封面
资料来源：菲律宾国家经济发展署官方网站

为实现上述目标，菲律宾国家经济发展署针对优化政府管理、维持宏观经济平稳运行、增加经济发展机会、加强基础设施建设等方面提出了详细的规划和措

[①] 贫困率指人均收入低于人均贫困线的人口比例。

施。其中，专门讨论了农林渔业在增加菲律宾经济发展机会中的作用，并对农林渔业的发展做出了明确详细的规划[①]。

二、农业发展目标

促进农林渔业的发展，创造经济机会，提高小农和渔民的收入及生活水平。计划 2017 年在基线的基础上，把农林渔业总附加值增长率提高到 2.5%至 3.5%之间，并在 2017~2022 年保持这个增速。

第四节 菲律宾农业发展现状与目标

一、各农业部门发展情况

（一）种植业拉低整体增长

2013~2015 年农作物平均 GVA[②]仅增长 0.20%。其表现不佳的原因如下：台风、厄尔尼诺现象[③]对水稻和玉米生产产生不利影响以及虫患。

（二）渔业保持疲软

受台风和极端天气的影响，渔业资源的减少成为影响渔业绩效的主要因素，为了恢复鱼类数量，防止过度捕捞，菲律宾多个地区实行"闭季政策"，导致捕鱼业活动减少，渔业增加值继续下滑。为了改变这种现状，菲律宾渔业将转向渔业保护和养护，通过生态系统方法对渔业进行管理。

（三）牲畜和家禽缓慢增长

有利的市场条件和适合的气候使牲畜与家禽部门在 2013 年达到总附加值的增长目标，甚至在 2015 年实现了超越。

---

① 本书重点关注《菲律宾发展战略计划（2017-2022 年）》中第八章的内容，即农林渔业的部分。
② GVA（gross value added，总增加值），是衡量企业或市政当局对经济、生产者、部门或地区的贡献的经济生产率指标。GVA 与 GDP 都是衡量产出的指标，二者的关系如下：GDP=GVA+产品税-产品补贴。
③ 厄尔尼诺现象指太平洋东部和中部的热带海洋的海水温度异常地持续变暖，使整个世界气候模式发生变化，导致太平洋中东部及南美太平洋沿岸国家洪涝灾害频繁，同时印度、菲律宾、澳大利亚一带则严重干旱，世界多种农作物将受影响。

（四）林业增长明显下降

由于 2011 年发布的"第 23 号行政命令"[①]，林业总附加值增长率从 2013 年的 36.7%下降至 2014 年的 4.9%，2015 年进一步下滑至 26.7%。

二、菲律宾农业的主要问题和挑战

（一）有限的多样化阻碍了农业发展

多年来，菲律宾的农作物一直高度集中于水稻、玉米和椰子。相比之下，具有较大市场前景的高价值作物（如香蕉、甘蔗和橡胶）的收获面积比这三种优势作物要小得多。这种有限的作物生产多样化表明，菲律宾未能充分利用日益增长的出口市场发挥自身农业生产的优势。

（二）生产力发展受阻

1. 获得信贷和保险的机会有限

流动资金不足抑制了农民和渔民在获取农业生产投入、使用扩大生产的农具和设施、进行促进农村经济的创业活动等方面的积极性。2015 年，大约 39%的小农和渔民借款人因如下的原因无法获得正式贷款：缺乏拟定可行项目提案的能力；缺乏或有不良信用记录；缺乏可接受的抵押品；对可获得贷款产品的信息缺乏。

在供应方面，银行对贷款配额（农业 15%，土地 10%）的遵守程度较低，2015 年农业贷款占银行可贷资金的 14%，而土地贷款仅占银行可贷资金的 1.1%。

2. 农业机械化水平低，采后处理设施不足

农用机械和采后设备设施对于增加产品的数量与质量、减少损失，以及降低劳动力成本有重要作用。但是，尽管菲律宾农业机械化水平在 1990 年从每台 0.52 马力/公顷大幅提高至种植业的 1.23 马力/公顷，在 2011 年达到水稻和玉米种植的 2.31 马力/公顷，与越南、巴基斯坦和印度相近，但仍然远远落后于亚洲其他国家（如中国、日本、韩国和泰国）的机械化水平。

3. 灌溉不足

截至 2015 年，菲律宾灌溉面积为 170 万公顷，仅有占潜在可灌溉面积 57%的耕地得到灌溉。由于漫长的设计和建造过程，灌溉系统的发展速度非常缓慢；小型灌溉系统的建设也很难推进，还有许多现有的灌溉系统需要修复或升级。

---

① 该命令宣布暂停在自然森林中采伐木材。

4. 缺乏对科学技术研发的支持

目前科学技术研发在提高农业技术、改善农渔业管理方面的贡献并不显著，研发预算在农业部、科技部农业理事会、水产和自然资源的研究与开发理事会总预算中所占比例很低。农业科学家和研究人员固定且职位数量有限，导致研究工作不断收缩，限制了研发能力的提高。

5. 低效的农业推广服务

当地业务资金和政府单位人力资源不足，造成推广服务效率低下，导致某一特定领域的农业实践和技术传播与应用速度减慢，不能满足农民和渔民的需求。农业培训协会的调查显示，几乎一半的农业推广工作者年龄在43~64岁。

6. 土地改革尚未全面实施

经过几十年的改革，土地综合改革方案和征地分配方案的实施仍未完成，改革行动迟缓的主要原因如下：特别是在强制征用私人农用土地方面地主的抵抗，冗长复杂的程序，征地分配方案的可变性，最高法院关于土地收购的规则尚未出台。

（三）农产品竞争力低下

1. 生产地和市场之间联系不足

一方面，从生产区到市场的运输时间过长，导致产品质量不断下降；运输和装卸费用过高也使得运输与物流系统效率低下，农渔业产品在市场上竞争力降低。2011~2017年农业部规划的"从农场到市场"（farm-to-market）计划中，公路建设目标为13 999km，但是直至2015年只有6 549km建设完成。

2. 产品质量较差

菲律宾农产品供应商没有严格遵从产品安全质量标准，遭到进口国家和地区（如欧盟、美国、日本和澳大利亚）对农产品的拒绝，主要是由于农产品含有霉菌、毒素、添加剂、细菌等污染物，还存在标签不合格、掺假或缺少相关文件等问题。

（四）制度和管理水平有待完善与提高

多个政府机构职能重叠，导致政府管理和服务的效率低下，阻碍了农业的发展和改革的实现。各行政机构之间缺乏密切有效的协调配合，政府的公共投资也非常有限。此外，尽管有防止土地转化的《农业和渔业现代化法案》和地方政府法规，但是由于不能严格执行现有法律，土地的非法转化和非法强占依然继续存在，严重影响农业改革目标的实现，甚至危及国家粮食安全。

第五节　菲律宾农业发展规划与政策

一、提高农林渔业生产力

（一）开发农业彩色编码地图

农业地图包含有关土壤特征、水资源、气候类型、地形和社会经济条件等信息，利用地图确定具有比较优势的区域，分析适宜种植的作物，帮助生产者做出正确的农业活动生产决策。

（二）加快建设小型灌溉系统

加快建设能够抵抗灾害和气候变化的灌溉系统，优先发展小型和公共灌溉系统；大规模的灌溉系统要符合水资源可利用、稳定可持续、经济方面具备可行性的条件；推广高效节水管理技术，提高水资源利用率，对厄尔尼诺现象起到缓冲作用；采取综合流域管理办法维持土壤生产力。

（三）推广农渔业机械设备的使用

为全面实施《农渔机械化法》[1]提供资金支持，鼓励本地制造、组装机械设备进行生产、采后和加工活动。政府将大力支持对当地现有机器（如拖拉机、机械干燥机、脱粒机等设备）和渔业技术（如玻璃纤维船体和渔船小型发动机）的信息分享、教育培训和交流活动。

对于因为促进机械化而被取代的劳动力，菲律宾政府将引导这部分劳动力投入加强农产品多元化、增加农产品附加值和农渔业创业活动中，特别是为低技能的农渔业工人提供相应的培训，颁发机器操作证书；鼓励生产者采用机械联营或租赁（租用机器或农场服务）的方式进行生产经营，在提高生产效率的同时，也保证农民的生计。

（四）加强农渔业推广能力

（1）通过聘请专业的推广人员提供技术支持及商业咨询服务，加强现有的农渔业推广系统，缩短从研发到技术应用时间。

---

[1] Agricultural and Fisheries Mechanization Law。

（2）重点推广并鼓励农民和渔民使用优质种子和已认证的种质资源，特别是高产、抗极端天气（如干旱和洪水）的品种和优质鱼苗等。

（3）大力倡导采用良好农渔业实践（如害虫综合管理、营养综合管理和可持续捕捞）及食品安全和产品标准（如水产养殖规范、农产品加工规范、食物卫生规范、包装及运输规范）。

（4）继续推动适应气候变化、有机农业、城市农业和清真食品生产方面的发展；为农渔业生产提供定点、及时的天气和气候报告；利用先进的信息和通信技术连接农业生产者和消费者。

二、提高农林渔业企业的生产经营能力

（一）开发高附加值和具有市场潜力的商品

（1）基于对区域环境脆弱性、生产可持续性和延长价值链等方面的综合分析，开发大宗商品，如伊洛科斯地区的杧果、科迪勒拉行政区的咖啡、卡拉巴尔松地区的奶牛、三宝安半岛的橡胶和棉兰老岛北部的香蕉等。

（2）采用综合耕作制度，如利用农业彩色编码地图实现农作物、畜禽、鱼类和农林的间作，使土地利用达到最大化。

（二）通过创新的生产和营销方式拓展农渔业企业

探索企业生产经营的新模式，如承包农业；建立企业、市场和其他上游服务机构之间的对接；通过开展国内外合作及市场配对活动，加强企业与市场之间的联系。

（三）加强社区企业建设

（1）引导企业为农民和渔民或民间组织提供能力建设、商业咨询等服务，帮助各组织进行管理，引导农资企业有效参与到农村社区的发展中。

（2）实施并监督促进社区企业发展的各项计划和项目，加强社区中各企业间的相互联系，共同应对气候变化、灾害风险和农业脆弱性等问题。

三、延长价值链

（1）通过公路、铁路、岛屿间物流系统和水路运输，将生产区与市场联系起来，发挥交通和物流在农业生产链各节点中重要的衔接作用。

（2）将小农和渔民组织成正式的团体，建设和管理合作社；把农场组织成集群，整合成更大的农业综合企业机构，形成规模经济。

（3）为小农和渔民提供增加农产品附加值方面的能力建设。组织农业专业推广人员对农民进行培训，建立农民田间学校[①]和示范农场。培训内容包括加工、包装、营销和产品标准的遵守与认证等方面的内容。

（4）收入较低的季节性农场和渔场工人的收入与生计非常不稳定，且容易受到冲击，政府将在淡季以社区为基础，为这类人群制订非农业就业计划，如通过农业旅游业拓宽收入来源。对季节性工人进行非农活动的培训，增加他们从事其他非农活动的就业优势和机会。

四、拓宽融资渠道

（一）农业保险

通过提高小农对风险的认识和识别能力，增加拥有农业保险的小农和渔民的数量；创新农业保险，如天气指数保险和区域收成保险。

（二）农业信贷

为小农和渔民提供可负担的信贷，积极开发创新的贷款产品，并为借款者提供充分的信息和相应的援助。

五、提升农业科技水平

（一）增加对技术研发的投资

为减少损失，保证农产品质量和食品安全，增加农渔业商品的价值，增加对生产和采后技术（如制冰和储存技术）研发的投资，覆盖包括研发直接成本、人力资源、改进基础设施建设等方面。此外，发展计划明确把气候和灾害响应技术创新作为研发的重点领域。

菲律宾《国家农业、水产和自然资源研发议程（2017-2022 年）》[②]指出，将

[①] 农民田间学校是粮农组织提出和倡导的农民培训方法，是以"农民"为中心，以"田间"为课堂，由经过专业培训的农业技术员担任辅导员对农民开展的培训。最早于 1989 年在印度尼西亚开办，于 20 世纪 90 年代初扩展到亚洲其他国家和地区，后扩展到非洲、美洲、东欧等地区，我国于 2005 年在北京启动农民田间学校建设。

[②] Harmonized National R&D Agenda for Agriculture, Aquatic and Natural Resources 2017-2022。

通过先进的新兴生物、基因组学、生物信息学、纳米科学和信息通信等技术，为提高农林渔业生产技术水平寻找解决方案，开发新的产品和工具。

（二）提高技术的应用能力

提高小农和渔民运用新技术的能力，包括有关种子、加工和包装技术的运用。加快把农业技术转化为适应社会需求和市场的农产品，增加农民收益。

第六节　菲律宾与粮农组织

粮农组织公布的《菲律宾国家规划框架（2018-2024 年）》[1]是与菲律宾各个政府部门[2]、联合国组织、发展伙伴和民间社会组织协商一致后，在菲律宾国家经济发展署所制定的《菲律宾发展战略计划（2017-2022 年）》基础上，和菲律宾政府规划的社会经济发展方向一致的为期六年的发展规划。粮农组织充分利用其在国家和区域农业发展方面的丰富经验，从以下三个方面对菲律宾农业发展提供指导和帮助。

一、改善营养状况

尽管粮食供应不断增加，但是营养仍然是一个主要的挑战，菲律宾未能在联合国千年发展目标[3]中实现营养不良人数减半的目标，加之大米自给政策降低了其他作物（营养）的预算，阻碍了农业多样化。

粮农组织将通过对菲律宾政府机构提供政策建议，加强其能力建设，改善粮食和营养环境，实现菲律宾改善营养状况的目标，使大多数菲律宾国民摆脱贫困和粮食不安全的现状。具体做法如下：提高政府机构的决策能力和社区调动资源的能力；加强粮食安全和与营养相关的信息系统制度建设，如食品与营养安全早期预警系统和食品安全阶段分类；在国家和地方各级进行粮食安全与营养、食品质量安全、性别和社会公平问题等多领域的数量收集、分析和监测。

---

[1] Country Programming Framework （CPF） for Philippines 2018-2024。
[2] 包括国家经济发展署、农业部、环境及自然资源部门、土地改革部门、科技部门和其他 20 个政府机构。
[3] 联合国千年发展目标旨在将全球贫困水平在 2015 年之前降低一半（以 1990 年的水平为标准），消灭极端贫穷和饥饿，普及小学教育，促进两性平等，确保环境可持续能力。

二、增加农林渔业的经济发展机会

生产率低下和竞争力下降是影响农林渔业增长的两个主要问题。由于技术水平有限，生产力低下，加上自然资源减少，使得该行业不断收缩，大宗商品的价值没有发挥，比较优势不明显，并且极易受到气候变化的影响。该行业缺乏竞争力的原因包括：市场支持有限、农产品价值链不发达；公共基础设施网络不完善；研发投入不足；农业系统多样化程度有限；收获后损失过高[1]，损害和损失报告与评估不足；经常性灾害的长期影响。

国家和政府方面的问题主要体现在以下方面：环境和自然资源法律执行力不够，在减少灾害风险方面努力不足，私人部门在评估、减灾和风险转移机制等方面投资有限。粮农组织将从以下两个方面，为促进菲律宾农林渔业发展做出贡献。

（1）加强机构管理协调能力，构建更具包容性的价值链，实现农林渔业的可持续发展，提高竞争力。

（2）在采后实践、农业生产投入、市场、农业企业价值链、社会保障系统等方面积极帮助指导小农、渔民、农业改革受益者和其他价值链节点的参与者。

三、减少农民的脆弱性

菲律宾农民的脆弱性还很显著，对气候变化影响和人为灾害的适应能力较弱。例如，政府机构的工作人员由于专业知识不足，不能利用现有的地理空间信息进行有迫切需要的风险评估，为脆弱地区的风险规划和干预提供信息支持。此外，各机构在制定项目时没有获得用于适应气候变化和灾害风险管理的资金支持。风险转移的政策机制存在缺陷，缺乏创新，私人部门对灾害风险管理的投资不足。加上其他影响因素，如自然资源减少、城市化进程加快及市场的波动，使农渔业发展的风险不断增加。

粮农组织将从以下两个方面为实现菲律宾农民脆弱性最小化做出贡献。

（1）提高国家农业行政机构和农民应对极端气候事件、自然和人为灾害和其他紧急情况的应急准备和能力，提高获取信息、降低和转移风险的能力，减少脆弱性。

（2）以能力建设为中心，在灾害多发地区实施以适应和缓解为核心的气候智能型农业，加快推进"灾害风险管理实践"[2]计划，通过对气候、温度、

---

[1] 据世界银行 2014 年数据，大米损失达到 15%，水果和蔬菜达到 50%。
[2] 灾害风险管理实践：Disater Risk Reduction and Management，DRRM。

降雨、人畜共患病和其他风险数据的分析，做到早期预警和早期行动，降低风险的负面影响。

参 考 文 献

安邦咨询. 2015. 菲律宾农业发展前景广阔[J]. 时代金融，（19）：55.
FAO. 2018. Country Programing Framework for Philippines 2018 to 2024[Z].
NEDA. 2017. Philippine Development Plan 2017-2022[Z].

第七章 马来西亚

第一节 马来西亚社会经济与农业概况

一、社会经济基本情况

（一）经济发展水平

20世纪70年代前，马来西亚经济以农业为主，依赖初级产品出口。70年代以来不断调整产业结构，大力推行出口导向型经济，电子业、制造业、建筑业和服务业发展迅速。同时实施马来民族和原住民优先的"新经济政策"，旨在实现消除贫困、重组社会的目标。1987年起，马来西亚经济连续10年保持8%以上的高速增长。

作为新兴市场国家的代表之一，马来西亚在20世纪90年代就成功迈入"中等收入"国家行列。但亚洲金融危机后，其经济增速逐步放缓，从1990~1997年的年平均9.1%下降到2000~2008年的5.5%，人均国民生产总值始终无法突破"全球高收入边界线"，"中等收入陷阱"[①]成为马来西亚经济发展的第一大障碍。

2008年的国际金融危机迫使马来西亚政府立即采取稳定经济的措施，其中包括注入50亿林吉特稳定股市，降低银行利息，扩大财政赤字，实施总值达70亿林吉特的一揽子刺激经济增长计划，免除钢铁、水泥关税，以及动用15亿林吉特吸引外资等。2010年，世界经济逐渐好转，国外市场回暖，带动马来西亚制造业、工业缓步回升。为巩固得之不易的复苏，2010年3月，马来西亚进一步推出

[①] "中等收入陷阱"的概念源自2006年世界银行发布的《东亚经济发展报告》，指的是当一个国家的人均收入实现中等水平后，由于难以实现经济发展方式的有效转变，出现收入分配差距拉大、人力资本积累缓慢、城市化进程受阻、产业升级艰难以及金融体系脆弱等一系列问题，故持续增长动力不足和社会矛盾频出，从而出现经济停滞徘徊的一种状态。

新经济模式,借机调整发展战略,随着促进经济发展措施的制定和落实,马来西亚经济强劲反弹。2010年GDP达5 583.82亿林吉特,同比增长7.20%,创下2001年以来的最高纪录,有效缓解了国际金融危机的冲击。

2015年马来西亚公布了以"以人为本的成长"为主题的第十一个五年计划,强调2020年使马来西亚成为高收入国家的"2020宏愿"。

(二)农业与国民经济

近年来,马来西亚通过产业转型升级促进经济增长,并将发展服务业列为其中的重点。2017年马来西亚服务业产值为6 387.5亿林吉特,同比增长6.20%,占GDP的52%。服务业是马来西亚经济中最大的产业部门,吸收就业人数占马来西亚雇用员工总数的62%。目前,金融服务、商业服务、旅游、教育、医疗卫生和批发零售已经被马来西亚政府列入了重点发展领域,受到政策扶持。其中,旅游业是服务业的重要部门之一。2017年马来西亚吸引游客2 595万人次,主要来自新加坡、印度尼西亚、中国、文莱和泰国等。

以出品加工制造业为主的马来西亚工业经济是受外部市场影响较大的产业。世界经济欲振乏力,国际市场疲软,消费需求下降,给马来西亚制造业造成了很大影响。马来西亚施行的最低工资制度一方面对传统制造业造成了一定影响,但也从另一方面促进了传统产业的转型升级,政府对制造业的转型升级也给予了大力的支持。在制造业中,汽车制造业、橡胶加工制造业等表现良好,受益于经济转型计划的实施,马来西亚建筑业表现突出,高速公路、高铁、桥梁和大型电厂项目的建设,带动了新一轮的房地产开发热潮,住房建筑业发展很快。

2017年马来西亚农林渔业产值为958.9亿林吉特(约为1 585.45亿元人民币),同比增长7.20%,占GDP的8.78%,占比最大的是服务业,达到一半以上,然后是工业,分别占到GDP的52.43%和38.79%(图7-1)。由图7-2可知,马来西亚就业人口中,服务业依然是占比最高的产业,达到61.55%,其次是工业,占比27.44%,农林渔业仅占11.01%。

(三)农业基本情况

1. 种植业

马来西亚的农业以经济作物为主,经济作物主要有油棕榈、橡胶、热带水果等,大量出口棕榈油、天然橡胶、棕榈油仁等农产品。耕地总面积中油棕榈占比约为41%,橡胶生产占比约为33%,水稻占比约为12%,可可占比约为7%,椰子占比约为6%;其他主要产品还有胡椒、菠萝和茶叶等。

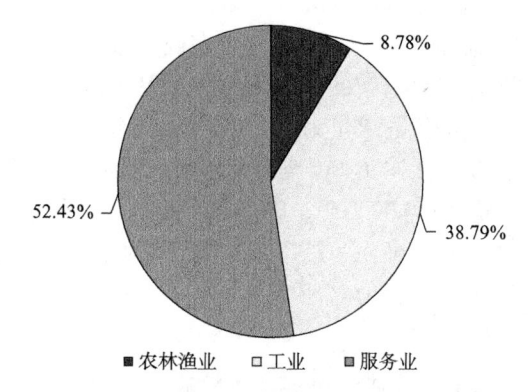

图 7-1　2017 年马来西亚三大产业增加值占 GDP 比重
资料来源：根据 World Bank. World Development Indicators 数据编制

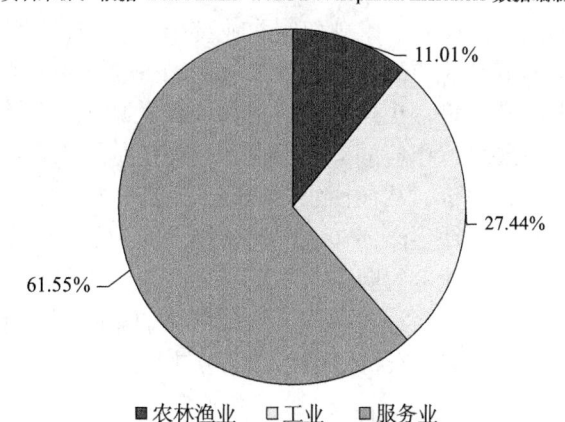

图 7-2　2017 年马来西亚三大产业就业人口占比
资料来源：根据 World Bank. World Development Indicators 数据编制

马来西亚在粮食生产方面比较薄弱，国内生产长期不能自给自足，大米的自给率只有 65% 左右，差额依赖进口，大米的主要进口国是泰国、日本、澳大利亚、柬埔寨等。马来西亚政府将大米作为确保国家粮食安全的重要保障之一，其目标是实现 83% 的大米自给率。

2. 禽畜业

马来西亚禽畜业主要包括鸡、猪、牛、羊以及乳品加工，在国民生产总值中的比重平均为 0.7%，在农业总产值中的比重平均为 8.0%。除猪肉、鸡肉、鸡蛋能够完全自给外，绝大部分牛肉、羊肉、牛奶需要从国外进口。

养鸡业是马来西亚禽畜业的主要产业，占禽畜生产总量的 55.7%。肉鸡的年产量和需求量分别为 75 万吨和 65 万吨，自给率为 115%；鸡蛋年产量和需求量分别为 41 万吨和 39 万吨，自给率为 105%。

养猪业占禽畜生产总量的 21.1%，多集中在西马半岛。猪肉年生产量和需求量均为 16 万吨，自给率为 100%，70%的猪饲料需要从国外进口。牛、羊养殖量则远远落后于实际需求：牛肉的年需求量为 12 万吨左右，年生产量仅为 2 万吨，83%依赖进口。牛奶的年生产量为 2.20 万吨，需求量为 73 万吨，97%需要进口。羊肉年需求量为 1.4 万吨，年产量仅为 0.09 万吨，93%需要进口。牛肉主要从澳大利亚、印度进口，牛奶主要从澳大利亚、新西兰进口，羊肉主要从新西兰、澳大利亚进口。

（四）农业发展主要问题

1. 农业部门吸引力下降致使农业劳动力短缺

在马来西亚工业化的发展过程中，国家的各项政策（如贸易、税收等）都对农业以外的其他部门有所倾斜，唯独忽视农业部门。首先，国家对农产品出口征收高额关税。马来西亚政府通过对农产品征收高额关税来填补财政收入，这直接影响到农产品的生产和出口，也使农户们的收入大大减少。其次，马来西亚政府为了对国内的工业发展进行相应的关税保护，过高地估计了国家的货币价值，致使农产品的价格变得很廉价，从而使农民的收入下降。同时，马来西亚的工业化政策还使国家的资本和土地逐渐向非农部门转移，导致用于农业生产和粮食种植土地的比例越来越小。农业部门吸引力不断减弱，很多农场和种植园都纷纷脱离农业生产，转入非农行业。在这些政策和发展形势的影响下，大量的农村劳动力逐渐向城市转移，直接导致了农村劳动力严重短缺。

2. 小农经济导致生产效率和收益低下

马来西亚的农业经济形式既包含传统的小农经济形式，也包括大种植园和大农场经济。其中，小户自耕农在小种植园主中的比例占 70%，但他们所拥有的耕地数量却非常少，他们用传统的耕作模式在规模较小的土地上种植农作物，农作物生产效率不佳。

由于没有先进的农产品加工产业，马来西亚的农产品大都是初级产品，存在着价格低、收益少的问题。此外，农民除了要负担高额的出口关税以外，还要缴纳其他税种的税（如教育税、销售税等），直接加重了农民的负担。农民的贫困状况持续存在，贫困农户也就没有更多土地、资金、设备等物品来提高生产力和获得更高的收入，很多农户选择放弃农业生产，转而在城市中寻求更好的生活和工作，直接导致大量的农村土地无人耕种，出现严重的撂荒现象。

3. 粮食安全和环境破坏等问题日益突出

马来西亚农业发展不受重视，国内农业生产效率低和土地撂荒现象严重，导致粮食自给率低下，直接影响到了其粮食安全。粮食供应不足使马来西亚必须进口粮食,这不仅给国家经济造成负担,流失大量外汇,还使马来西亚在粮食方面产生对国外的依赖,直接威胁到国家粮食安全。

在粮食无法自给的同时,过量的化肥被应用到粮食生产中也严重威胁着马来西亚的粮食安全。过量使用化肥不仅会使马来西亚的土地板结、肥力不足,不能取得更好的收成,相应农产品还会影响到人类的健康。

二、主要农业指标

表 7-1 展示了 2008~2018 年马来西亚主要农业指标。马来西亚土地面积为 32.86 万 km², 2008~2016 年农业用地每年保持年平均 2.38%的稳定增长。根据世界银行提供的 2016 年数据,马来西亚农业用地为 8.63 万 km²,占土地面积的 26.26%,其中耕地面积仅为 0.88 万 km²,占土地面积的 2.68%。自 2008 年起,马来西亚农业人口占总人口的比重有较为显著的下降趋势,平均每年减少 2.65%,农业人口占比从 2008 年的 13.96%下降至 2018 年的 10.67%。此外,2008~2018 年马来西亚农村人口占比也呈逐年减少的趋势,从 2008 年的 30.78%下降到 2017 年的 24.55%。马来西亚农林渔业对 GDP 的贡献年平均下降 1.40%,直至 2017 年马来西亚农林渔业增加值仅占 GDP 的 8.87%。

表 7-1　2008~2018 年马来西亚主要农业指标

主要农业指标	2008年	2009年	2010年	2011年	2012年	2013年	2014年	2015年	2016年	2017年	2018年	年平均增长率
农业用地/万 km²	7.15	7.22	7.39	7.53	7.83	8.06	8.09	8.57	8.63	—	—	2.38%
农业用地占比	21.76%	21.98%	22.49%	22.92%	23.83%	24.53%	24.62%	26.08%	26.26%	—	—	2.38%
耕地面积/万 km²	0.87	0.85	0.85	0.87	0.87	0.80	0.80	0.83	0.88	—	—	0.14%
耕地面积占比	2.65%	2.57%	2.60%	2.63%	2.64%	2.44%	2.45%	2.51%	2.68%	—	—	0.14%
农业人口占比	13.96%	13.50%	14.22%	13.62%	12.70%	12.99%	12.23%	12.47%	11.37%	11.01%	10.67%	-2.65%
农村人口占比	30.78%	29.93%	29.09%	28.39%	27.73%	27.07%	26.42%	25.79%	25.16%	24.55%	—	-2.48%
农林渔业增加值占 GDP 比重	9.97%	9.22%	10.09%	11.45%	9.79%	9.11%	8.87%	8.47%	8.65%	8.78%	—	-1.40%

资料来源:根据 World Bank. World Development Indicators 数据编制

第二节　马来西亚农业机构

马来西亚农业与农基工业部(Ministry of Agriculture and Agro-based Industry,

MOA）是马来西亚负责农林渔业发展的政府部门，主要负责的领域有食品安全、农业旅游业、检疫、农业研究、农业发展、农业市场营销等，下设农业部、兽医服务部、渔业部和检疫部。

第三节　《马来西亚第十一个五年计划（2016-2020 年）》

一、概述

2015 年 5 月，马来西亚首相署经济策划组公布了《马来西亚第十一个五年计划（2016-2020 年）》[1]（图 7-3），该计划距离 2020 年[2]只有最后五年的时间，2016~2020 年是标志着马来西亚迈向包容、可持续的先进国家的关键一步。

在过去的五年中，尽管马来西亚遇到了来自全球经济增速放缓的影响，但是 GDP 增速仍居世界前列，国民的生活质量也有所改善，人口稳定增长，人均收入和家庭平均收入有所增加。但是必须认识到，全球格局日渐复杂，全球动荡、不确定性加大，经济和政治风险增加，未来将会有越来越多的挑战。

图 7-3　《马来西亚第十一个五年计划（2016-2020 年）》封面
资料来源：马来西亚首相署

---

[1] Economic Planning Unit, Prime Minister's Department, Malaysia. Eleventh Malaysia Plan[Z].2015.
[2] 马来西亚 2020 年宏愿，由马来西亚第四任首相马哈迪在 1991 年第六次马来西亚计划（大马计划）的会议上提出，以"2020 年成为先进国"作为马来西亚的奋斗目标。

"十一五"计划作为马来西亚的国家发展战略,将发展重点放在生产力和创新上,提高生产力,将创新转化为财富,为经济持续增长提供动力。

二、2015~2020年发展目标

马来西亚的目标 GDP:计划从 2015 年的 10 627 亿林吉特增长 32.8%,预计 2020 年达到 14 113 林吉特。其中,农业每年增长 3.5%,占 GDP 的比重由 8.8%下降至 7.8%,服务业和制造业依然是 GDP 贡献最大的产业,预计到 2020 年占比分别达到 56.5%和 22.1%。

为实现农业部门每年增长 3.5%,计划将通过现代化技术提高生产率,由创新和研究推动农业的进一步发展。发展重点放在农业粮食部门,以确保粮食达到自给的目标水平:到 2020 年,大米自给率达到 100%,蔬菜达到 95.1%,牛肉达到 50%。油棕产业预计增长 2.8%,增加成熟种植园;橡胶产业也将随着价格的上升增长 7.6%。

第四节 马来西亚农业发展规划与政策

一、提高生产力和农民收入

(一)利用先进技术提高生产效率,减少对劳动力的依赖

利用在种植业、牲畜业和渔业方面的信息和通信技术,将信息和通信技术运用到农场和种植园管理、精耕细作、农业监测等方面,降低生产成本,如利用移动电话应用程序传播市场的实时需求、价格、疾病暴发的早期发现和预警等信息,以及提供技术咨询互动平台。

(二)加强研究和开发

把重点放在研发创新上,特别是提高种子、品种、鱼苗和动物饲料的质量,提高综合病虫害管理的能力,改进和发展绿色农产品。此外,研究还将侧重于应对气候问题,确保作物、牲畜和渔业具有对极端气候的复原能力。农业研究方面的合作将由研究管理机构[①]牵头管理,获得现有农业研究机构,包括马来西亚农

---

① 研究管理机构:Research Management Agency,RMA。

业研究和发展研究所、马来西亚棕榈油委员会、马来西亚橡胶委员会、高等学校和私人研究中心等机构的支持,确保研究由市场需求驱动,确保社会各研究机构的广泛参与,为产业发展和农民生产活动提供有效的解决方案。

二、推广技术培训,鼓励创业

提高农民农业生产和创业的技能,评估农民现有的技能,推行技能提升计划,组织全国农业培训,引导农民践行良好农业实践,掌握先进的现代技术,加快农业现代化进程。完善由国家创新技术中心、国际创新技术中心、马来西亚全球创新公司和国家创业研究所合作制订的企业家发展方案,帮助和培育更多的初创企业与年轻农业企业家;优化现有农业培训机构的设施,提升创业课程质量。此外,为进一步吸引大学生进入农业综合企业,年轻的农业企业、农业银行、农业培训机构将优先获得启动资金和贷款。

三、强化机构援助和推广服务

各机构将根据主要农业活动、相关性及地点提供农业推广服务。推广工作人员将接受包括牲畜、水产养殖、油棕、橡胶、农业现代技术、可持续发展实践和管理气候变化等领域的培训,为农民、渔民、小农户提供便捷的"一站式"服务;现代技术(如遥感和无人机)将用于农业规划与监测;鼓励私人部门、高等学校和农民协会向农民提供专业领域的咨询和技术服务。

四、提升农业合作社和农业协会的管理能力

推广集成生产、质量控制、加工和营销的垂直体系,鼓励合作社和农民协会参与到农业食品和工业供应链中分享利润,确保农民可持续的收入;加强合作社和协会在管理、金融、投资、营销领域的能力;大力培养年轻农业企业家,为加强合作社管理方面专业化和创新精神注入活力;鼓励合作社和协会汇集资源,参与国内外活动,积极展示和推广农产品。

五、扩宽营销渠道,提高物流能力

通过加强生产者和消费者的联系提升农产品营销能力,建立更多市场网点,增加符合市场要求的产品;通过在线营销和品牌推广推动农产品销售,积极利用

农产品博览会提升农产品知名度。

提高农渔业产品收集、分销的物流能力，确保农产品质量，最大限度地减少采后损失，降低营销成本；增加收集和分发中心，升级渔业冷库和处理设施，加强港口和机场物流综合体建设，方便易腐食品的出口；健全完善清真物流和绿色物流制度。

六、拓宽农业领域融资渠道

将农业银行提供的政府资助从定期还款调整为基于农业粮食商品收获周期的灵活偿还；基于收获周期的水稻生产贷款将扩大到其他农业商品，如水产养殖和蔬菜。此外，信用保险将被允许作为抵押品，农业贷款将获得更大的灵活性。

七、提高适应气候变化的能力，减少气候变化的负面影响

在气候变化影响方面，《马来西亚第十一个五年计划（2016-2020 年）》指出，要重视农业部门利用水资源和适应气候变化的能力。为减少气候和自然灾害，实施防洪项目194个，使近100万人免受洪水的影响；编制灾害地图34幅，以便在主要高风险地区进行防灾和发展规划；加快推进海岸侵蚀预防工作，保护沿海地区免受侵蚀。此外，国家水资源政策于2012年出台，为水资源管理方向和战略、合作治理提供了清晰的思路，确保水资源的安全和可持续。

积极探索保障粮食安全的新战略以增强马来西亚抵御洪水和长期干旱的能力，于2013年推出名为MRIA 1的新型水稻品种，提高物种对高温和缺水的抵抗力，使得该物种在缺水地区和休耕期间的种植成为可能，有助于提高水稻产量和适应气候变化的能力。

八、提高企业竞争力，创造经济效益

整合、合并小型农业企业，形成规模经济，扩大生产规模，增加经济效益；加强基础设施建设，为企业提供管理培训和能力建设的支持；鼓励企业积极发展伙伴关系，加强与老牌公司合作，扩大业务。

采用通信技术广泛收集农业信息和商业、教育、卫生信息，通过数字平台为中小企业提供业务支持，并不断扩大服务范围。进一步完善电子支付平台，发展电子商务。

九、加强农业废物的利用和管理

加强回收利用,提高垃圾回收率和垃圾填埋场管理水平,减少资源浪费和环境污染。通过与能源许可委员会、农业部、能源及天然资源部、矿产和地球科学部等相关机构展开合作,积极采取行动。增加对废物作为一种资源的投资利用,让废物成为一种具有经济价值的资源,从而使其得到更有效的利用,减少对自然资源的浪费和依赖。

第五节 马来西亚与粮农组织

自 1957 年马来西亚成为粮农组织正式成员国,马来西亚与粮农组织的合作不断深入。粮农组织对马来西亚的援助主要包括提高粮食和农产品营养价值、减少粮食的采后损失、制并定实施南南合作框架中区域技术合作项目等。

一、发展节约食物网络,减少食物浪费

随着全球人口的增长,食品浪费成为实现粮食安全目标的最大挑战之一,目前全球约有 7.95 亿人面临严重的饥饿和营养不良的威胁。同时,全球食品浪费率居高不下。虽然食品浪费问题是全球性的,但它在不同的国家有不同的表现方式。在发展中国家,食品浪费主要表现为由设备老旧,以及在生产和运输过程中的失误造成的粮食损失;而在发达国家,食品浪费主要表现为零售商和消费者主动丢弃食品。国外学者研究表明,食品供应环节占食物碳排放量的 18%,如食品加工、运输、包装和零售,都需要能源和资源的投入。许多人认为,食用本地食物是低碳饮食的关键,然而交通运输的排放往往只占食物总排放的很小一部分——全球平均 6%,而食品垃圾的排放量却很大——食品生产过程中约有 25%的食品碳排放量来自供应链损失或消费者的食品浪费。因此,减少食物浪费来减少排放是更为重要的。

食物垃圾危害巨大的原因在于它对环境的影响,食物垃圾产生的温室气体会导致气候变化,气候变化又会反过来危害粮食的生产。联合国前秘书长潘基文在 2009 年 11 月举办的罗马粮食安全峰会开幕致辞中指出:"粮食安全离不开气候安全。"

根据马来西亚房屋及地方政府事务部(Ministry of Housing and Local Government, MHLG)提供的数据,目前马来西亚家庭食物浪费量为每

天8 745吨，这些浪费的大量垃圾没有被可持续地作为一种资源加以利用，因此减少采后损失和食物浪费对马来西亚来说尤其重要。粮农组织将协助建立全国粮食救助网络，倡导经济和环境效益、减少食物损失和浪费；举办全国性研讨会倡导粮食节约，促进信息共享，研讨战略和方法。

二、加强水产养殖的生物安全

马来西亚政府高度重视《国家农业食品政策（2011-2020年）》中关于水产养殖的规定，马来西亚成立了负责管理水生健康、生物安全的生物安全部。2015年粮农组织制订了渔业技术合作计划，协助马来西亚加强水产养殖部门的生物安全工作。这个项目着重于能力建设，覆盖风险分析、流行病学和农场层面的生物安全。此技术合作计划和粮农组织建立的其他长效政策机制相辅相成，共同解决马来西亚水生生物安全问题。

三、支持可持续农业生态系统的管理

马来西亚正面临着自然资源的巨大威胁：气候变化和土地退化日益严重威胁到这个国家丰富的生物多样性，反过来又加剧了其他现有的环境压力。马来西亚已经认识到生物多样性的重要性，并通过改进和完善现有法律政策、规定，在保护自然资源和维护自然资源资本方面不断努力，利用生物多样性实现马来西亚的可持续发展。

在粮农组织的支持下，马来西亚农业研究与发展研究所提高了在制度框架层面保障生态系统服务的能力，加强管理全球生物多样性、温室气体排放、土地和水资源的力度，促进跨部门综合生态系统和土地利用规划的完善，粮农组织还将针对综合生态流域管理为马来西亚农业研究与发展协会提供技术协助。

参 考 文 献

黄慧德. 2017. 马来西亚油棕业概况[J]. 世界热带农业信息，（7）：39-45.
刘颖. 2014. 探究马来西亚农业政策及其农村经济发展措施[J]. 世界农业，（8）：166-168.
韦朝晖. 2014. 马来西亚：2013年回顾与2014年展望[J]. 东南亚纵横，（4）：23-29.
新华网. 2015. 联合国：全球食物浪费量减25%就能养活全人类[EB/OL]. http://www.xinhuanet.com//world/2015-08/13/c_128124946.htm.

Economic Planning Unit, Prime Minister's Department, Malaysia. 2015. Eleventh Malaysia Plan[Z].

FAO. 2016. Malaysia and FAO[Z].

Jereme E A. 2017. Food wastes and food security: the case of Malaysia[J]. International Journal of Advanced & Appliedences, 4 (8): 6-13.

Poore J, Nemecek T. 2018. Reducing food's environmental impacts through producers and consumers[J]. Science, 360 (6392): 987-992.

第八章 印度尼西亚

第一节 印度尼西亚社会经济与农业概况

一、社会经济基本情况

（一）经济发展水平

1969年以来，特别是20世纪80年代调整经济结构和产品结构后，印度尼西亚经济发展取得一定成就。在"第一个25年长期建设计划"中，国民生产总值年均增长6%。1994年4月进入"第二个25年长期建设计划"，即经济起飞阶段。政府进一步放宽投资限制，吸引外资，并采取措施大力扶持中小企业、发展旅游、增加出口。1997年受东南亚金融危机重创，经济大幅衰退，1999年经济开始缓慢复苏，2000年以后，印度尼西亚GDP开始高速增长（图8-1）。

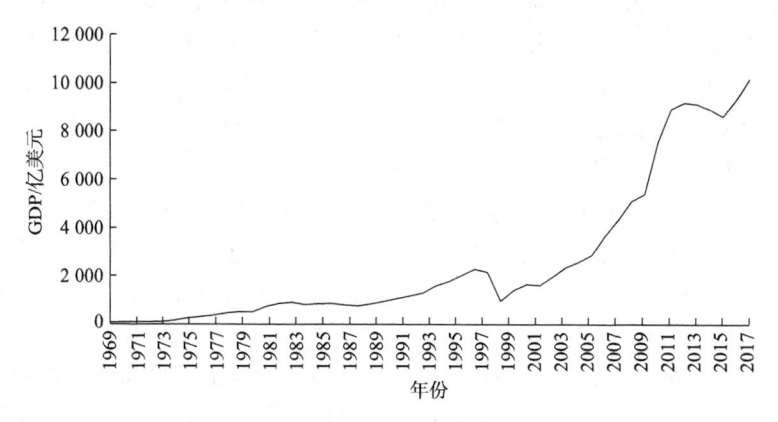

图8-1 1969~2017年印度尼西亚GDP

资料来源：根据World Bank. World Development Indicators 数据编制

（二）农业与国民经济

农业并不是印度尼西亚最大的经济部门，2009~2017 年农业对印度尼西亚 GDP 的贡献基本不超过 15%。服务业对 GDP 贡献持续增长，在 2015 年超过工业成为印度尼西亚最大的经济部门。2017 年服务业增加值占 GDP 的 43.6%，其次是工业，占比 39.3%，农业仅占 13.1%（图 8-2）。

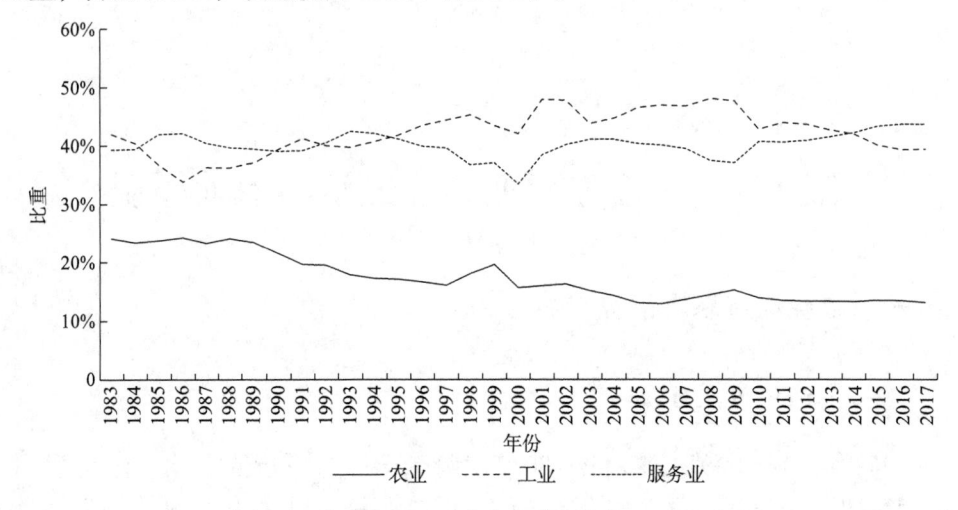

图 8-2　印度尼西亚三大产业增加值占 GDP 比重
资料来源：根据 World Bank. World Development Indicators 数据编制

随着印度尼西亚服务业的成长，其对本国劳动就业的贡献越来越大。印度尼西亚服务业吸收的劳动力一直保持稳步增长，就业比重不断提高。1960~1995 年，该比例由 17% 增至 37.6%，升幅超过 20 个百分点。由图 8-3 可见，自 1991 年起，农业就业比重呈现下降趋势（除 1997~2005 年稍有波动），从 54.02% 到 30.22%，降幅超过 23 个百分点。除 1997~2005 年受亚洲金融危机影响外，印度尼西亚服务业就业比重的增长速度放缓甚至下降，服务业就业比重总体上呈上升态势，并在 2009 年达到 41.23%，取代农业成为印度尼西亚吸纳就业的第一大部门。

2017 年印度尼西亚国家计划发展部部长庞邦强调应着重促进制造业、农业和旅游业三个领域的共同发展。庞邦称，印度尼西亚要着重制造业发展，把从依赖天然资源出口转变为工业品出口，通过对原材料的加工实现增值，提高套汇收入；旅游业则能带动多个方面的经济建设和发展，增加外汇收入。同时强调了要注重作为保障粮食安全的重要基石的农业的发展，以改善农民的生活，巩固粮食防御系统；印度尼西亚政府确定了以下五个主要的优先发展领域：确保粮食安全，实现关键商品的自给自足；提高农产品竞争力，加快创新和技术研发；发展农村基础设施和农业产业；制定有效的法规对农民的生产给予补贴和保护；提高政府农业管理水平。

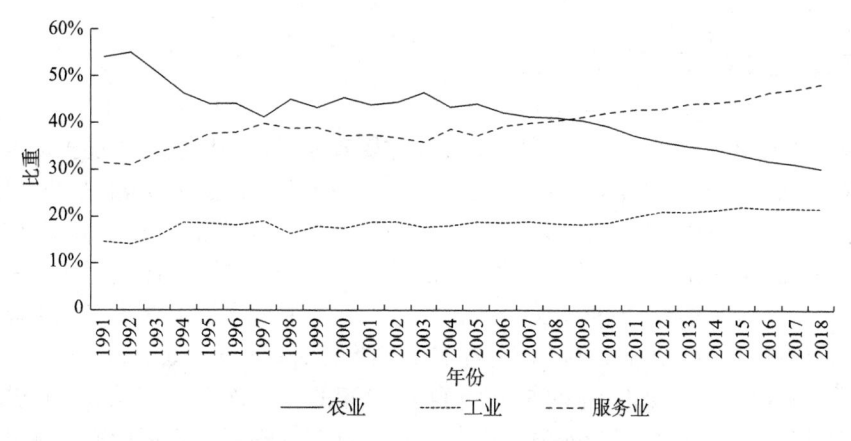

图 8-3 印度尼西亚三大产业就业比重
资料来源：根据 World Bank.Job 数据编制

（三）印度尼西亚农业现状

印度尼西亚人多地少，人均耕地面积有限，全国 80%的耕地是家庭式经营，且近年来耕地被占用情况较为严重。如图 8-4 所示，2007 年以来一直维持在人均 0.10 公顷上下，远低于世界平均和东南亚国家平均水平。农业难以形成集聚优势和产业规模，不利于推行农机规模化使用，且缺乏完善的农田水利设施，农业现代化步伐缓慢，依然以传统的种植、粗加工为主，粮食自给压力较大。

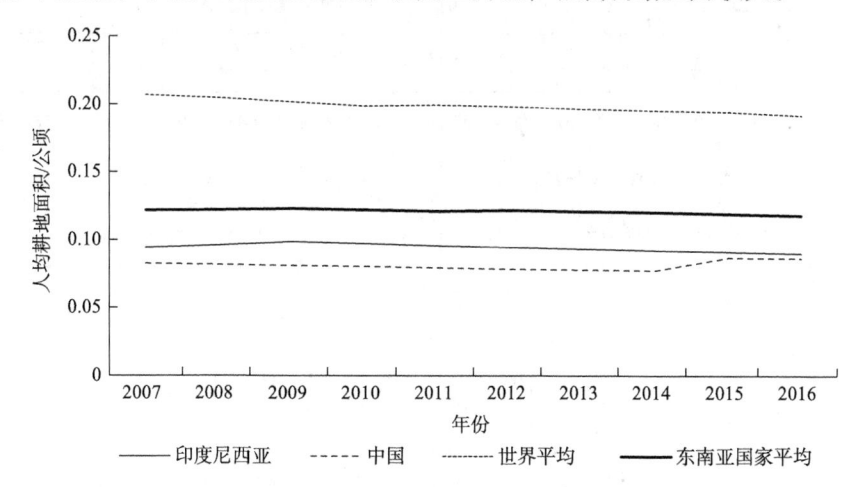

图 8-4 2007~2016 年印度尼西亚、中国、世界平均和东南亚国家平均人均耕地面积
资料来源：根据 World Bank. World Development Indicators 数据编制

二、主要农业指标

表 8-1 展示了 2008~2018 年印度尼西亚主要农业指标。印度尼西亚土地面积为 181.16 万 km², 2008~2018 年农业用地基本保持稳定。根据世界银行提供的 2016 年数据,印度尼西亚农业用地为 57.00 万 km²,占土地面积的 31.46%。其中,耕地面积为 23.50 万 km²,占土地面积的 12.97%。自 2008 年起,印度尼西亚农业人口和农村人口占总人口比重均为负增长,其中农业人口占比下降趋势较为显著,平均每年减少 3.03%,从 2008 年的 41.11% 下降至 2018 年的 30.22%;农村人口占比也呈下降趋势,从 2008 年的 51.67% 到 2017 年的 45.34%,下降约 6 个百分点,年平均下降 1.44%,2017 年农村人口占总人口的 45.34%。印度尼西亚农林渔业对 GDP 的贡献呈减少趋势,年平均下降 1.07%,直至 2017 年印度尼西亚农林渔业增加值仅占 GDP 的 13.14%。

表 8-1 2008~2018 年印度尼西亚主要农业指标

主要农业指标	2008年	2009年	2010年	2011年	2012年	2013年	2014年	2015年	2016年	2017年	2018年	年平均增长率
农业用地/万 km²	54.00	55.60	55.60	56.50	56.50	57.00	57.00	57.00	57.00	—	—	0.68%
农业用地占比	29.81%	30.69%	30.69%	31.19%	31.19%	31.46%	31.46%	31.46%	31.46%	—	—	0.68%
耕地面积/万 km²	22.70	23.60	23.60	23.50	23.50	23.50	23.50	23.50	23.50	—	—	0.43%
耕地面积占比	12.53%	13.03%	13.03%	12.97%	12.97%	12.97%	12.97%	12.97%	12.97%	—	—	0.43%
农业人口占比	41.11%	40.47%	39.15%	37.19%	35.93%	34.97%	34.28%	33.04%	31.82%	31.17%	30.22%	−3.03%
农村人口占比	51.67%	50.87%	50.09%	49.41%	48.72%	48.05%	47.37%	46.69%	46.01%	45.34%	—	−1.44%
农林渔业增加值占 GDP 比重	14.48%	15.29%	13.93%	13.51%	13.37%	13.36%	13.34%	13.49%	13.47%	13.14%	—	−1.07%

资料来源: 根据 World Bank. World Development Indicators 数据编制

第二节 印度尼西亚农业机构

农业部是负责监督印度尼西亚农业发展的部门(图 8-5),由农业部部长领导,直接向总统负责。农业部于 1905 年 1 月 1 日由荷属东印度群岛政府创建,前身为农业部(1905 年)、农业、贸易和工业部(1911 年)及经济事务部(1934

年)[1],下设秘书长、监察长、农业基础设施总局、农作物总局、园艺总局、种植园总局、畜牧和动物健康总局、农业研究与发展局、农业咨询和人力资源开发机构、粮食安全局、农业检疫局,及生物产业发展、贸易和国际关系、农业投资、农业环境、农业基础设施五个部长特别顾问[2]。

图 8-5 印度尼西亚农业部标志
资料来源:维基百科

第三节 印度尼西亚农业发展规划与政策

2010 年,印度尼西亚政府宣布了新的《农业发展五年计划》,确立了印度尼西亚农业政策的基本目标:增加农民收入,提高粮食自给率,稳定国家经济。为达到这个目标,印度尼西亚政府多年来始终坚持在政府引导、政策调控和财政投入等方面全力支持农业发展。

一、提高农产品供给,保障粮食安全

印度尼西亚是世界公认的农业国家,农业资源丰富,海域广阔,渔业资源丰富。理论上印度尼西亚应该不缺食粮,但实际上印度尼西亚粮食自给自足之路却走得极为艰难。据统计,印度尼西亚农民平均耕地面积仅有不到 0.1 公顷[3]。而且

---

[1] 原文均为荷兰语,名称分别为 Departement van Landbouw, Departement van Landbouw, Nijverheid en Handel, Departement van Ekonomische Zaken。
[2] 资料来源:维基百科。
[3] 据世界银行 2016 年数据,印度尼西亚人均耕地面积仅有 0.09 公顷。

印度尼西亚人口的急速增长也使得粮食供应困难加剧，2016~2017 年，印度尼西亚人口由 2.61 亿人增加至 2.64 亿人，平均每天都有近 8 000 个婴儿出生。更糟糕的是，印度尼西亚每年大约有 10 万公顷的农耕土地转变为非农耕地，主要改变为工业园，这些情况使得印度尼西亚成为世界粮食进口大国之一。

2012 年印度尼西亚粮食进口总额达 63.9 万亿卢比，果蔬产品进口 12.9 万亿卢比，禽畜产品进口 15.4 万亿卢比。其中，进口量较大的小麦、大蒜、黄豆进口量占市场消费量的比例分别为 100%、95%、72%。印度尼西亚农产品过度依赖进口，粮食价格经常大幅波动，影响国民生活。

在印度尼西亚的农业经济中，种植业占主导地位，其产值占农业总产值的60%以上，而种植业又以水稻为主，占印度尼西亚耕地面积和农业总产值的比重均在 60%左右，它的收成好坏对整个农业的增长具有支配作用。迄今为止，在印度尼西亚居民的日常食物消费中，稻米所占比重高达 80%以上。由于粮食作物举足轻重的地位，发展粮食生产，实现大米自给是印度尼西亚历届政府的首要课题。

2014 年 12 月印度尼西亚总统佐科表示，目前印度尼西亚国内旺盛的需求主要依靠进口满足，这对国家粮食和能源主权安全构成挑战。印度尼西亚土地肥沃，自然条件优越，大米、黄豆、玉米等粮食作物生产潜力巨大，具有充足的潜力和能力实现粮食主权。印度尼西亚政府将摒弃以往错误的公共政策，采取全新方式发展经济。2015 年，佐科总统正式签署并颁布实施了《印尼中期发展规划（2015-2019 年）》，对包括粮食、基础设施建设、能源等领域提出了具体目标。其中粮食领域的目标为，稻谷产量从 2014 年的 7 060 万吨增至 8 200 万吨。此外，印度尼西亚政府还先后推出以下相关措施以保障粮食安全。

（1）提高国内粮食产量和质量。政府将通过继续向农户提供优质种子，指导科学的生产技术等扶持政策，鼓励和保障粮食生产。

（2）对投资租赁土地的规模设限，以防止垄断或抢夺土地行为，加强监督，切实有效地保护耕地，扩大种植面积。

（3）保持足够的大米储备，保证国内市场的充分供应。印度尼西亚成立了国家粮食后勤总署，负责管理粮食价格和储备。总署直接向内阁汇报工作，后来又建立省级和县级机构，组成完整的管理网络。印度尼西亚全国的大米价格、进出口、储备等均由总署来实施，通过向农民购买粮食以及向批发、零售市场出售库存粮食等措施，以及进出口调剂等方法，使粮食价格维持在国家调控目标之内。

（4）政府直接干预市场，稳定重要农产品，如大米和食用油的市场价格。农业部在全国农产品生产中心建立价格信息系统，对农产品进行价格监控管理，以便在产品价格出现过度波动时政府能够给予及时调控。印度尼西亚还实施一些抑低粮价的政策，包括取消食油税、黄豆油和面粉的进口税，为增加国家粮仓库存白米，限制白米输出。

（5）提供特殊贷款，提高肥料和种子补贴。2008 年政府向全国农户提供的肥料津贴、稻种津贴、扶贫资金和支持粮食作物发展的资金投入分别达到了 14.6 万亿卢比、33 万亿卢比、68 万亿卢比和 11.20 万亿卢比。

（6）实施储备金政策，除保证粮食的生产和供应外，其中的部分资金还可向农民提供农业保险。

政府的一系列举措也有了初步成效：印度尼西亚在 2018 年盛产 285 万吨大米，碾米厂企业家协会总主席苏达尔托表示，印度尼西亚 2019 年不须再进口大米，因为今后直至 2019 年，本国产量仍足够供应广大民众的需求量。

二、大力发展多元化农业

印度尼西亚在坚持发展以水稻为主的粮食生产的同时，也因地制宜大力发展多元化农业，重视培育扶持热带经济植物产业，其中棕榈油、橡胶最具代表性。

1970 年以来，棕榈油成为印度尼西亚发展最快的经济作物。1986~2006 年的 20 年时间里，印度尼西亚棕榈种植面积增长近 10 倍，从 60.7 万公顷发展到 607.5 万公顷；棕榈油产量也从 164 万吨增长到 1 610 万吨。作为世界最大的棕榈油生产国，2010 年印度尼西亚拥有大约 920 万公顷的棕榈种植园，出口量占全球的 40%。2007 年开始，印度尼西亚取代马来西亚成为全球第一大棕榈油生产国。

印度尼西亚政府将种植园列入国家优先发展产业，对用于种植棕榈树、橡胶、可可等经济作物的土地审批优先开绿灯；通过提升生产率而不是依赖提高种植面积来增加产量；2013 年底开始实施可持续棕榈油标准（indonesian sustainable palm oil，ISPO），将其作为强制性标准；修改棕榈油出口关税体系，将毛棕榈油出口关税上调，同时下调精炼棕榈油产品的出口关税，推动该国棕榈油下游产业链的发展。2012 年印度尼西亚农业部副部长鲁斯曼称，预计到 2020 年印度尼西亚的棕榈油产量将增加至 4 000 万吨。

印度尼西亚还是世界上天然橡胶种植面积最大的国家，橡胶产量占世界总产量的 25%，是仅次于泰国的第二大产胶国。1967~2006 年以每年平均 5.8% 的速度稳定增长，全国有 160 多万个家庭以橡胶种植为生，橡胶已成为印度尼西亚最重要的经济作物之一，在社会经济发展中起着重要作用。印度尼西亚国内对天然橡胶需求相对较小，消费量只占其产量的 10%，剩余 90% 出口供应国际市场。

印度尼西亚将采取一系列措施确保橡胶产业快速发展：积极吸引投资，扩大种植面积，建立更有效率的出口体系；开办培训班，普及现代种植和管理技术；重视优良树种的培育研究，加快老化树木的更新速度；克服私营胶园胶汁收集容器质量低劣的问题，最大限度地保证胶汁质量；学习推广先进技术，提高单位面积的产量。

三、加强农业农村基础设施建设

印度尼西亚全国有 7 万多个自然村，其中 3.20 万个村庄还比较落后，道路、电力、通信、医疗和饮用水等农村基本设施建设一直是各级政府农村财政投入的重点之一。在 2006 年 8 月实施的为期两年的"改善农村基本设施建设纲领"行动中，仅中央政府就投资 7.5 万亿卢比。2014 年 12 月，印度尼西亚总统佐科在国家发展计划大会上宣布了印度尼西亚政府《中期改革日程和经济发展规划（2015-2019 年）》，开展包括新建 49 个大型水坝（水库），建设 33 座水电站，约 100 万公顷的农田建设灌溉系统在内的 12 个领域大型基础设施项目。

四、完善农村金融服务

印度尼西亚人民银行是迄今世界上长期为农村提供可持续性金融服务的最大的国有商业性金融机构。1969 年，在政府的鼓励支持下，印度尼西亚人民银行农村信贷部正式开始面向农民的小额信贷业务。印度尼西亚人民银行的农村信贷部以村级信贷部为基本经营单位，独立核算，自主经营，主要开展储蓄和贷款两大业务，实施动态存贷款激励机制：储蓄利率根据存款额确定，存款越多利息越高；借款者按时还款，下次贷款数额可以增加，而且贷款利率还可不断降低。信贷部的贷款主要采取传统抵押担保的方式，主要发放给农村的中低收入劳动者，平均贷款额为 1 000 美元左右。客户可根据自己的现金流决定贷款的周期和还款期限，贷款期限为 6 个月到 3 年不等，还款可分周、月、季、半年分期偿还。这种面向广大农民的金融服务，为印度尼西亚的农业发展、农村进步及农民增收做出了巨大贡献，解决了信息不对称导致的交易费用过高的问题，不仅为资金缺乏的农民解了燃眉之急，同时银行也在风险与机会并存的商业运作中获得利益。

五、开展特色农业培训，提高农民文化技术水平

1989 年粮农组织和印度尼西亚政府率先开展"农民田间学校"项目试点，农业技术员和农民一起去发现生产中的问题，加以分析和解决，在互动式的学习过程中，逐步把农民培训成为农业技术专家。农民田间学校最初的目的是指导农民

掌握必要的农业知识，学会控制虫害。在此基础上，印度尼西亚开展了"农民技术员"活动。从田间学校毕业的学员经过再培训，成为辅导其他农民的技术员。

1999~2009年，印度尼西亚开办了近4万所农民田间学校，培训了100万名农民，并迅速推广到亚洲、非洲、欧洲的许多国家，被认为是最有效的农民培训项目之一。农民们还逐步建立自己的团体，定期召开讨论会，交流农业成果，探讨农业发展方向。通过农民培训，"虫害综合治理计划"发展为"社区虫害综合治理计划"，促成同一社区的农民自发组织起来指导农业生产，提高农民福利，推动农村可持续发展。

六、吸引外资，优化营商环境

（一）投资优惠政策

为吸引外资发展本国农业，印度尼西亚政府规定，外国人可持有合资公司最多49%的股权，并且还能享受其他优惠，如关税和国内税务减免等。

（二）提高政府办事效率

佐科自2014年就任印度尼西亚总统以来，一直致力于简化政府内部冗余的商业审批流程，鼓励国内外的投资热情，激活受世界经济形势影响的印度尼西亚经济。从2015年起，印度尼西亚中央政府实施"一站式"服务，由投资协调委员会统一办理投资手续。2018年，印度尼西亚政府正式启用了针对商业证照管理的全国单一网上提交系统，统一受理国内外投资者需办理的各种准证申请。此举旨在简化商业许可申请程序，改善印度尼西亚的营商投资环境。除了便利投资，印度尼西亚还在对外贸易方面简政放权。2018年以来，印度尼西亚海关逐步削减了一批进出口贸易需要审核的事项，同时简化部分文件和信息的提交流程。

第四节　粮农组织对印度尼西亚农业总体规划

印度尼西亚与粮农组织之间的伙伴关系始于印度尼西亚成为粮农组织成员国的1948年，随着1978年国家办事处的成立而得到加强。70多年来，粮农组织针对印度尼西亚粮食和农业部门开展了数百项支援工作，重点是实现小农户、农村妇女、农村青年及后代的粮食营养安全和可持续发展目标[①]。

粮农组织制定的《印尼国家规划框架（2016-2020年）》与《印尼中期发展计划》[②]以及《联合国发展伙伴关系框架》[③]的政策目标相一致，明确对印度尼西亚援助的目标将集中于四个方面：提高农民生计受全球气候变化、自然灾害、流行疾病影响的恢复能力；加强作物的可持续生产，改善农林渔业资源的管理；帮助农村减贫，建立更加包容的粮食系统和价值链；加强同其他农业伙伴的关系，优化农业政策环境。

一、保障粮食和营养安全

尽管近年来印度尼西亚经济增长强劲，在减贫方面取得较大进展，中产阶级不断壮大，但仍面临粮食安全和营养问题：大约15%的人口仍然生活在国家贫困线以下，46%的人每天生活费不足2美元，很多国民的饮食在数量上仍然不足，在质量上仍然不平衡。粮农组织将在以下主要领域对印度尼西亚农业给予支持和援助。

（1）支持印度尼西亚与联合国"食品安全和营养"相关机构的跨部门对话，就修订后的《粮食安全和营养政策》达成一致。

（2）帮助决策者更加清晰地认识到印度尼西亚在"食品安全和营养"计划中的角色和作用。

（3）推动建立更具包容性、更高效和可持续的农业食品价值链，实现食品多样化。

（4）提高粮食利用率，建立减少粮食损失和浪费方案。

（5）提供基于证据的政策制定和为规划提供可靠统计数据的能力发展计划，提高粮食安全分析水平。

（6）加强粮食安全和农业发展政策能力建设。

二、降低灾害风险，增强应对气候变化的能力

除了地区冲突等因素外，气候变化和极端气候也是引发严重粮食危机的一大因素。印度尼西亚易发生地震、海啸、洪水、干旱、山体滑坡和火山爆发等自然

---

① 联合国可持续发展目标诞生于2012年在里约热内卢举行的联合国可持续发展会议，是2015年联合国193个成员国在峰会上正式通过的17个可持续发展目标，在千年发展目标到期之后继续指导2015~2030年的全球发展工作。

② 《印尼中期发展计划》：Indonesia's National Medium-Term Development Plan，RPJMN。

③ 《联合国发展伙伴关系框架》：UN Partnership for Development Framework，UNPDF。

灾害，农村地区还面临影响农业生计的各种其他危险，如作物、动物疾病及虫害。此外，气候变化的影响日益明显：洪水、干旱和环境退化日益严重，高温扰乱了种植模式，海平面上升对沿海城市和社区造成了不利影响，等等。这些多重威胁通过影响农业生产率、粮食产量和种植方式，对农业、林业和渔业产生严重的不利影响，造成粮食紧缺和营养不良，扩大粮食供应缺口，加重地区冲突、经济放缓和贫困等，损害实现国家发展目标的前景。

粮农组织强烈呼吁要增强抵御、适应气候变异和极端气候的能力，监测各国在消除饥饿和营养不良方面的进展，对发展趋势的根源和诱因做出分析，并且致力于帮助印度尼西亚政府提高国家和地方当局、社区应对自然灾害和气候的相关冲击或威胁的能力。

三、加强农林渔业自然资源的可持续管理

稳定、可持续的自然资源是国民经济和社会发展的重要基础，包括农林渔业资源、土壤和水。粮农组织的技术援助将侧重于帮助印度尼西亚在国家层面推广粮农组织引进的先进资源管理技术。就渔业资源来说，积极与政府进行国家重点流域渔业资源可持续管理方面的合作；严格管控非法、不报告、不管制的捕捞做法；完成针对最具潜力的"蓝色经济"[①]的分区规划；制定将内陆水生生物多样性作为重点的渔业管理政策。

四、提高农业生产力，提升产业价值链及竞争力

印度尼西亚的农业部门以小规模自给农业为主，平均农场面积不到 $0.01km^2$。市场基础设施不足、资金供应有限、农业资助服务供应不足和缺乏先进技术，造成农业生产力低下；生产者与消费者之间存在障碍，小农组织缺乏有效运作，各种生产、加工和销售点效率低下，使得小农的价值链薄弱而低效。

为支持提高农业部门生产率的政府计划，粮农组织将工作重点放在援助印度尼西亚发展更有效的农产品价值链，提高农民农产品深加工、农场管理、品牌建设和销售的能力方面。把农业生产者和消费者高效地联结在一起，实现生产信息与消费信息快速无障碍交换，降低市场交易成本，增加农民收入[②]。

---

① "蓝色经济"狭义上也称海洋经济，现代蓝色经济包括为开发海洋资源和依赖海洋空间而进行的生产活动，以及直接或间接为开发海洋资源及空间而进行的相关服务性产业活动。

② 资料来源：粮农组织官方网站。

参 考 文 献

李国章. 2012. 印尼大力提升农业生产综合能力[J]. 农民科技培训, (9): 45.
南方都市报. 2017. 印尼农业投资指南|政府加大扶持力度 但要警惕政策变动风险[EB/OL]. http://www.oeeee.com/mp/a/BAAFRD00002017071644000.html.
彭晓钏. 2017. 印尼服务业发展研究[J]. 东南亚纵横, (1): 73-79.
吴崇伯. 2009. 印尼农业发展成就、政府扶助农业的主要政策措施及存在的问题[J]. 南阳问题研究, (1): 1-11.
新华网. 2018. 国际机构报告呼吁增强应对气候变化能力以减少饥饿[EB/OL]. http://www.xinhuanet.com/fortune/2018-10/13/c_129970694.htm.
新浪财经. 2012. 印尼计划在2020年将棕榈油产量提升至4000万吨[EB/OL]. http://finance.sina.com.cn/money/future/20120305/091011512738.shtml.
中国国际贸易促进委员会. 2018. 业界称印尼大米储量充沛无须进口[EB/OL]. http://www.ccpit.org/Contents/Channel_4114/2018/1106/1085093/content_1085093.htm.
中国新闻网. 2014. 印尼总统公布未来5年宏大经济发展和建设计划[EB/OL]. http://www.chinanews.com/gj/2014/12-22/6900013.shtml.
中华人民共和国驻印度尼西亚共和国大使馆经济商务参赞处. 印尼总统公布未来5年宏大经济发展和建设计划[EB/OL]. http://id.mofcom.gov.cn/article/gccb/201412/20141200841311.shtml.
中华人民共和国驻印度尼西亚共和国大使馆经济商务处. 2017. 印尼为在2018年实现经济增长5.6—至6.1%,将注重发展制造业、农业和旅游业三大领域[EB/OL]. http://id.mofcom.gov.cn/article/dzhz/201704/20170402556644.shtml.

第九章 文 莱

第一节 文莱社会经济与农业概况

一、社会经济基本情况

（一）经济发展水平

文莱达鲁萨兰国（以下简称文莱）是亚洲最富有的国家之一，2016 年人均 GDP 为 2.69 万美元，位居世界第 26 位。尽管国土面积狭小，但拥有丰富的油气资源，是东南亚地区仅次于印度尼西亚和马来西亚的第三大产油国和世界第四大天然气生产国。石油和天然气出口是文莱的经济支柱，石油和天然气产值占其 GDP 的 66%，占出口和财政收入的 90% 以上。

图 9-1 展示了 2000~2017 年文莱 GDP 变化趋势，2000~2017 年文莱的年平均 GDP 增长率为 5.62%，受到世界石油天然气价格下跌的影响，近年来的文莱经济出现较大幅度的波动，并于 2009 年、2013~2016 年出现负增长（图 9-2）。

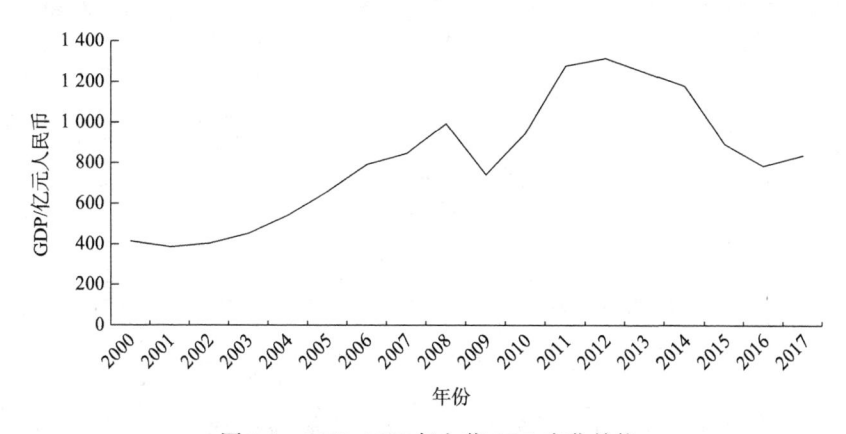

图 9-1 2000~2017 年文莱 GDP 变化趋势
资料来源：根据 World Bank. World Development Indicators 数据编制

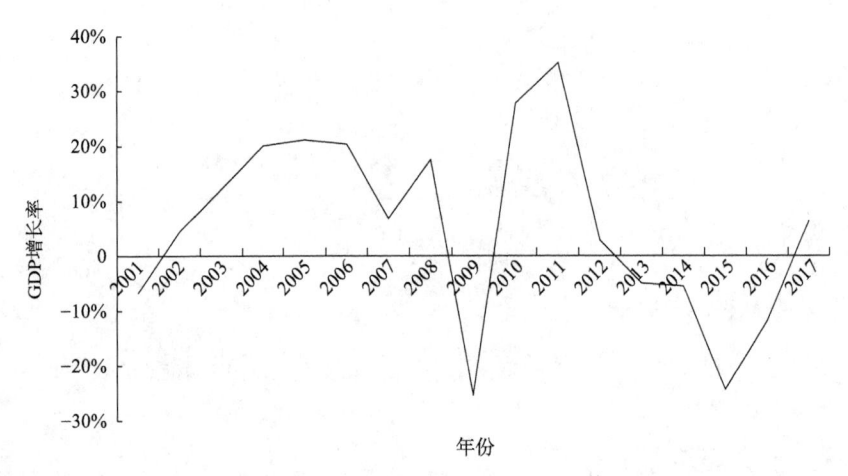

图 9-2　2000~2017 年文莱 GDP 增长率
资料来源：根据 World Bank. World Development Indicators 数据编制

（二）农业与国民经济

由图 9-3 可见，2008~2017 年文莱三大产业对 GDP 的贡献中农林渔业占比最低，虽然从 2008 年的 0.64%缓慢增加到 2016 年的 1.20%，但相比其他两个产业仍然差距明显；工业增加值占比稳居第一，但是随着服务业的快速崛起，工业对文莱国民经济的贡献有所下降。2018 年文莱农业就业人口占比仅为 0.51%，工业与服务业就业人口占比分别为 17.60%和 81.89%（图 9-4）。

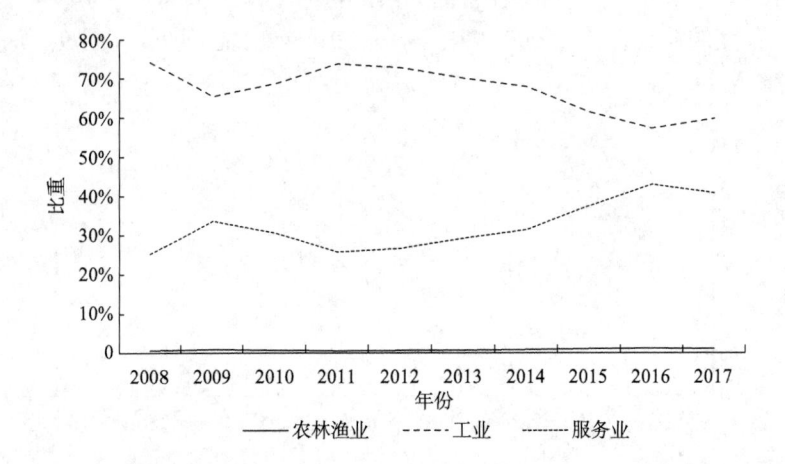

图 9-3　2008~2017 年文莱三大产业增加值占 GDP 比重
资料来源：根据 World Bank. World Development Indicators 数据编制

0.51%
17.60%
81.89%

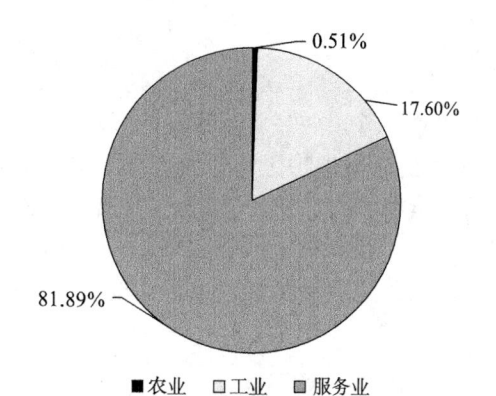

■农业 □工业 ■服务业

图9-4 2018年文莱三大产业就业人口占总劳动人口比重
资料来源：根据 World Bank. World Development Indicators 数据编制

文莱的工业政策是鼓励发展进口替代和出口导向型工业，工业基础薄弱，经济结构单一，多年来以石油和天然气开采与生产为主。在东南亚国家中，文莱的石油储量和产量仅次于印度尼西亚，原油和天然气成为文莱的主要经济支柱，占整个国家GDP的50%。2016年建筑业成为文莱仅次于油气产业的第二大工业，占GDP的2.5%。近年来，文莱政府力求改变过于依赖石油和天然气的单一经济模式，大力发展农业、渔业、运输业、旅游业和金融服务业，力图实现经济多元化。

（三）农业概况

随着20世纪70年代油气和公共服务业的发展，文莱弃农转业人数越来越多，这使传统农业受到冲击，现仅种植少量水稻、橡胶、胡椒、椰子、木瓜等热带水果。2016年种养殖业仅占GDP的0.4%，牛肉及制品主要从澳大利亚、印度等地进口；文莱大力扶持国内以养鸡为主的家禽饲养业，鸡蛋已经实现自给，鸡肉实现96%自给。随着政府大力实施的"经济多元化发展战略"，农业对GDP的贡献有所增加，但蔬菜、水果、装饰植物、鲜花只能部分满足国内市场需求，而肉类、大米和新鲜牛奶的自给率还非常低，90%左右的食品仍需进口。

在文莱国家元首的亲自督促下，发展水稻种植成为农业领域工作的重中之重，文莱政府提出到2015年力争将水稻产量提升到1.8万吨，自给率达到60%，但2015年文莱水稻实际产量仅1 983吨，尽管较上一年增加44%，但距离其原定目标相去甚远。中国、韩国、菲律宾、新加坡和越南等国通过各种形式参与文莱水稻实验和发展项目，但均未取得实质性成果。

（四）林业概况

文莱森林覆盖率为75%，其中11个森林保护区总面积达到2 277km²，占国土面积的39%，其中86%的森林保护区为原始森林。文莱限制森林砍伐和原木出口，实行以保护为主旨的森林管理政策。1997年开始，为推动林业长期发展，保护自然环境，文莱实行"砍一树，种十树"和每年10万立方米限额（价值2 700万文莱元以内）的伐木政策，主要满足国内市场需要。

（五）渔业概况

文莱有162km的海岸线，200海里渔业区内有丰富的渔业资源，水域没有污染，且无台风侵袭，适宜养殖鱼虾，全国共有50个鱼虾养殖场，但文莱目前国内50%渔产品依赖进口。渔业被文莱政府列为"经济多元化发展战略"的重点发展领域，减少国家对进口渔产品的依赖和外汇的流失。

政府针对渔业发展提出的其他政策还包括港口设施现代化、设立新渔业设施、提升港口内外设施、提供奖励和培训、鼓励外资与文莱本地公司开展渔业合作。为促进渔产加工业的发展，政府计划成立贮藏和分销中心以及进出口中心，为加工业提供各种服务。据渔业局公布的资料，文莱计划到2023年将渔业年均产值提升至4亿文莱元左右，其中捕捞业为1.12亿文莱元，养殖业为2亿文莱元，加工业为0.61亿文莱元，海洋生态旅游业为0.27亿文莱元。

二、主要农业指标

表9-1展示了2008~2018年文莱主要农业指标。文莱土地面积为0.53万km²，农业用地保持稳定增长，年平均增长率为3.13%。根据世界银行提供的2016年数据，文莱农业用地为144km²，占土地面积的2.73%，其中耕地面积为50km²，仅占土地面积的0.95%。2008年起，文莱农业人口占比持续下降，平均每年减少4.52%，到2018年，农业人口占比仅为0.51%。此外，2008~2017年文莱农村人口占比也不断减少，从2008年的25.75%下降到2017年的22.69%。表9-1中最后一个农业指标反映出，文莱农林渔业对GDP的贡献自2011年起持续上升，年平均增长6.09%，但是占比仍然非常小，直至2017年文莱农林渔业增加值仅占GDP的1.09%。

表9-1　2008~2018年文莱主要农业指标

主要农业指标	2008年	2009年	2010年	2011年	2012年	2013年	2014年	2015年	2016年	2017年	2018年	年平均增长率
农业用地/km²	114	134	134	134	134	144	144	144	144	—	—	2.96%

续表

主要农业指标	2008年	2009年	2010年	2011年	2012年	2013年	2014年	2015年	2016年	2017年	2018年	年平均增长率
农业用地占比	2.16%	2.54%	2.54%	2.54%	2.54%	2.73%	2.73%	2.73%	2.73%	—	—	2.97%
耕地面积/km²	30	40	40	40	40	50	50	50	50	—	—	6.59%
耕地面积占比	0.57%	0.76%	0.76%	0.76%	0.76%	0.95%	0.95%	0.95%	0.95%	—	—	6.59%
农业人口占比	0.81%	0.75%	0.71%	0.66%	0.62%	0.60%	0.55%	0.57%	0.58%	0.52%	0.51%	−4.52%
农村人口占比	25.75%	25.39%	25.04%	24.69%	24.34%	24.00%	23.67%	23.34%	23.01%	22.69%	—	−1.40%
农林渔业增加值占GDP比重	0.64%	0.91%	0.73%	0.58%	0.66%	0.68%	0.86%	1.10%	1.20%	1.09%	—	6.09%

资料来源：根据 World Bank. World Development Indicators 数据编制

第二节　文莱农业机构

文莱农业与农产品局（Department of Agriculture and Agrifood）是文莱初级资源与旅游部（The Ministry of Primary Resources and Tourism，MPRT）下，负责提高当地粮食生产，促进农业和农产品加工业发展的机构。

文莱农业与农产品局的任务是通过以出口为导向的高新技术，加快农业发展，鼓励地方与外国直接投资的参与，同时重点发展初级加工工业。下设9个部门，分别是作物工业部门、水田和农作物保护部、农业区域和信息管理部、农业工程服务部、农业推广部、农产品加工部、政策管理与财务部、畜牧业与兽医服务部、生物安全部[①]。

第三节　文莱《农业与农产品局战略计划（2016-2020年）》

文莱农业与农产品局制定并公开了《农业与农产品局战略计划（2016-2020年）》。明确了如下战略目标：

（1）增加农业和畜牧业产量，促进GDP和出口增长，减少对进口的依赖。

（2）提高农业、畜牧业和农业食品部门的生产力，推动现代技术的广泛

---

① 资料来源：文莱农业与农产品部官方网站（www.agriculture.gov.bn）。

使用。

（3）通过农业创造本地投资和就业机会，鼓励投资者的积极参与。

（4）增加政府的财政支出，确保战略和规划的实施。

（5）加强农业监管，完善病虫害感染预防措施，确保农业的食品质量安全。

文莱《农业与农产品局战略计划（2016-2020年）》封面如图9-5所示。

图9-5　文莱《农业与农产品局战略计划（2016-2020年）》封面

资料来源：文莱农业与农产品局官方网站

第四节　文莱农业发展现状与目标

一、种植面积与产量

农业与农产品局2016年官方统计，文莱农业区面积（包括农业开发区、现有农场、青年农民安置和农村农业区）共计7 360.51公顷，其中畜牧业2 882.25公顷，种植业4 478.26公顷。如图9-6所示，文莱农业产值从2007年的9.92亿元人民币逐年增长，直至2016年产值达到19.14亿元人民币，相比2007年增长了93%，平均年增长率达到6.8%，其中农产品加工业增长速度最快，其次是畜牧业。

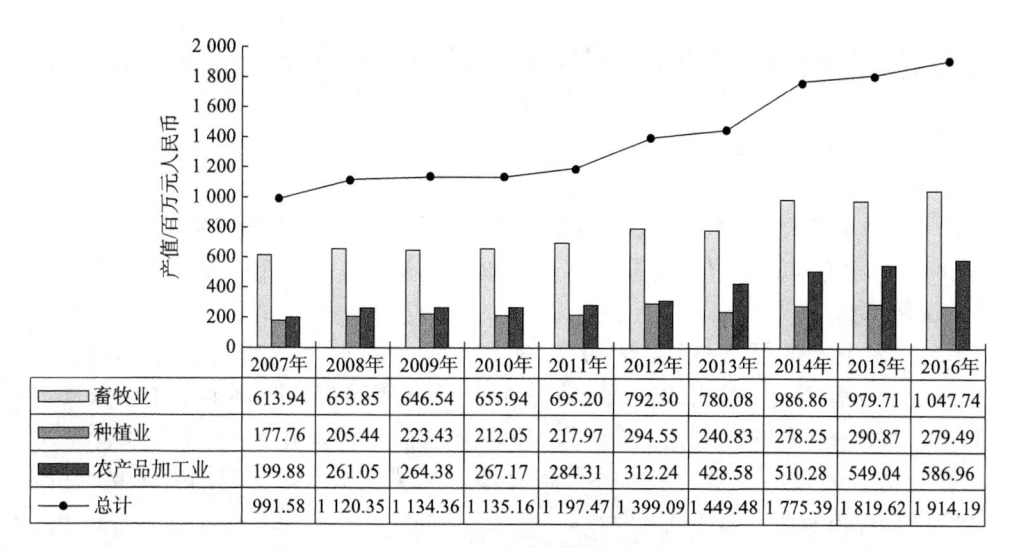

年份	2007年	2008年	2009年	2010年	2011年	2012年	2013年	2014年	2015年	2016年
畜牧业	613.94	653.85	646.54	655.94	695.20	792.30	780.08	986.86	979.71	1 047.74
种植业	177.76	205.44	223.43	212.05	217.97	294.55	240.83	278.25	290.87	279.49
农产品加工业	199.88	261.05	264.38	267.17	284.31	312.24	428.58	510.28	549.04	586.96
总计	991.58	1 120.35	1 134.36	1 135.16	1 197.47	1 399.09	1 449.48	1 775.39	1 819.62	1 914.19

图 9-6　2007~2016 年文莱农业各产业产值

原数据单位为文莱元，图中数据按汇率 1 文莱元=4.969 6 元人民币转换，图 9-7 至图 9-10 同；图中数据为四舍五入后的数据

资料来源：《农业与农产品局战略计划（2016-2020 年）》

二、农业发展主要挑战与措施

文莱农业主要面临如下的挑战，为解决这些问题，文莱农业和产品局提出了相应的对策：

（1）适宜的开发用地面积非常有限——优化有限的农业用地的使用，通过先进技术提高农业生产力。

（2）青年农业从业者的利益亟待改善——继续与社会各部门、机构合作，让年轻一代参与到农业活动中来，如 2015 年启动的农业与农产品局和青年发展中心合作的"青年计划"。

（3）生产成本过高——促进大规模种植和使用优良品种，提高产量和质量。

（4）缺乏基础设施，财政与资本投入不足——使用"公私部门合作"等方法，鼓励创业活动，吸引潜在的本地投资者，并大力吸引外国直接投资者参与发展现有的或新开发农业投资项目，减少农业发展对政府援助的依赖。

（5）高科技种植实践仍可扩大——鼓励 LED 农业照明、垂直农业等高科技种植实践的应用。

（6）农业工作者技能和能力不高——为农民提供农业教育，帮助农业企业家制订涉及业务类型、企业发展战略、农产品营销等方面的商业计划。

（7）天气的不确定性大，极端天气多——为种植水稻的农民提供灌溉设施，为蔬菜种植农民提供保护性耕作、灌溉施肥和培育高科技栽培蔬菜和水果等援助。

三、农业发展目标

如图9-7所示，2016~2020年文莱农业各产业的目标产值逐年提高，增速相比2014~2016年的实际产值明显提高。分析数据得出：2016~2020年畜牧业目标产值每年的平均增速为22.51%，而在此之前的2007~2016年，畜牧业年均增速仅为6.44%；种植业的预期增速达到53.32%；农产品加工业的目标平均增速为30.54%。在各产业产值占比方面，畜牧业从2015年的53.84%逐渐下降至2020年的42.94%，种植业的占比则由2015年的15.98%提高到2020年的25.54%，农产品加工业变化不大。从此战略计划中可以看出文莱农业与农产品局对调整农业产业结构、提高种植业产值占比的规划。

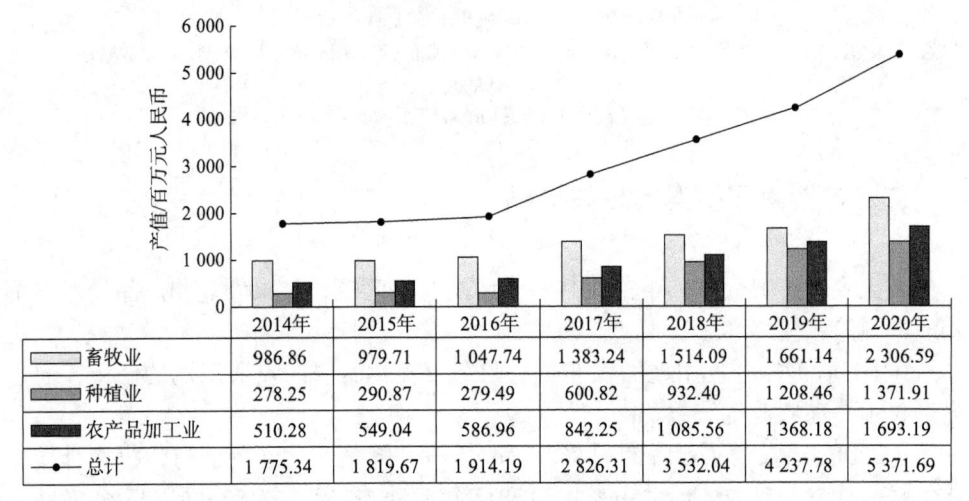

	2014年	2015年	2016年	2017年	2018年	2019年	2020年
畜牧业	986.86	979.71	1 047.74	1 383.24	1 514.09	1 661.14	2 306.59
种植业	278.25	290.87	279.49	600.82	932.40	1 208.46	1 371.91
农产品加工业	510.28	549.04	586.96	842.25	1 085.56	1 368.18	1 693.19
总计	1 775.34	1 819.67	1 914.19	2 826.31	3 532.04	4 237.78	5 371.69

图9-7 2014~2020年文莱农业各产业产值和目标
图中数据为四舍五入后的数据
资料来源：《农业与农产品局战略计划（2016-2020年）》

第五节 文莱农业发展规划与政策

一、鸡肉产业

文莱非常重视鸡肉产业的发展，在2012年就已实现鸡肉及鸡蛋的100%自给。在2016~2020年的农业发展计划中，农业与农产品局试图增加170%的鸡肉产出，由2016年的24 451.66吨产量、5.55亿元人民币产值增加到68 779吨产量、14.38亿元人民币产值（2020年目标）；由图9-8看出，2016~2020年文莱鸡肉的目标产值逐年增加，年平均增长率达到28.1%。同时提出要推动禽蛋业生产力的提高，由2016年的68.25吨/公顷提高到102.51吨/公顷，提高50.2%；计划到2020年出口鸡肉22 458吨，创造外汇收入4.02亿元人民币。

	2014年	2015年	2016年	2017年	2018年	2019年	2020年
鸡肉产值/（吨/公顷）	548.15	530.75	554.86	748.62	837.87	930.91	1 437.66

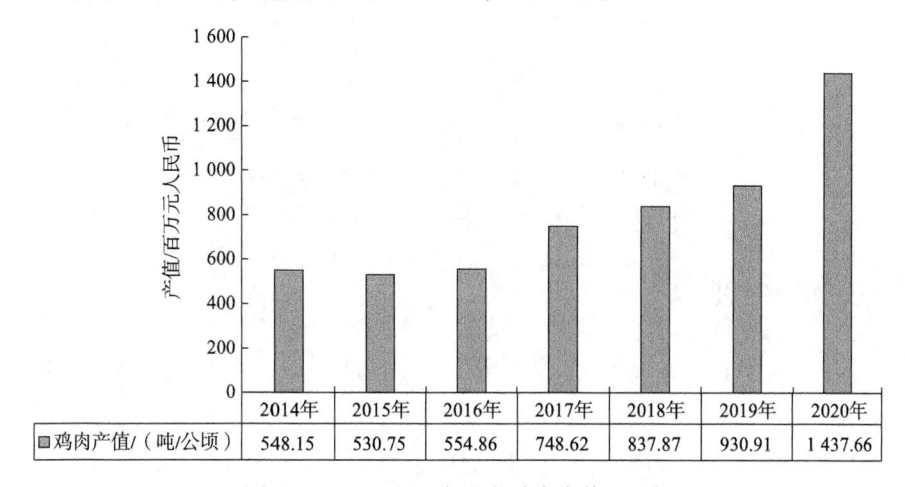

图9-8　2014~2020年文莱鸡肉产值和目标

资料来源：《农业与农产品局战略计划（2016-2020年）》

农业与农产品局对禽蛋业的支持主要体现如下：加强基础设施建设；鼓励投资资本的注入；为生产者提供融资、生产、销售等建议，帮助其掌握农业技术；改善出口市场的管理，完善疾病监测相关的进出口法规。

二、蔬菜产业

增加蔬菜的产出，由2016年的1.4万吨产量、1.73亿元产值增加到7.89万吨产量、9.02亿元产值（2020年目标）；由图9-9所示，2016~2017年文莱蔬菜的目标产值显著增加，之后每年的产值都稳步提升，年平均增长率达到59.71%。提高蔬菜产业的生产率，由20吨/公顷提高到80~90吨/公顷。

农业与农产品局将从以下几方面提高蔬菜产量和产业竞争力：完善基础设施建设，改善道路系统、灌溉、排水、防洪系统等；加强对农民的管理，为农民提供先进的农业生产技术、财务管理等培训；加快市场研究与应用，如分析信息和发布报价等；树立文莱GAP，保障食品安全和食品质量；修订国家的检疫标准，做好疾病控制和检疫的相关工作。

年份	2014年	2015年	2016年	2017年	2018年	2019年	2020年
蔬菜产值/(吨/公顷)	163.80	167.77	172.84	435.54	674.13	846.62	901.54

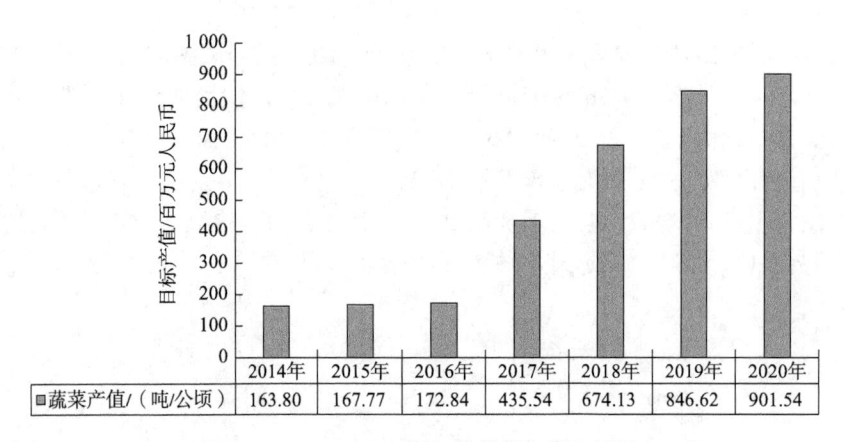

图 9-9　2014~2020 年文莱蔬菜产值和目标

资料来源：《农业与农产品局战略计划（2016-2020 年）》

三、水稻产业

农业与农产品局提出要力争提高水稻产量和产值，直至 2020 年，水稻产量计划达到 11 448 吨，产值为 71.11 百万元（表 9-2 和图 9-10）。在生产效率方面，从 2016 年的 1.4 吨/公顷提升到 2020 年的 5.8 吨/公顷，每年平均增长 43.92%。

表 9-2　2014~2010 年文莱水稻生产情况和目标

农业生产指标	2014年	2015年	2016年	2017年	2018年	2019年	2020年
产量/吨	1 382	1 983	1 579	3 639	5 762	8 972	11 448
产值/百万元	8.60	12.32	9.79	22.61	35.78	55.71	71.11
单位面积产量/（吨/公顷）	1.3	2.1	1.4	2.3	3.7	4.5	5.8

资料来源：《农业与农产品局战略计划（2016-2020 年）》

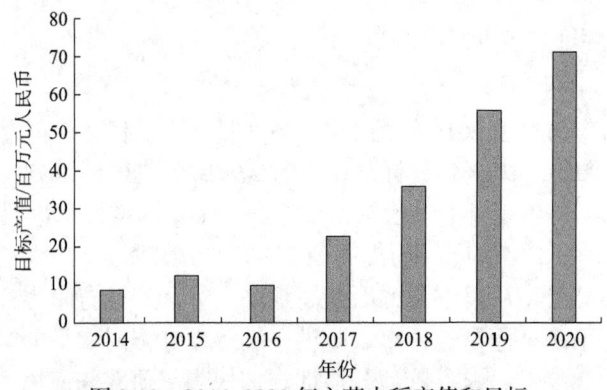

图 9-10　2014~2020 年文莱水稻产值和目标

资料来源：《农业与农产品局战略计划（2016-2020 年）》

为实现上述目标，农业与农产品局将加快识别和研发新的高产品种，建立种子加工中心,提高种子育种和杂交技术;加强水泵站和大坝、灌溉和排水系统的建设;提高大米的加工、干燥等技术水平。

四、水果产业

在水果方面,增加水果产量,由 2016 年的 5 791 吨产量、4 746 万元产值增加到 20 434 吨产量、1.94 亿元产值(2020 年目标)。提高水果产业的生产率,由 2.21 吨/公顷提高到 27.6 吨/公顷,计划到 2020 年出口水果 6 273 吨,创造外汇收入 4 303.67 万元。为促进水果产业发展,文莱农业与农产品局采取了以下具体措施:

保证农业生产的基础设施;为外国直接投资者提供课程、培训,促进与当地生产者和投资者的业务匹配;学习和引进先进技术,如滴灌和施肥技术;按照文莱 GAP 和其他公认标准进行农场管理;注重高价值、高收入水果品种的培育;注重农民的能力发展,为农民和企业家提供现代农业系统和管理方面的课程和培训;推广网络营销,扩大营销渠道;严格实施检疫程序,修订符合国际标准的检疫标准,推动文莱水果进入国际市场。

第六节 文莱与粮农组织

文莱于 2013 年成为粮农组织成员,标志着伙伴关系的开始。粮农组织对文莱的援助集中在粮食安全和农林部门,目前合作的领域包括减少粮食进口和粮食进口来源多样化、发展水稻生产、达到粮食自给。

为实现上述目标,粮农组织在如下两个方面为文莱的农业发展提供技术支持:

一、提高应急能力

随着东盟经济共同体(ASEAN Economic Community,AEC)的建成,贸易和经济一体化给文莱带来很多发展机会,但也增加了文莱农业和经济的风险。跨界动物疾病和人畜共患病(如口蹄疫、狂犬病和禽流感等)除了影响国内和国际贸易外,也严重威胁到了文莱粮食、营养安全和农民的生计。因此,提高应急能力,确保高效与具有成本效益的控制和预防此类风险至关重要。

粮农组织正在执行一项合作方案应对、控制和预防跨界动物疾病和新出现的人畜共患病。特别是由粮农组织跨界动物疫病应急中心(FAO Emergency Centre for Transboundary Animal Diseases，ECTAD）推出的全区域的禽流感方案，为高致病性跨界疾病的广泛的区域协调和合作治疗奠定了基石，形成了有效的模式。粮农组织亚洲及太平洋区域办事处，专门成立了作为借调专家和国家动物保健服务的技术人员中心的东盟区域援助部门，这一举措有助于工作人员相互交流学习、相互分享各自在动物疾病控制专业方面的经验。

二、确保食品安全的区域合作

文莱还受益于粮农组织援助的其他区域项目，包括食品安全政策、战略、立法和政府治理、食品标准和法规、预防风险的生产方法等领域。

参 考 文 献

马博. 2017. 文莱"2035 宏愿"与"一带一路"的战略对接研究[J]. 南洋问题研究，（1）：62-73.

中国水产频道. 2012. 二十年文莱农业和渔业产值增长三至五倍[EB/OL]. http://www.fishfirst.cn/article-17117-1.html.

FAO. 2015. Brunei Darussalam and FAO[Z].

Jabatan Pertanian dan Agrimakanan. 2017. Pelan Strategik 2016-2020[Z].

第十章 新 加 坡

第一节 新加坡社会经济与农业概况

一、社会经济基本情况

（一）经济发展水平

新加坡是一个面积非常狭小的城市国家，自然资源极其贫乏。1959年自治之时新加坡经济极为落后，经济结构单一，依赖转口贸易，工业只占国民生产总值的7.6%，失业率达15%，工业及其他行业非常薄弱。但是新加坡在独立之后，因其得天独厚的地理位置、相对比较独特的经济发展模式以及取得的巨大经济成就而受到世界瞩目，这个新兴工业化经济体在世界经济舞台上异军突起，经济迅猛发展，在全球经济中特别是在东亚经济中的地位越来越重要。

20世纪70年代，GDP年均增长9.4%，平均通货膨胀率为5.1%，80年代，GDP年均增长9.6%，是世界上经济增长率最高的国家之一。在东南亚金融危机发生之前的1990~1997年，新加坡的经济增长率为8.1%。1990年新加坡人均GDP为13 000多美元，1998年人均GDP则增长到31 900美元。经济合作与发展组织决定，从1996年1月1日起把新加坡升格为发达国家。2000年在外在引擎的带动下，新加坡经济迅速摆脱了金融危机带来的困境，经济增长率达到了9.9%。

短短三十多年的时间里，新加坡其经济结构也发生了巨大的变化——以转口贸易为主的单一经济结构转变为以制造业为主的多元化经济结构，并且以经济为杠杆推动了整个社会的进步，成为东南亚地区最发达的工业化国家。

2007年新加坡人均GDP达34 152美元,首次超过日本成为亚洲第一,2008年新加坡的GDP为1 790亿美元,人均达到38 972美元,列全球第22名,在短短的几十年年时间,从一个贫穷落后的国家跻身于与欧美传统发达国家并列的经济强国。

(二)农业与国民经济

新加坡国土面积狭小,国家自然资源高度匮乏,拥有可耕地面积不到六百公顷,加之其人口密度高,是世界上农业人口占比最少的国家。新加坡农业增加值占GDP比重从2000年开始有逐年递减的趋势,这个数据在2017年仅为2.65%(图10-1),农业对新加坡国民经济贡献较小,全国所需食品的90%均需从国外进口。

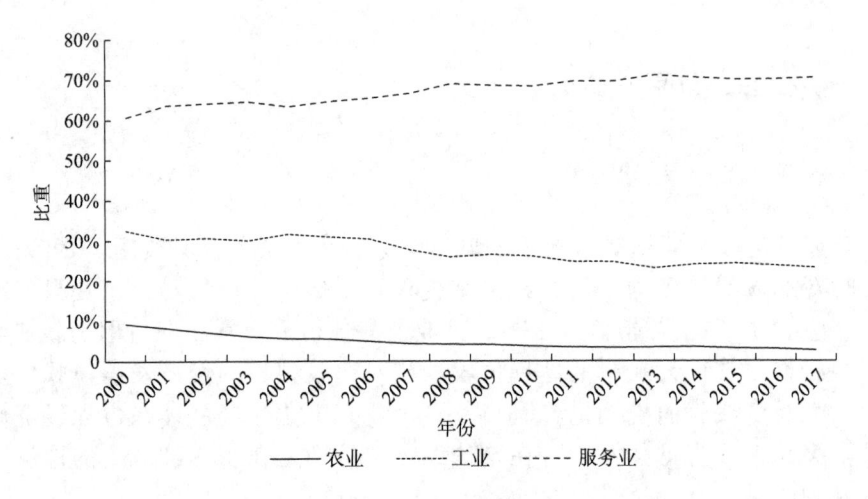

图10-1 新加坡三大产业增加值占GDP比重

资料来源:根据World Bank. World Development Indicators数据编制

新加坡的社会经济中,服务业扮演着极其重要的角色,服务业增加值占GDP比重超过70%,主要产业包括批发零售业(含贸易服务业)、商务服务业、交通与通信业、金融服务业、膳宿业(酒店与宾馆)、其他共六大门类。批发零售业、商务服务业、交通与通信业、金融服务业是新加坡服务业的四大重头行业,其中批发零售业由于包括贸易在内,故份额最大。

新加坡三大产业的就业人口比重如图10-2所示,服务业依然是最为吸收就业人口的部门,占比达到83.69%;其次是工业,占到16.19%;农业仅吸收了0.12%的就业人口。

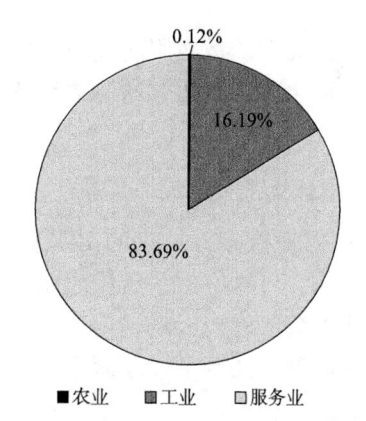

图 10-2　新加坡三大产业的就业人口比重
资料来源：根据 World Bank. World Development Indicators 数据编制

（三）新加坡农业现状

新加坡国土面积狭小，自然资源高度匮乏，仅拥有非常有限的可耕地面积，加上高度城市化发展战略的实施，使得新加坡农业必须走上都市农业的发展道路。

经过多年的发展，新加坡都市农业基本上解决了新加坡国民的食物自给问题。特别值得留意的是，新加坡的农业科技园区并不是孤立的，在农业科技园区之外，还建立了科技公园和基地，通过这些科技公园和基地向农业科技园区提供技术支持。在政府的统一规划下，将农业、植物、生物、微生物、病虫害等领域的专家集合起来构建试验性农场，这些专家在农场之内从事农业科技实验和研发工作。政府将这些农业科技专家的研发成果向农业科技园区进行传播，从而保证了农业科技园区中农业科技的更新。

1. 发展都市农业，兴建现代化集约的农业科技园

新加坡都市农业主要是现代集约的农业科技园，其发展以追求高科技和高产值为目标。在 20 世纪 80 年代，新加坡政府第一次提出了建设现代化的农业科技园区的构想，通过农业科技来解决农业资源不足，最终形成生态科技农业园区建设的思路。新加坡依次构建了生态走廊、生态蔬菜园区、花卉园区、热带作物园区、水产养殖园区、海产养殖园区等。各个园区的建设主要由新加坡政府进行投资建设，最后通过招标的方式将农业科技园区的经营权转给私人公司，私人公司在承租期间内，必须引进现代化的农业设备，并加大对农业科技研发的投入力度，追求高科技和高产值。

现今，新加坡兴建的 6 个农业科技园已成为集农产品生产、销售、观赏于一体的综合性农业公园，既为城市提供了部分时鲜农产品，又取得了非常可观的观

光收入。这些农业科技园应用最新、最适用的技术，以取得比常规农业系统更高的产量，这些新技术包括自动化、工厂化，通过集约选育达到遗传性状改良以及饲料的基本分析及选择和水处理再循环系统等。

2. 生产方式创新：垂直农场

垂直农场是一种新型室内种植方式，它的出现在于解决资源与充分利用空间，其采用无土溶液栽培方式，可以将污水转化成电力，大大降低能源成本，同时能够提供更多的食物。新加坡政府积极鼓励垂直农场发展，希望提高粮食的自给自足能力。越来越多国人通过空间分享，在家中种植自己的蔬菜，当起"都市农夫"。

松下蔬菜工厂（Panasonic Factory Solutions Asia Pacific，PFSAP）是新加坡首个室内菜园，满足市场对稳定、可持续当地种植优质农产品的需求。这座占地 1 154 m^2 的小型蔬菜工厂建立于 2014 年，与传统的户外农场、温室菜园或垂直农场不同，它采用可同时控制、监督温度、湿度、光照时间等生长因素的 LED 灯来培植蔬果，完全不依赖阳光，也无须添加农药除虫除草。PFSAP 室内农场每年能够生产 81 吨蔬菜。

二、主要农业指标

表 10-1 展示了 2008~2018 年新加坡主要农业指标。新加坡土地面积为 700km^2，2008~2018 年农业用地基本维持在 7km^2，仅占土地面积的 1.00%，其中耕地面积约占 0.8%。根据 2016 年世界银行数据，新加坡农业用地为 6.60km^2，占土地面积的 0.93%，耕地面积为 5.60km^2，占土地面积的 0.79%。自 2008 年起，新加坡农业人口占总人口的比重有显著下降，其中 2009 年和 2016 年下降非常明显，每年的减少率达到 87% 和 88%，到 2018 年农业人口仅占总人口的 0.12%，新加坡没有农村人口，其农林渔业对 GDP 的贡献原本占比就非常少，还呈下降趋势，年平均下降 3.15%，直至 2017 年新加坡农林渔业增加值仅占 GDP 的 0.03%。

表 10-1 2008~2018 年新加坡主要农业指标

主要农业指标	2008 年	2009 年	2010 年	2011 年	2012 年	2013 年	2014 年	2015 年	2016 年	2017 年	2018 年	年平均增长率
农业用地/km^2	7.00	7.00	7.40	7.30	7.30	6.70	6.60	6.60	6.60	—	—	-0.73%
农业用地占比	1.00%	1.00%	1.05%	1.04%	1.03%	0.95%	0.93%	0.93%	0.93%	—	—	-0.90%
耕地面积/km^2	6.00	6.00	6.40	6.30	6.30	5.70	5.60	5.60	5.60	—	—	-0.86%
耕地面积占比	0.86%	0.86%	0.91%	0.89%	0.89%	0.81%	0.79%	0.79%	0.79%	—	—	-1.06%

续表

主要农业指标	2008年	2009年	2010年	2011年	2012年	2013年	2014年	2015年	2016年	2017年	2018年	年平均增长率
农业人口占比	1.07%	0.14%	0.13%	1.04%	1.14%	1.14%	1.03%	0.94%	0.12%	0.12%	0.12%	-19.65%
农村人口占比	0	0	0	0	0	0	0	0	0	0	0	0
农林渔业增加值占GDP比重	0.04%	0.04%	0.04%	0.03%	0.03%	0.03%	0.03%	0.03%	0.03%	—		-3.15%

资料来源：根据 World Bank. World Development Indicators 数据编制

第二节 新加坡农业机构

一、新加坡农粮与兽医局

新加坡农粮与兽医局（Agri-Food & Veterinary Authority of Singapore，AVA）于 2000 年 4 月 1 日成立，前身是 1959 年成立的生产部，是一家负责保障新加坡食品安全、保护动植物健康、维护动物福利的国家机构。主要有以下几方面的任务和目标：

1. 确保食物供应弹性

制定战略和规划，保持充足和稳定的食品供应，同时降低食品安全风险；采取多样化战略，以稳定的价格将各种安全食品源源不断地输入新加坡；在多元化海外食物供应的同时，亦致力于通过研发和能力发展，提高本地农场的生产力；支持本地农民，配合本地农场提高生产力的工作，鼓励消费者选择本地农产品。

2. 保障食品安全

新加坡消费的食品有 90%以上依靠进口，为确保所有本地生产和进口的食品能安全食用，AVA 采用了一种基于国际标准的科学的风险分析方法，为所有进入新加坡市场的食品，从生产到零售，制定并执行食品安全标准。

3. 确保动物的健康

致力于使国家远离主要的外来疾病和人畜共患病，如口蹄疫、狂犬病、尼帕病毒感染、高致病性禽流感、牛海绵状脑病、炭疽热和布鲁氏菌病，确保新加坡的动物和人都保持健康和安全，免受这种威胁。

4. 促进食品、植物的农业贸易

作为新加坡的农业、渔业和兽医事务代表，AVA 本着交流与合作的精神，促进自由贸易，与国际社会保持密切联系。采用基于国际标准来评估和确保食品安全科学的风险分析和管理方法。

5. 保护本地植物免受外来和新出现病虫害影响

通过一个强有力的科学基础和国际认可的植物健康监管体系来维持植物生物安全，保护景观的可持续性和多样性。通过植物健康计划，包括进口管制及检验、风险分析，以及化验和监察，使新加坡免受检疫病虫害的侵扰。

6. 提高主要食品的自给自足能力

利用生命科学和技术进行集约的大规模养殖，推动农业技术不断发展。与农民、研究所和制造商合作，开发创新的、有高附加价值的食品[①]。

新加坡农粮与兽医局标志如图10-3所示。

图10-3　新加坡农粮与兽医局标志
资料来源：新加坡农粮与兽医局官方网站

二、新加坡食品局

新加坡政府于2018年7月26日宣布将于2019年4月1日成立一个新的法定机构——新加坡食品局（Singapore Food Agency，SFA），负责统一监管所有有关粮食和食品的工作，包括与食品安全和保障有关的事务，加强食品安全机制，强化对食物传播疾病暴发的管理，以确保食品"从农场到餐桌"的每一个环节都获得有效的监控。在4月1日正式成立后，原本由农粮与兽医局、国家环境局和卫生科学局分别监管的与食品有关的工作，将集中交由这个新的法定机构负责。新加坡食品局也将设立国家食品科学中心，把上述三个机构的食品实验室设施和专才集中，提高保障食品安全方面的能力。农粮与兽医局将被解散，而国家环境局和卫生科学局将继续执行非食物相关的职能。

---

① 资料来源：新加坡农粮与兽医局官方网站（www.ava.gov.sg）。

第三节 《新加坡农粮与兽医局 2017-2018 年度报告》

新加坡农粮与兽医局公开了《新加坡农粮与兽医局 2017-2018 年度报告》。报告指出,世界面临越来越大的食物供应压力,源于不断增长的世界人口(预计到 2050 年将从现在的 70 亿人达到近 100 亿人),与之相对的却是自然资源,如农业用地的减少、全球气候变化和城市化进程加快对粮食供应更是雪上加霜,不断增加的消费者需求迫使农粮与兽医局创新和寻找新的解决方法,准备好应对这些挑战,确保未来对粮食的需求。

该报告明确了农粮与兽医局保障食品安全、保护动植物健康的愿望,确保安全食物的弹性供应、确保动植物健康、促进农业贸易的任务。并针对以上几个方面对 2018 年度的农业政策做了详细的说明。

第四节 新加坡农粮与兽医局农业政策

一、保障粮食安全,确保食物的弹性供应

新加坡主要的食品消费来自蔬菜(54.84 万吨[①])和水果(42.21 万吨),肉类主要是鸡肉(18.28 万吨)和海鲜(13.6 万吨[②])。其中蔬菜进口量为 52.57 万吨,占总消费量的 95.86%,水果全部依靠进口,海鲜进口 12.94 万吨,占总消费量的 95.15%。除上述食品外,全部依靠进口的还有猪肉、鸡肉、鸭肉、羊肉、牛肉、糖、食用油和水果(表 10-2)。新加坡进口量达到食物总消耗的 90%以上,严重依赖进口。

表 10-2 2017 年新加坡食物供应与消费

类别	进口量/万吨	占比	本国产量/万吨	占比	总消费量/万吨
鱼类	9.15	94%	0.59	6%	9.75
猪肉	11.49	100%	0	0	11.49
鸡肉	18.28	100%	0	0	18.28
鸭肉	1.33	100%	0	0	1.33

---

① 包括表 10-2 中的叶菜类蔬菜和其他蔬菜。
② 包括表 10-2 中的鱼类和其他海鲜。

续表

类别	进口量/万吨	占比	本国产量/万吨	占比	总消费量/万吨
羊肉	1.57	100%	0	0	1.57
牛肉	3.16	100%	0	0	3.16
其他海鲜	3.79	98%	0.06	2%	3.85
糖	26.94	100%	0	0	26.94
鸡蛋	145 000	74%	52 100	26%	197 100
叶菜类蔬菜	7.97	87%	1.18	13%	9.15
其他蔬菜	44.60	98%	1.08	2%	45.69
食用油	29.16	100%	0	0	29.16
水果	42.21	100%	0	0	42.21

注：表 10-2 中鸡蛋类别单位为万个

资料来源：根据 AVA. Annual Report 2017/18 数据编制

农粮与兽医局致力于通过加强新加坡食物来源多样化，提高农业技术和生产力，大力支持本地农民的农业生产等政策，确保新加坡的食品安全。截至 2018 年，新加坡得到了来自全球 180 个国家稳定持续的食物供应。

（一）多元化进口渠道

1. 鸡蛋

2016 年 7 月农粮与兽医局带领一个代表团访问并评估泰国作为新加坡鸡蛋的潜在供应国，并批准了泰国蛋鸡养殖场向新加坡出口鸡蛋，新加坡从 2017 年 4 月开始进口泰国鸡蛋。此外，另一个代表团于 2016 年访问澳大利亚，与澳大利亚鸡蛋供应商建立商业关系，于 2017 年 6 月进口澳大利亚鸡蛋。

2. 肉类

2017 年 7 月农粮与兽医局批准从马来西亚沙捞越的一个农场进口活猪，使得沙捞越成为新加坡除印度尼西亚的布兰以外的第二大活猪来源。在 2017~2018 年财政年度，有共计 3 800 头来自沙捞越的活猪被进口到新加坡。2017 年 5 月和 7 月，农粮与兽医局分别对波兰和匈牙利进行了考察访问，随后批准波兰向新加坡出口冷冻鸡、鸭、火鸡和鹅。匈牙利也被获准出口牛肉和兔肉。

（二）促进本国生产量提高

1. 完善耕地招标方法

采用固定标价招标方式，以招标人的招标报价作为其投标报价，预先确定土地价格，评标过程中对投标人生产能力、生产记录和相关经验、创新和可持续性等方面进行提案的评估和资格认证。通过这种方法，确保拥有最好概念的方案胜出，而不是最高的投标价格，鼓励当地农场利用技术优化生产。

2017年，农粮与兽医局招标了15块位于Lim Chu Kang和Sungei Tengah用于种植蔬菜的土地，租期为20年。2018年2月9日，10块蔬菜种植用地被授予8家公司。为协助农民了解新招标程序，农粮与兽医局还为130多名参与者举办了三个招标咨询会，提供有关招标标准、起草建议书和业务计划方面的咨询。

2. 简化室内耕作牌照的评估工作

2017年农粮与兽医局回顾了农业方案评估过程，并简化了内部工作流程，使得用于评估的时间由两个月减至不足一个月。同时，农粮与兽医局总结了申请人提案中普遍存在的问题，并制定指南清单，系统解答这些问题，有助于申请人更加全面地起草有价值的提案，减少了评估工作所需的时间。

3. 升级农业基金

农粮与兽医局通过资助农场帮助当地农场改进技术及研发创新，如"农业生产力基金"[①]通过支持地方政府农场，推动了更高的生产力。2017年升级后的"农业生产力基金"将为农产品经营者支付高达30%的预付款，上限为10万美元，用于帮助农场增加现金流，鼓励农民采用新技术。生产力提升项目将由70万美元提高至最多200万美元，用于支持鸡蛋、绿叶蔬菜和豆芽农场，其他农场的每个项目可获得最高30万美元的资金支持。

（三）推广饮食和农业教育

农粮与兽医局副局长陈丽琴说："确保稳定的食物供应是新加坡现在，也是未来的最大挑战。能否确保国人'足食'是我们永远关注的课题。全球人口不断增加，对各种食物的需求只会翻倍上升。面对食物供应，无论是食物供应还是食物价格，外界的任何改变都可能直接影响到新加坡，因此我们必须拥有一定自产生鲜农产品的能力，以便必要时能起到缓冲作用。"

根据慈善组织新加坡食物银行的统计，新加坡去年制造的食物垃圾，相当于每人每年丢弃140公斤食物，或每人每天倒掉两碗白饭，浪费食物的情况严重。为确保食物的供应与安全，深化公众对粮食安全问题的认知，防范大自然对人类做出反扑，新加坡政府开始推广"食农教育"（简称食育）。食农教育是教导人们关于饮食和农业的教育。推动饮食教育，让人们对食物的营养、安全、文化等方面有所理解；推介农业教育，让人们关心食物来源、了解其生产方式，以及认识农村与环境等。

---

① 农业生产力基金：Agriculture Productivity Fund，APF。

食农教育对其他亚洲的农业国家与地区并不是一个陌生的概念。例如，日本在 2005 年通过《食育基本法》，是世界第一个将食农教育立法的国家，韩国则于 2009 年颁布《食物教育支持法案》，中国也将食育课在一些中小学作为试点课程展开，进行食品安全教育、营养卫生教育等，力图加强孩子对营养和食品知识的接受与理解。新加坡在推广食农教育方面也取得了一些成绩：农粮与兽医局探讨各种创意方案，鼓励公众在有限的空间种菜，并参考国外的经验制定食育推广指南。

二、严格把控食品质量

（一）严格管理进口

1. 与国际法规发展保持同步

为与国际标准制定机构在科学监管方面的最新进展保持一致，农粮与兽医局参与了《食物法》的修订，第 40 届食物法修订会议通过了 42 项新的修订条款及标准，新的修订案已于 2018 年 3 月 28 日生效。其中绝大多数修订涉及新添加剂的使用，修订案扩大了现有添加剂的使用范围，也提出了更加严格的要求。

2. 强化食品认证

食品认证是食物安全系统的上游措施，包括评估国家动物健康的稳健性，对每一项出口食品进行评估，确保其符合食物安全规定。对于违反食品安全或者动物卫生标准的国家或机构，农粮与兽医局将对其进行评估，并采取必要的执法行动，如暂停进口。《新加坡农粮与兽医局 2017-2018 年度报告》指出，2017 年有 36 个国家得到农粮与兽医局食品认证的批准，107 家机构获得认证，11 个农场得到认证，10 个农场的食品认证得到恢复，16 个农场被暂停生产。

3. 签发进口许可证

所有进入新加坡的进口食品必须由持牌或注册的进口商进口，每批货物必须附有有效的进口许可证。2017 年，农粮与兽医局向约 14 000 名持牌或注册商号发出超过 90 万份进口许可证。

4. 严厉打击非法进口

非法进口食品是食品安全风险之一。非法携带食物入境者一经定罪，最高可被判罚款 50 000 美元和（或）监禁不超过两年。2017 年，在打击非法进口食物执法行动中，共执行 408 项案件，其中加工食品案件最多，其次是水果蔬菜。

（二）严格管理本地食品生产

农粮与兽医局会给所有当地农场和食品机构颁发牌照，包括加工机构、屠宰场和冷库等，通过实地视察确保这些机构符合发牌条件及遵守生物安全、食品安全和卫生规范，获发牌照的本地食品加工机构每年必须进行审核。农粮与兽医局还会采集样本，对食物安全危害（例如农药残余、重金属）、微生物污染物（如大肠杆菌和沙门氏菌）和化学污染物进行一系列测试；鼓励所有的食品储存仓库都自愿在农粮与兽医局注册；为改善和提升食品机构生产经营状况和能力，提供有关良好卫生习惯和良好经营行为的建议。

（三）支持本地食品产业

2017年农粮与兽医局积极与行业伙伴合作在确保满足食品安全标准的同时，探索具有成本效益[①]的方法和新技术；建立试点工厂，在公司之间共享研究和生产设施；通过向国际社会输出食品产品，规范食物和食品产品出口认可证书和许可证，据《新加坡农粮与兽医局2017-2018年度报告》统计，2017年共颁发自由销售证书7 139份，出口食品出口证3 764份，动物卫生证2 812份。

（四）重视公众教育

为了确保"从农场到餐桌"的食品质量安全，从政府到食品企业的所有机构必须继续共同努力，确保在新加坡出售食品的安全；对于消费来说，增加对食品安全风险的认识，避免风险也是很重要的。2017年农粮与兽医局举办了13场关于食品安全的讲座，组织了9次大型社区活动，共计22 200人受益，此外还通过报刊、路演、摄影展、社交平台等方式宣传食品质量安全。

三、提高农业技术和科研水平，发展现代高科技农业

受限于新加坡有限的农业生产条件，以及减少新加坡农业对进口依赖的强烈愿望，提高应对全球气候变化能力和技术成为农场发展的关键因素，让新一代农民的农业生产不再需要受空间、气候和有限的劳动力的限制。创新、工程和设计将会发挥其改革食品生产，巩固粮食安全的关键作用。

新加坡农业正开始形成现代和富有创新性的体系。我们可以从2018年耕地销售的中标项目中看出，自动化、数据分析、机器人、立体农业和无土蔬菜种植生

[①] 成本效益原则指在会计系统中，一项活动的收益必须大于其成本，服务企业追求最大经济效益的目的。

产体系开始取代传统的农业种植方法。

(一)农粮与兽医局的主要措施

农粮与兽医局主要在以下两个方面帮助农民提高农业科学技术和生产力：

1. 资金支持

鼓励农民利用 6 300 万美元的农业生产力基金实施农场升级及科学研发。从 2017 年 4 月起,该基金将为农民预先支付 30%的资金以鼓励其采用新技术。

2. 技术支持

农粮与兽医局的科学家和技术人员正在不断地研究适合当地农场需要的农业技术,农粮与兽医局还与私营部门共同制定和开发新的解决方案和农业技术;定期与当地农民分享研究和试验成果;邀请农民参与正在进行的室内立体农业系统的研究;提供关于农场管理方法的技术咨询;为农场建立新的农业系统或提供技术方面的援助。此外,还会组织农民和方案提供者之间的技术匹配会议。

(二)技术在实践中的应用

1. 种植业

在蔬菜种植方面,农粮与兽医局开发了室内立体种植系统,用于小白菜、芥蓝、奶白菜的生产。利用多层架子,使用低成本荧光灯照明,使生产效率提高五倍,移植所花费的时间至少减少 20%,用水量减少 90%。室内立体种植系统将在当地农场进行试验,农粮与兽医局也正努力进行 LED 节能灯系统的测试,积极推进温室和自动化方面的研究。

位于一幢工业建筑内的 Sustenir Agriculture 农业公司,通过严格控制温度种植温带农产品,如羽衣甘蓝、芝麻菜、圣女果、草莓,确保作物生长的最佳环境,加快作物生长所需时间,获得全年的丰收。除了气候控制,Sustenir Agriculture 农业公司还利用中央系统密切监测植物增长及物料消耗,连接到智能手机,工作人员可以及时发现如增长周期中断等问题,并能远程解决。据统计,Sustenir Agriculture 农业公司每年利用 340m^2 种植出 72 吨羽衣甘蓝和生菜,节省了 96%的水,并且不使用任何农药,不造成任何污染。

松下公司下属的 Panasonic Factory Solutions Asia Pacific 则创造性的采用室内立体农业的非传统的生产方法,成为第一家获得由新加坡农粮与兽医局授权室内农场许可的公司。该公司采用人工照明,使多种蔬菜位于气候控制的环境中,这种节约空间和打破环境限制的方法让温带植物的栽培成为可能,并自然地将害虫拒之门外。农粮与兽医局与 Panasonic Factory Solutions Asia Pacific 密切合作，并通过共同资助、提供咨询等方式支持松下进口化肥、种子和土壤，共享室内栽培专家。

2. 渔业

室内种植的概念和技术也发展到了渔业。Swee Chioh Fishery 利用循环农业水产养殖系统进行室内种植。农粮与兽医局与渔场合作建立循环农业水产养殖系统，开发室内石斑鱼大规模的早期培育计划，远远优于易受疾病暴发和天气影响的传统室外池塘养殖方法。

Metropolitan Fishery Group 在其沿海渔场配备了水质实时监测系统，并且采用太阳能为检测系统提供动力，节约了运营成本，提高了生产率。该公司还发起了农业优化喂养的项目，通过改进放养密度不断增加存活率。

3. 禽畜业

在农粮与兽医局的支持下，Seng Choon Farm 引进了一个机器人清洁工自动清洗养鸡房，甚至收集鸡蛋和除粪都能在输送机的帮助下实现自动化。在一年之内产量可上升 10%，达到每天生产 45 万只鸡蛋。

第五节 新加坡与粮农组织

新加坡于 2013 年 6 月 15 日被接纳为粮农组织成员国，将在全球粮食安全对话以及农业、渔业和粮食生产的发展中发挥作用，有助于新加坡加强对粮食危机的准备。新加坡农粮与兽医局 CEO，Tan Poh Hong 女士表示，新加坡非常期待向粮农组织及其现有成员国学习应对气候变化的方法，也希望分享新加坡独特的城市治理方案。国家发展和国防部部长，马利基博士[①]于 2013 年 6 月 21 日至 22 日出席第 38 届粮农组织大会，这是新加坡成为粮农组织成员国后首次参加此次会议。马利基博士说："虽然新加坡不是一个农业国家，但我们非常渴望在通过粮食生产价值链解决粮食安全问题方面发挥我们的作用，而当下食品安全对我们来说是首要问题。"

在此之前，粮农组织已和很多东盟成员国展开过密切合作，如跨领域的技术支持、食品营养安全、生物能源等，粮农组织和新加坡之间相对较新的伙伴关系也因此得到加强。根据粮农组织发布的 Singapore and FAO[②]这份报告，新加坡与

---

① Dr. Mohamad Maliki Bin Osman。
② FAO. Singapore and FAO。

粮农组织将主要在以下几个方面展开合作。

一、打造亚洲零售网络

在确保粮食安全稳定和提高应变能力的基础上获得价格合理的营养和食品供应是一个全球性的挑战，尤其对新加坡这样严重依赖粮食进口的国家来说，在食品零售业保证食品供应稳定和质量安全是当务之急。在此背景下，粮农组织及新加坡国家环境局于2013年9月在亚洲和太平洋办事处就食品零售的卫生和安全举办了一次研讨会，来自22个国家的41名代表出席了这次活动。研讨会推动了以促进区域发展合作和分享零售业食品安全信息为宗旨的"亚洲零售网络"的建立。该平台最初由粮农组织设立并提供服务、负责平台的维护工作，在之后的第一个运营年度将移交给新加坡，再到印度、泰国、菲律宾和孟加拉国。

二、提高动物疾病防治能力

新加坡是粮农组织跨界动物疾病应急中心提出的"南亚和东南亚区域合作高致病性和新发疾病项目"受益者。该区域方案推动了粮农组织在东盟国家预防、控制包括新兴人畜共患病等疾病方面的进展，为东盟国家提供有针对性的援助，改善兽医和公共卫生服务，促进了跨区域的部门间合作。

三、加强渔业的合作交流

新加坡是一个重要的海鲜产品区域分销和贸易中心，也拥有繁荣、具有增长潜力的渔业，这些优势让新加坡于2014年加入粮农组织渔业委员会。渔业部门也成为与粮农组织合作的一个主要领域，包括交流新加坡在渔业方面的知识、与其他国家的合作经验、增加渔业产品附加值以及促进渔业贸易等方面。此外，作为一个进口国和再出口国，通过实施港口国措施[1]，新加坡可以发挥打击区域和国际非法、未报告和不受管制捕鱼的关键作用。

---

[1] 港口国措施（FAO port state measures agreement），全称为"港口国家预防、制止和消除非法、不管制和不报告捕鱼行为的协定"，由2009年11月22日举行的粮农组织大会第三十六届会议批准，旨在预防非法捕捞的鱼品通过各港口进入国际市场。根据协定条款，外国渔船入港须事先通知并申请许可，各国将根据国际最低标准对船只做例行检查，违规的船只将被拒绝使用港口或某些港口服务，并将建立信息共享网络。

参 考 文 献

可心. 2018. 新加坡：将于2019年成立食品局[J]. 中国食品，（16）：99.

郎朗. 2012. 新加坡都市农业的发展经验与启示[J]. 休闲农业与美丽乡村，（9）：81-83.

李晓娣. 2004. 新加坡经济振兴与衰退的原因及启示[J]. 当代财经，（9）：87-90.

联合早报. 2018. 王美燕：食安与食育[EB/OL]. http://www.zaobao.com/zopinions/opinions/story20181007-897082.

万卫东. 2010. 新加坡经济结构转型的特点及对中国的启示[J]. 华中农业大学学报（社会科学版），（5）：1-6.

王桂朵. 2017. 国外农业科技园区有何发展特色[J]. 人民论坛，（31）：200，201.

吾谷新闻. 2018. 新加坡："花园国家"的都市农业[EB/OL]. http://news.wugu.com.cn/article/1280179.html.

AVA. 2017a. A new approach to farm land tenders[J].AVA Vision，（2）：1-12.

AVA. 2017b. Future of farming[J]. AVA Vision，（1）：1-12.

AVA. 2018a. Annual report 2017/18[Z].

AVA. 2018b. Steering the future of farming[J]. AVA Vision，（1）：1-12.

FAO. 2016. Singapore and FAO[Z]. http://news.wugu.com.cn/article/1280179.html.

第二篇

农业政策与规划比较分析——从农业生产要素角度

在这个篇章，我们将就上篇的东南亚十国农业规划与政策进行分析，分析将以农业生产过程中为获得农产品所必须投入的各种基本要素为切入点，从农业经济学角度进行政策必要性和重要性解读各个农业生产要素对于农业发展的重要意义，找出国家间农业发展规划和方向的异同，进一步了解认识东南亚地区的农业发展趋势。笔者将从以土地和水为代表的自然资源、农业劳动力、农业技术和农业资金四个方面，对十个国家农业机构的发展规划进行归纳、比较、分析，发掘各国农业发展的侧重点及其背后的原理。

第十一章 土地和水资源

第一节 土地和水资源的经济特性和重要性

农业是直接利用植物和动物的生命力和太阳能进行生产的部门，农业中的第一性生产——植物生产，对土地有特殊的依赖性。土地在经济学上指地球上的陆地和水域以及与之相连的土壤、气候、地貌、岩石、水文、植被等一切自然条件，是农业生产活动中不可替代的基本生产资料。

一、土地资源

在农业中，土地不仅是一个立足点和活动场所，还以其自身的物理性质、化学性质、生物学性质和气候条件，直接参与农业生产过程，土地的质量也直接影响农产品产量和质量。

随着人口持续增长和社会经济的不断发展，对土地的需求越来越大，土地供给和需求间的矛盾凸显，土地供给的稀缺性迫使人们珍惜土地，节约利用土地资源。在农业生产中如果土地利用不合理，破坏了土地依存的生态平衡，会导致土壤有机质减少，肥力下降。由此可见，生产部门对土地利用的后果不仅会影响到本部门的经济效益，还会影响到整个国家和社会的经济发展和生态环境。因此，土地的以上自然经济特点决定了土地这种不可缺少的生产要素的合理配置及开发利用对于农业发展研究意义重大。

二、水资源

水资源是地球上一切生物赖以生存繁衍和社会经济发展不可缺少的宝贵自然资源，对农业生产活动来说，它是生产对象的载体或媒体，是生物资源开发利用的要素。水资源虽然是一种可再生资源，但并不是取之不尽、用之不竭的，是一种有限量、无法替代、易受污染的资源。

水资源的自然供给是无弹性的，自然供给与市场需求和价格无关，人类对它的需求呈刚性，因此水资源的开发利用不仅是一个经济问题，还是一个社会和生态问题，水资源的这一特性要求农业生产必须考虑水的可供性。

水的自然循环还具有不规则性，在一定时间和空间范围内形成自然供给不足或者过量，造成干旱和洪涝灾害，人类对其不能进行完全有效的控制。加之近年来全球气候变化加剧了自然水循环的速率，增加了与气温、降水相关的暴雨、干旱、台风份极端气象事件发生的概率。因此提高预防包括水灾、旱灾在内的自然灾害能力，加快建立现代预警系统，最大限度地控制和减轻自然灾害负面影响对于农业发展尤为重要。

第二节　各国土地资源政策比较分析

根据对各国农业政策的整理分析，我们发现多数东南亚国家都把土地政策作为其农业政策规划中重要的一项。这些国家主要从完善土地使用权制度，保证农民长期稳定的使用权；采用土地分区、土壤分级等方式对土地进行分区种植；加强林业资源管理，防治森林退化三个方面采取措施，加强土地资源的开发管理。

一、土地使用权的可持续管理

缅甸、老挝、越南、新加坡的农业政策均对土地使用权管理提出了要求，其中缅甸在其《农业发展第二个五年短期计划（2016—2020年）》中特别提出要完善土地利用和管理制度，用法律制度保障农民拥有依法自由选择在准许耕种和使用的土地上从事任何具有经济可行性的农业活动的权利，保障农民取得土地，以及土地转让、出售、抵押、出借、交换、赠送、继承等权利。

老挝和越南则强调巩固和完善农村土地分配政策，使农民获得长期使用权和继承权，充分调动农民种粮积极性。通过1987~2014年对土地制度的不断完善，越南把土地继承、出租、转让和抵押等权益以法律形式确定下来，鼓励农民通过合法转让、出租、抵押土地使用权实现联合和联营。

新加坡独具特色的现代化的农业科技园区建设是由新加坡政府进行投资建设，最后通过招标的方式将农业科技园区的经营权转给私人公司。在土地的管理方面，新加坡不断完善耕地招标方法，让具备优良的生产能力和丰富经验的招标人中标，鼓励利用先进技术进行生产，优化土地资源配置，提高土地资源使用效率。

二、根据土地土壤情况进行农业分区

泰国、缅甸、老挝均强调对农用土地进行分区管理，依据农用地的自然因素和社会经济因素，对农用地进行采用一定的技术手段对其进行科学评价，对其划分功能分区。对农用地功能进行分区管理有利于社会、自然、经济的长远科学发展。

泰国根据土地质量、水资源情况和当地市场需求进行农业分区，推广适合的农作物，修复废弃农田，保护农业用地；缅甸和菲律宾则都非常重视对包括土壤特征、水资源、气候类型、地形等方面的土地信息的掌握了解，通过绘制地图，完善对土地管理规划，利用编制的地图，确定具有比较优势的区域，分析适宜种植的作物，帮助生产者做出正确的农业活动生产决策。

三、加强林业可持续管理

柬埔寨政府严格执行林业法律和措施，实施"国家林业方案"，监测森林开发，减少森林砍伐，防治森林退化，确保土地资源可持续开发利用。具体措施包括加强森林保护区管理，植树造林、森林恢复，保证土壤、地表和地下水质量；大力支持森林野生动物保护和野生动物保护区建设，确保生态系统的可持续性；深化林业部门保护区改革，确保自然资源的可持续和经济不断增长。

第三节　各国水资源政策比较分析

一、加强基础设施建设

泰国、缅甸、老挝、菲律宾均在其农业政策中提到将通过加强包括水库、灌溉系统、饮水工程等设施的建设，加强水资源管理能力，提高资源的利用效率。

泰国强调根据地区实际情况，开展包括水库、水井、池塘在内的全国农田存储设施建设；保护流域的源头地区，把流域中富余的水引流至水库，提高农业用水效率。老挝农业政策也提出修建、修复河道两岸的水闸和堰，对大平原与湄公河及其支流的堤岸进行检查和维修。

缅甸和菲律宾则更加关注农业灌溉系统的提升方面。缅甸农业、畜牧和灌溉部提出要对现有大坝、抽水灌溉工程、地下水钻探工程、配水系统、灌溉系统进行现代化改造,确保灌溉系统全面高效的投入使用,减少浪费,提高用水效率;建造、维修内河及海堤,防止淡水及咸水入侵。菲律宾则采用优先发展小型和公共灌溉系统的方法,强调提高灌溉系统抵抗灾害和气候变化的能力,同时符合水资源可用、稳定可持续,具备经济可行性的条件。

二、加强水资源配置和利用的技术创新与推广机制

由于水资源的有限性和稀缺性,农业可持续发展必须走节水农业的道路,各国也都非常重视节水技术的研发和推广。泰国和缅甸积极推广喷灌、滴灌等水肥一体化技术,菲律宾致力于推广高效节水管理技术,提高水资源利用率。新加坡将室内种植的概念和技术发展到了渔业,利用循环农业水产养殖系统进行室内种植;一些沿海渔场则利用水质实时监测系统进行渔场的水资源管理;在蔬菜种植方面,农粮局开发了室内立体种植系统,使生产效率大大提高,用水量减少90%。

水的自然循环还具有不规则性,容易造成干旱和洪涝灾害,对农业造成了很大的负面影响。东南亚各国也积极采取措施,提高预防自然灾害的能力。老挝采用卫星地图、航空照片等现代技术,对土壤进行侵蚀等风险的判定,提高农业生产地区预防水灾、旱灾的能力,最大限度地控制和减轻灾害的负面影响;建立现代预警系统,识别自然灾害多发或可能发生的危险区域。马来西亚非常重视提高农业部门适应气候变化的能力,通过推进防洪项目,编制灾害地图,在主要高风险地区进行防灾和发展规划,确保水资源安全可持续。

三、加强对渔业资源的保护和可持续利用

柬埔寨通过有效执法消除各类非法捕捞、维护生物多样性和水生动物栖息地,以达到保护淡水、海水和渔业保护区的目的。在提高国内和对外出口渔业产品质量的同时,注重渔业资源的可持续利用。加强以淡水和海洋为基础的可持续渔业管理,促进和发展淡水和海洋水产养殖。

四、保证充足卫生的农用水资源供应

通过分析柬埔寨农业政策规划,我们发现其政府非常重视农业生产区拥有充

足、卫生的用水，保障粮食生产安全，确保人民生活和经济活动顺利进行；缅甸也提出要推进农村饮水工程，为农民提供清洁饮用水，提高农民用水意识。

参 考 文 献

李秉龙，薛兴利. 2009. 农业经济学[M]. 北京：中国农业大学出版社.

第十二章 农业劳动力

第一节 东南亚国家农业劳动力情况

东南亚国家人口数量和密度较大,绝大多数都是农业国,农业是国民经济的重要支柱,农业人口占绝大多数,农业劳动者占就业人口的绝大比例。随着工业化、城市化进程的加快,以及农业机械化水平的提高,农业劳动力占比有所下降,农村的剩余劳动力开始向城市转移。由图 12-1 可以看出,除新加坡和文莱以外,其余国家农业劳动力占比都相对较高,老挝、缅甸和越南最为突出,虽然近年占比持续下降,但 2017 年仍占到 40%以上。

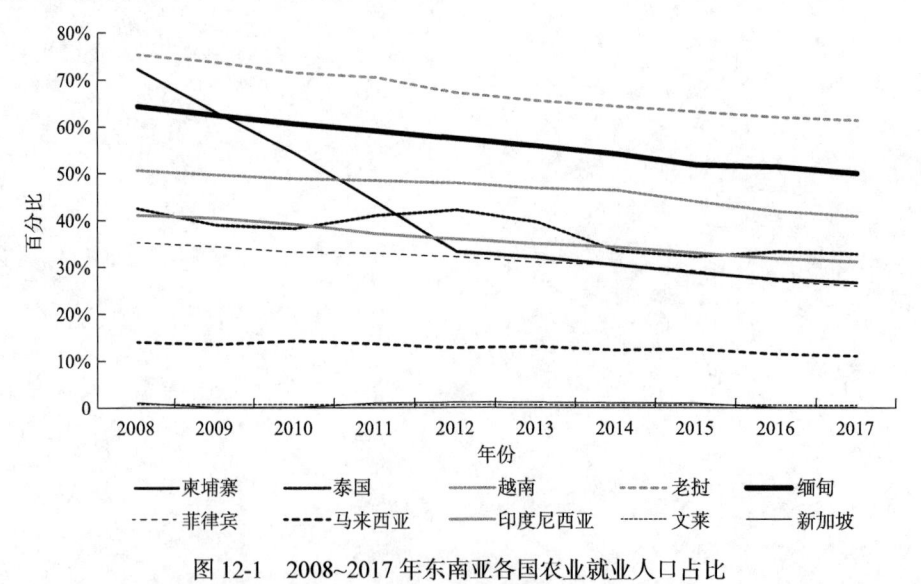

图 12-1 2008~2017 年东南亚各国农业就业人口占比

资料来源:World Bank. World Development Indicators

但是,东南亚国家普遍存在农业技术落后,生产率低下的情况。图 12-2 反映了几个典型的东南亚农业国家人均农业产值的情况,以及和中国、巴西、美国的比较。东南亚的几个农业国家和美国、巴西都有着明显的差距,近几年中国的人均农业产值也已超过东南亚,且差距逐渐拉大。

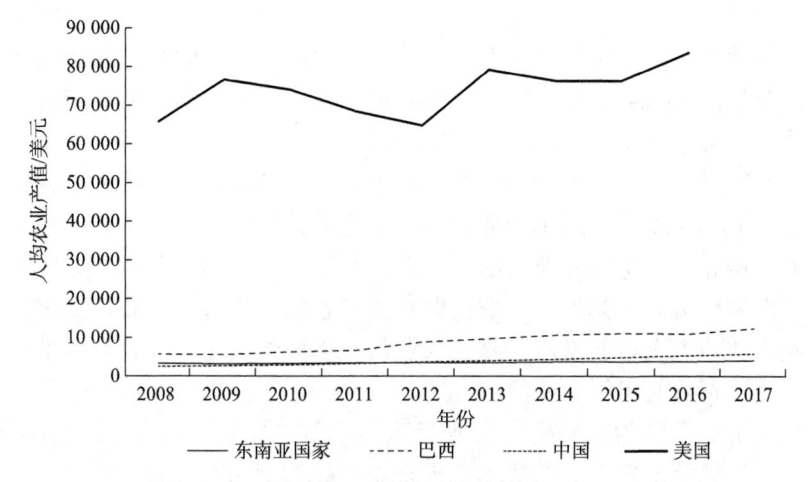

图 12-2　2008~2017 年东南亚国家农业就业人口占比
此图中东南亚国家数据统计不包含文莱和新加坡两个国家
资料来源:World Bank. World Development Indicators

如图 12-3 所示,从 2008 年开始,东南亚国家的人均农业产值总体上呈上升趋势。几个农业国家中,人均农业产值最高的是印度尼西亚,且年均增长速度较快;其次是泰国和菲律宾;人均产值最低的是老挝和越南。

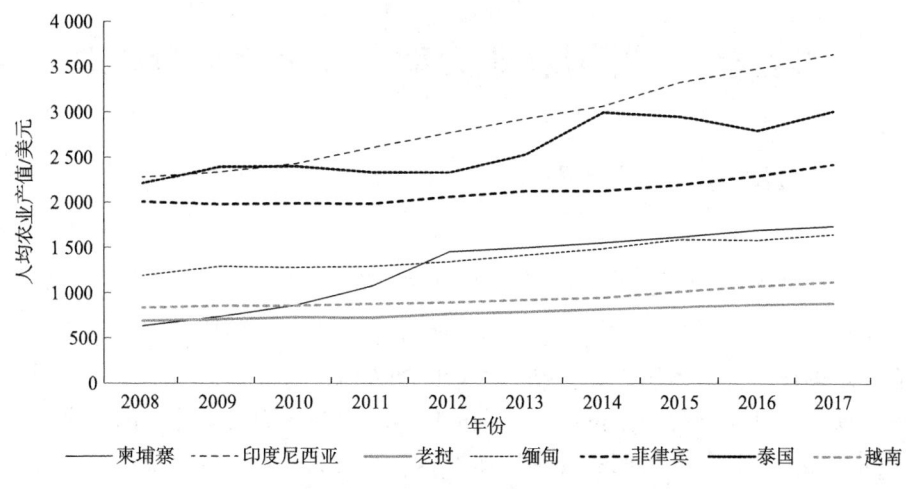

图 12-3　2008~2017 年东南亚国家人均农业产值
资料来源:World Bank. World Development Indicators

第二节 提高农业劳动力水平

农业劳动力不仅包括参加农业劳动的劳动力的数量,同时也强调农业劳动力的质量,包括体力强弱、技术熟练程度和科学、文化水平的高低。随着农业现代科学技术的进步和农村市场经济发展水平的提高,以及农业生产工具的升级换代,目前各国对农业劳动力的需求在技能上具有复杂性。在农业内部各个行业或是同一行业的不同品种,对于农业劳动力的生产技能要求各有不同,想要提高农业生产力,培养和训练出专业化的、掌握多种生产技能的劳动力,需要农户和社会各个方面付出努力。此外,对农业劳动力的素质也提出了更高的要求,只有加快提高农业劳动力供给的素质,提高农业从业人员的文化、受教育水平和专业技能,才能适应农业现代化发展。

社会经济的发展为人们提高农业劳动生产率[①]提出了要求,提高劳动生产率一方面可以降低单位农产品的成本,提升农产品的市场竞争力,增加利润,另一方面可以为社会经济发展提供更多的剩余农产品和剩余劳动力,更好地满足国民经济其他部门发展的需要。科学技术和管理水平的不断发展为农业劳动生产率的提高奠定了基础,先进的农业机械装备、信息化的农业监管设施、高效的灌溉系统和农产品加工设施、创新的农业经营管理方法等都有利于提高农业劳动生产率,农业劳动生产率成为衡量农业现代化水平的重要标志。

第三节 各国农业劳动力政策比较分析

一、加强农业人力资源开发

(一)提高农民技术水平,开展农业培训

包括柬埔寨、缅甸、老挝在内的 8 个东南亚国家均把加强农民能力建设,开展农民培训作为提高本国农业劳动力质量的切入点。柬埔寨提出要促进本国农业发展,就应该利用好当前国内人口红利的优势,提高人力资源开发的效率,加强农民能力建设,提升农民的农业知识水平和农业技能,研究有效合适的,旨在优

[①] 农业劳动生产率指单位农业劳动者在单位时间内(一般指一年内)生产的产品价值,提高农业劳动生产率意味着在单位劳动时间内能创造更多的劳动成果或是单位农产品所包含的劳动量减少。

化农业人力资源的方法以应对劳动力市场需求的变化与农业发展。缅甸政府为农业从业人员提供学术教育和职业教育，提升从业人员在自然资源使用管理、农业机械化及现代营销制度方面的专业知识。

老挝、马来西亚和印度尼西亚都明确提出通过农民培训指导农民进行更加高效的农业生产。老挝为每村 3~5 名基层农村开发人员提供入村现场培训，提高其专业技能和与社区合作的能力，指导当地农民进行现代化、可持续的农业生产。该计划预计到2025年覆盖全国。马来西亚推行技能提升计划，评估农民现有的技能，并组织全国农业培训和农业推广活动，推广工作人员将接受农业现代技术、可持续发展实践和管理气候变化等领域的培训，为农民、渔民、小农户提供便捷的"一站式"服务。菲律宾还采用了引导农资企业参与到农民民间组织和农村社区发展中的方式，为其提供商业咨询服务，加强农民能力建设，促进社区发展和农资企业的交流合作。

印度尼西亚是率先开展"农民田间学校"项目试点的国家，在农业技术员的指导下，通过互动式的学习过程，逐步把农民培训成农业技术专家，从田间学校毕业的学员经过再培训，成为辅导其他农民的技术员。文莱农业部也提出要为农民提供先进的农业生产技术、财务管理等培训，为生产者提供融资、生产、销售等建议，帮助其掌握农业技术。

除了重视农民能力建设和农民培训，马来西亚还鼓励农业向民营企业、高校和农民协会进行专业领域的咨询，此外还鼓励和支持农民创业，推出"企业家发展方案"，提高农民创业的技能，帮助和培育更多的初创企业与年轻农民企业家。泰国则是非常重视农民对现代科技的运用，提出将按照"泰国4.0"战略培养"智慧农民"。注重农民人力资源开发，发展和提高农民的知识、能力、对行业的认知，使其具备知识、技能和可持续的竞争优势。通过开展培训活动，提高农民专业技能，发掘农民的潜力，推动农民在生产、加工、营销环节对现代技术和的信息的掌握与应用，让其具备使用数据确定种植计划、分析市场需求的能力，做出生产和营销的正确决策。

（二）完善人才培养政策，提高农业部门管理水平

老挝在其农业政策与规划中特别强调要提高农业部门人员专业技术知识水平，通过完善，提高农业部门博士和硕士生的比重，并给予攻读博士和硕士学位的人以资金支持。为管理人员制订系统的培训计划，全面提升其知识水平、思想观念和技术能力。此外还应完善人才培养政策和选拔制度，挑选有能力的重点人才；制定合理的轮班制度和人员更替制度。

二、加快农业机械化发展

随着扩大再生产的实际需要发展农业机械,机械直接投入扩大再生产,也能使其价值尽快转移到产品中去,加速资金周转。农业机械化还对提高农业生产效率,解决社会发展过程中农业劳动力流失的问题作用显著。通过分析东南亚各个国家的农业发展政策,我们发现柬埔寨、缅甸、老挝、越南、菲律宾五个国家都非常重视农业机械化水平的提高,但各个国家的农业政策切入点有所不同,主要有以下几个方面。

(一)促进农业机械的广泛使用

在农业机械的推广应用方面,缅甸政府积极鼓励小农户、养殖户在农牧渔业等日常工作中,广泛使用小型机械、机械和设备,增加优质农机装备进行大规模生产,并着力促进农业机械和器具的标准化和现代化。老挝政府也积极为采用机械化农业生产的群体提供低息信用贷款。

越南则通过免税、鼓励外国企业在越南办独资、合资和合作企业等优惠措施大力引进外资和农机具,并对从国外引进的拖拉机等农业机械以及零部件实行进口减免关税的政策;在推广农业机械化新技术的过程方面,越南政府对农户和农业合作组织使用农业机械给予扶持,如对使用农机的农民给予非常优惠的分期贷款,对投资农机设备的农户给予直接补助。

(二)重视农机技术研究和推广

老挝为确保农业工业化和现代化,设立了专门负责农业机械研究、制造、利用和推广的机构。越南政府在农业行政管理和科研、教育系统普遍设立农业科技推广与开发机构,并给予农机科研推广事业单位的科技人员工作经费支持,调动科技人员的积极性。

(三)完善采后农业生产机械设备,延长产业链

柬埔寨提出要完善包括大米在内的农产品价值链的基础设施,如种子净化设施和农产品干燥储存设施。缅甸也在大力推进现代机械设备建设,力图通过引进先进的采后农业生产机械设备提高农产品质量,提高加工附加值,延长产业链。菲律宾也在《农渔机械化法》中提出要鼓励国内企业制造、组装机械设备进行生产、采后和加工活动。

（四）加大对农业从业人员的机械化培训

缅甸和菲律宾政府非常重视农业机械装备和技术的信息分享、教育培训和交流活动，为农民提供农业机械化培训，提升农业从业人员专业知识与技术能力。菲律宾政府还积极引导因为促进机械化而被取代的劳动力投入其他农渔业创业活动中，为低技能的农渔业工人提供相应的培训，颁发机器操作证书；鼓励生产者采用机械联营或租赁的方式进行生产经营。

参 考 文 献

王树林. 1982. 劳动的社会生产率与劳动的自然生产率——关于提高农业劳动生产率的一点意见[J]. 经济研究，（3）：27-30.

魏巍，李万明. 2012. 农业劳动生产率的影响因素分析与提升路径[J]. 农业经济问题（月刊），（10）：29-35.

本章附件　东南亚国家农业就业人口占比

年份	柬埔寨	泰国	缅甸	老挝	越南	菲律宾	马来西亚	印度尼西亚	文莱	新加坡	平均
2008	72.24%	42.51%	64.29%	75.38%	50.68%	35.29%	13.96%	41.11%	0.81%	1.07%	39.73%
2009	63.07%	38.99%	62.40%	73.71%	49.68%	34.35%	13.50%	40.47%	0.75%	0.14%	37.71%
2010	54.17%	38.24%	60.61%	71.46%	48.85%	33.18%	14.22%	39.15%	0.71%	0.13%	36.07%
2011	43.86%	41.01%	59.08%	70.53%	48.50%	32.99%	13.62%	37.19%	0.66%	1.04%	34.85%
2012	33.25%	42.14%	57.36%	67.11%	47.86%	32.16%	12.70%	35.93%	0.62%	1.14%	33.03%
2013	32.14%	39.60%	55.79%	65.48%	46.81%	31.01%	12.99%	34.97%	0.60%	1.14%	32.05%
2014	30.47%	33.44%	54.08%	64.26%	46.34%	30.53%	12.23%	34.28%	0.55%	1.03%	30.72%
2015	28.80%	32.28%	51.76%	63.12%	43.93%	29.15%	12.47%	33.04%	0.57%	0.94%	29.61%
2016	27.44%	33.29%	51.30%	61.99%	41.87%	26.99%	11.37%	31.82%	0.58%	0.12%	28.68%
2017	26.71%	32.80%	49.93%	61.34%	40.87%	25.96%	11.01%	31.17%	0.52%	0.12%	28.04%
平均	41.21%	37.43%	56.66%	67.44%	46.54%	31.16%	12.81%	35.91%	0.64%	0.69%	33.05%

资料来源：World Bank. World Development Indicators

第十三章 农业技术

第一节 农业技术及其类型

农业技术进步既包括物化形态的农业技术即自然科学技术（硬技术）的进步，也包括农业经济管理技术即社会科学技术（软技术）的进步，软技术进步包括采用有效的方针政策、推行新的经济体制、改善和采用决策方法和分配体制等。农业技术主要包括农业机械技术、农业生物化学技术、农业信息技术和农业经济管理技术，其中前三种技术可以归为硬技术，而农业经济管理技术则是软技术。

一、自然科学技术

农业机械技术的推广可以节约劳动力，提高劳动效率，因此也可称为劳动节约型技术。它的优点主要是节约农业劳动消耗，降低生产成本，提高农产品质量，帮助某些国家和地区解决农业劳动力不足的问题；农业机械技术的应用可以带动机械、钢铁等行业的发展；被农业机械取代的农村剩余劳动力可以为城市化建设提供充足的劳动力，还可以带动非农产业的发展。

农业生物化学技术可以增加单位土地面积上农作物的产量，提高除劳动以外的其他经济资源的生产效率，也称为资源节约型技术。分子育种、配方施肥等现代农业生物化学技术可以大大提高单位土地资源的生产率，有助于解决某些国家和地区资源不足的矛盾。

农业信息技术利用信息技术对农业生产、经营管理、战略决策过程中的自然、经济和社会信息进行采集、存储、处理和分析，能为农业研究者、生产者、经营者和管理者提供资料查询、技术咨询等服务，包括遥感技术、地理信息系统、全球定位系统等。农业信息技术具有信息获取及时、低成本、高精度的特点，是现代农业资源管理的重要手段。

二、社会科学技术

农业经济管理技术可以有效指导农业生产总过程中生产、交换、分配与消费等经济活动的计划、组织和协调。按客观经济规律和自然规律的要求，在农业生产部门中合理地组织生产力，正确处理生产关系，适时调整上层建筑，有效利用和分配人力、物力、财力和自然资源，合理地组织农业生产、供应和销售，妥善地处理国家、企业和劳动者之间的物质利益关系，调动广大农业劳动者的积极性，提高农业生产的经济效益，最大限度地满足社会对农产品的需要。

第二节　农业技术对农业发展的意义

农业技术对农业发展具有重要的意义。主要表现在以下几个方面：

1. 提高农业劳动生产率

农业技术进步可以改善和提高现有农业生产技术装备的水平，为农业劳动者提供高质量的生产资料、先进的农具、农业机械、完备的基础设施，提高农业劳动生产率，降低成本，提高投入/产出比率。

2. 提高农业资源的利用率

智能技术在农业机械设备上越来越多的应用，可有效提高劳作效率，提高农业资源的利用率，因此，技术进步对提高农业节持续发展起着至关重要的作用。例如，节水灌溉技术和自动化喷灌技术等高效的农业用水技术，能有效缓解水资源短缺和利用效率低下的问题；美国的精确农业技术不但大大提高了农作物产量，而且减少了化肥施用量，从而提高经济效益。

3. 提高农产品质量

先进的农业科学技术不仅可以为农业生产提供领先的耕作和栽培技术、灌溉技术、施肥技术等，还可以在采后过程中，提供农产品存储、运输和加工技术，大大提高农产品质量。

4. 改善农村地区贫困状况

农业技术的提高有利于转移农村剩余劳动力，劳务输出可以增加贫困农民收入，减轻贫困人口的贫困程度。大量农村劳动力从乡村涌入城市，农民工队伍规模的扩张不仅为城市现代产业提供了充沛的劳动力，同时也扩大农业劳动者在非农领域的就业渠道，增加农村居民非农收入。

对剩余的劳动力进行劳务输出还可以为贫困地区带来新的信息、新的观念和新的技术，提高农村人口的语言沟通能力和科学文化素质，增强其商品意识和市场经济观念，改善农村地区信息闭塞、技术落后的状况，推动贫困地区经济发展。

第三节　各国农业技术政策比较分析

一、加强自然科学技术研发与应用

（一）种子生产管理和推广

种子是农业发展的源头，是一种特殊的、不可替代的生产资料，更是决定农作物产量和质量的关键因素。良种在农业丰产的所有因素中贡献是最大的，无论原始农业、传统农业、现代农业都不能离开种子。首先，抓好种子种苗工程，培育适销对路的优质品种，有利于提高农产品市场竞争力，发现和培育农业和农村经济新的增长点，有利于农业发展和农民增收；其次，科技的竞争、知识的竞争，在农业领域表现为种子种苗的竞争。国内外种业发展的实践所证明，谁在种业发展中占据了科技的制高点，谁就占领了市场竞争的制高点。综上所述，抓好种子种苗工程对于农业发展尤为重要。

在东南亚国家中，柬埔寨、泰国、缅甸、印度尼西亚和文莱都明确指出要提高种子生产和管理水平。柬埔寨农林渔业部将制定和调整有关种子及其他农业投入管理的法律与框架，鼓励生产和推广高质量种子。缅甸政府鼓励高产、气候适应性强和抗虫害的作物品种的研发，并加强对种质资源的保护；协助农民采购高质量种子，并加大对劣质农业投入品或是有掺假行为的供应商的惩罚，给农民营造一个良好的农业投入品的市场环境。此外，缅甸采用政府机构和私营组织合作的方式，扩大优质种子生产区，为农民提供示范区。

以香米为特色的泰国特别重视水稻种子质量，坚持抓好种子生产。泰国农业合作部建立了多个水稻种子生产中心，做好种子提纯和繁殖，保持大米的品种优良性状。印度尼西亚和文莱都力图通过加快高产品种研发，提高种子育种和杂交技术，生产优质高产的种子种苗，提升农作物的产量和生产效率。

（二）现代高科技技术的应用

马来西亚非常重视农业信息和通信技术，将加强信息和通信技术在农场和种植园管理、农业监测、市场实时需求和价格预测、疾病暴发早期发现和预警等方面的运用，利用先进技术提高生产效率，降低生产成本。

泰国也十分重视农业科学技术的运用，并提出要"以技术创新带动价值增长"，结合"智慧农民"项目，提高农民运用农业现代科技的能力；强调运用基因组学、生物信息学等现代生物技术，培育农作物品种，提高农作物的质量、产量和抵御病虫害的能力，降低种植成本，提升农产品的市场竞争力。

由于土地资源十分有限，新加坡非常重视现代技术在农业方面的应用，力图提高单位土地面积的产量，保障新加坡的粮食安全。新加坡农粮局重视室内立体农业系统的研究，采用人工照明严格控制温度，确保作物生长的最佳环境，加快作物生长所需时间，不仅节省空间和用水，打破环境限制，减少病虫害疾病，还使得生产效率大大提高；并且利用中央系统密切监测植物增长及物料消耗，连接智能设备，让工作人员及时发现并解决问题。室内种植的概念和技术也发展到了渔业。新加坡还建立了循环农业水产养殖系统，并在沿海渔场配备水质实时监测系统，提高生产率。

（三）加快农业科技成果转化和推广

科技成果转化是为提高生产力水平，对科学研究与技术开发所产生的具有实用价值的科技成果所进行的后续试验、开发、应用、推广直至形成新产品、新工艺等活动。科技是经济增长的发动机，是提高综合国力的主要驱动力。促进科技成果转化已经成为世界各国科技政策的新趋势。

在越南和菲律宾的农业政策与规划中特别强调要加强农渔业技术推广系统，缩短从技术研发到技术应用时间，加快科技成果转化。越南不断完善项目推广机制，科技厅通过优惠贷款、宣传、教育培训等方式大力推广农村科技项目成果，菲律宾通过聘请专业推广人员为农民提供技术支持及商业咨询服务，加强农渔业科技推广。新加坡政府设立农业生产力基金，给予利用新技术的农民资金补贴，推动新技术的应用推广。

二、提高农业科研水平

老挝重视人力资源建设，将培养栽培、植物保护和林业科研人员作为重点，缅甸提出要制订农业专题专家培训计划，提高农业科研人员技术水平。其他国家（如缅甸、马来西亚和越南）则是从建立和完善农业科研体制与加强科研基础设施方面切入。缅甸提出加快提高科研水平，加强农业科研基础设施建设，建设先进实验室，配备现代化实验室仪器设备；鼓励民间资本和企业投入和参与科学研究；重视科研机构在政府组织、民间社会组织、非政府组织和私营公司的充分参与下开展科研工作，促进交流合作，并强调与国际组织建立合作关系。

马来西亚和越南非常重视科研系统的构建，马来西亚的农业科研由一个统一的研究管理机构牵头，联合各个研究所、高校，保证社会各研究机构的广泛参与，由市场驱动科研；越南的科技研究系统则是以农业与农村发展部为主导的，由专门的科研组织，中、高等院校，农村部属企业三大研究系统组成。越南优先直接扶持企业进行农业科学研究，大力支持企业发展高科技农业园。

三、完善农业管理政策和制度

（一）积极履行政府职能，提高服务质量

柬埔寨提出转变农林渔业部职能，促进和监管农产品推广，加强农业商业化，通过"窗口服务"，扩大商业化的规模；提高配套服务的效率，包括市场营销系统、预算执行和审计等方面。缅甸实行农业、畜牧业、渔业全领域电子政务管理和公共关系一站式服务。印度尼西亚政府直接干预市场，农业部通过建立价格信息系统对农产品进行价格监管和调控，并通过实施农业投资管理"一站式"服务，简化商业审批流程，促进国内外农业投资。

（二）完善农业政策与法规

很多东南亚国家强调通过加强立法、完善农业政策和政府治理，促进本国农业发展。柬埔寨非常重视动物养殖、农业技术研发和推广、动物卫生标准和疾病预防、信贷和市场准入等制度的建立与完善，积极推进各项政策的制定和实施，强化法律监管；缅甸也提出要制定和颁布法律保护新投放农业品种的产权；老挝、文莱则是强调要通过相关政策和法规保障粮食安全，完善包括商品出口、价格稳定、进口关税、食品和产品安全储备基金等政策；新加坡通过颁发许可证的方式规范农产品出口。越南政府积极调整政策以促进农业投资，推进行政改革，提高政策透明度和执行效率。

参 考 文 献

曹博, 赵芝俊. 2017. 技术进步类型选择和我国农业技术创新路径[J]. 农业技术经济, (9): 80-87.

姜仁华, 曹一平, 章蓉蓉. 2002. 对实施种子种苗工程重要性的几点认识[J]. 农业与技术, 22 (1): 26-28.

第十四章 农业资金

第一节 农业资金概述

农业资金是社会各投资主体,包括国家、农户或社会其他部门投入农业的各种货币资金,广义的农业资金还包括用于农业生产经营的以财产或其他权利的形势存在的财物和资源的总和。农业资金作为农业生产要素之一,主要的作用是为农业再生产[①]提供生产资料,是农业生产的物质基础。在农产品流通过程中,资金是交换手段,有利于实现生产成果的社会价值,使农业再生产周而复始地持续进行。

按照资金来源划分,可分为农户自有资金、农业财政资金和农业信贷资金。

一、农户自有资金

农户资金是农户农业生产所得或其他收入中可以用于农业投资的现金、银行存款等资金,它是农业资金的重要组成部分,是农业私人投资的主体。农户可以用于农业生产的资金规模直接影响农业的整体投资水平,进而影响农业的产出水平,农户资金的投资方向也决定了农业生产结构的调整方向和农业发展的长期趋势。

二、农业财政资金

农业财政资金是国家财政预算中用于农业的各种支出,农业财政资金既包括国家农业项目投入的农业资金,也包括用于农业的各种补贴、农业基本建设、农

---

① 农业再生产是指农业生产周而复始,不断更新的过程,其主要特点在于农业经济再生产与农业自然再生产相交织。

业科技、农村救济等支出。财政政策是一国政府宏观调控的主要工具之一,农业的特殊性使国家必须运用财政政策,如预算、税收、补贴、投资、公债、转移支付等,发挥稳定经济、优化资源配置、调节收入分配、促进农业发展等方面的功能作用。

三、农业信贷资金

农业信贷资金是各种金融机构和个体信贷供给者,投入农业各个环节的各种信贷资金。农业信贷资金是一种金融资本,是现代农业发展必需的生产要素之一。在传统农业向现代农业转变的过程中,机械设备、温室、灌溉、良种、农药等现代农业生产要素的投资都要依赖大量的资金,这些资金靠一般农户的自身积累很难完成,除了国家财政的投资以外,大量的投资还主要依赖信贷市场的融资,因此农业信贷资金已经与现代农业的发展密不可分。

第二节 东南亚农业发展与工业化进程主要问题

除了新加坡以外的东南亚国家,都一定程度上存在上述的城乡二元经济结构,主要表现为城市经济以现代化的大工业生产为主,而农村经济以典型的小农经济为主;城市的道路、通信、卫生和教育等基础设施发达,而农村的基础设施落后;城乡收入差距较大。

泰国城市化缺乏农业发展的基础,城市发展造成了农村劳动力的流失,城乡经济社会发展差距明显;马来西亚在工业化的发展过程中,国家政策向非农部门倾斜,高额的关税加大了农民负担,农业部门吸引力下降,致使资本、土地、劳动力等资源流向非农部门;一方面印度尼西亚服务业和工业的迅速发展,对国民经济的贡献不断加大,另一方面印度尼西亚农业机械化和现代化发展步伐缓慢,农业耕地占用情况日益严重,农业劳动力资源减少;随着油气业的蓬勃发展,文莱传统农业受到极大的冲击,经济模式单一,对进口工产品过度依赖的现状亟须改变。

一、二元经济结构与农业资金投入

最先完整提出"二元经济结构"理论的学者是美国经济学家威廉·阿瑟·刘易斯。二元经济结构是指发展中国家现代化的工业和技术落后的传统农业同时并存的经济结构（传统经济与现代经济并存），即在农业发展还比较落后的情况下，超前进行了工业化，优先建立了现代工业部门。

有学者对东盟国家二元经济结构进行研究，指出二元经济结构形成的原因主要是由于帝国主义的入侵，外国资本大量输入，客观上加速了东盟农业国自给自足自然经济的解体，使这些国家的经济结构逐渐变成两个相互独立、互不关联的部分：一个是以矿山和种植园为典型的出口经济部门，为帝国主义服务；一个是以粮食作物为代表的自给经济部门，农业生产工具和耕作方法落后。出口经济部门不但不能带动传统农业部门的发展，而且还抢占了农业部门发展的资源，破坏农业生产。

美国经济学家西奥多·舒尔茨专注于农业经济和以农业为基础的经济发展问题的研究，他反对轻视农业的观点，认为农业可以成为经济增长的原动力。舒尔茨同时也指出经济增长理论的中心概念应当是投资收益率，如果农业中得到的收益率等于或高于其他经济机会的收益率，那么就意味着就每个单位的投资而言，农业对经济增长的贡献与其他投资对经济增长的贡献相等或更大。所以使农业成为经济增长来源的关键，在于使农业投资变得有利可图，唯有发展现代化的农业，才能推动经济腾飞。可见，要把传统农业改造成为高增长率的生产部门，就必须向高收益率的现代农业要素和人力资本投资，从而完成对传统农业的改造，实现农业现代化和工农业一元化发展。

二、解决资金问题的对策

（一）减轻农民负担

减轻农民负担意味着减少农业资金外流，主要包括在工农产品长期交换中农产品价格低于其价值，工业品价格高于其价值的不平等交换关系形成的工农产品剪刀差以及农业各项税收。对此，各国应调整发展战略，通过市场化改革减少工农产品的剪刀差；坚决精简乡镇机构，减轻财政负担；制定减轻农村税费的相关法规，严格限制农村基层政权向农民乱收费、乱罚款和乱摊派，把农民从重负中解脱出来。

（二）加大对农业资金的投入

加大国家财政对农业的投入，促进农业发展、优化社会资源配置；增加银行信贷对农业的投入，给予农村金融机构优惠的货币信贷政策，降低存款准备金率[1]，大力发展农村金融，如农业产业投资基金[2]和农业债券[3]，拓宽农业发展融资渠道。

（三）吸引农业投资

加强农村基础设施建设，农村基础设施建设投资关系到是否能将从事商业性经营的民间资金和外资吸引到现代化农业与农村建设中来的长远战略；大力支持民营和外资企业进入农业领域，加大资金扶持和政策支持，简化商业审批流程，提高政府办事效率，为本国和外资企业创建良好的投资环境。

第三节 农业财政资金投入的重要性

一、农业的外部性

外部性是指某种经济活动能使他人得到附带的利益或使他人受到损害，而受益人或受害人无须付出相应的报酬或无法得到赔偿的现象。当发生这种现象时，经济主体（包括厂商或个人）的经济活动对他人和社会造成了非市场化的影响，即社会成员从事经济活动时其成本与后果不完全由该行为人承担。外部性分为正外部性和负外部性。正外部性是某个经济行为个体的活动使他人或社会受益，而受益者无须花费代价。负外部性是某个经济行为个体的活动使他人或社会受损，而造成负外部性的人却没有为此承担成本。

农业在很多方面都有外部性的体现：从农业对生态环境的外部性来看，正外部性包括形成的农业景观、生物多样性的保持、二氧化碳吸收等；负外部性包括水土流失、水资源耗竭、地表水和地下水污染、野生动植物栖息地丧失、农业化学品污染等。在没有一定政策干预和制度安排的情况下，经济活动主体既没有获得来自正外部性的经济补偿，也没有为负外部性负担所应承担的相关费用，即市场及价格机制没有反映或没有全面反映这一经济活动的全部成本或收益。

---

[1] 存款准备金率是中央银行要求金融机构缴存的存款准备金占其存款总额的比例。当中央银行降低法定准备金率时，商业银行可提供放款、扩大信用规模的能力就会提高，货币供应量上升，投资及社会支出都相应提高。

[2] 产业投资基金不但为企业直接提供资本支持，而且提供特有的资本经营和增值服务，是一种专业化、组织化的专家管理型资本，可以较大规模地引导社会闲散资金转化为农业生产建设资金，同时满足广大居民对自有资产进行保值增值的需要。

[3] 债券是政府、企业、银行等债务人为筹集资金，按照法定程序发行并向债权人承诺于指定日期还本付息的有价证券，有助于减轻政府的财政负担，缓解农业经济发展中资金短缺的困难。

农业本身所具有的外部性特征会导致市场无效率甚至失灵，扭曲了市场主体成本与收益的关系，仅依靠市场机制不能实现社会资源的有效配置，引起社会福利的下降，如果不能够遏制将使经济失去持续发展的条件。因此，需要政府采取一定的财政手段加以观调控，矫正农业生产的外部性。

二、农业的公共产品性

公共产品是指具有非排他性和非竞争性的产品。公共产品具有受益的非排他性，即使某一经济主体没有支付相应的费用，也无法将他排除对这一产品的消费之外。私人产品只能是占有人才可消费，谁付款谁受益，而任何人消费公共产品不能排除他人消费[①]，因而不可避免地出现"搭便车"现象，造成农业公共产品供给的低效率。非竞争性是指在现有的公共产品供给水平上，新增消费者不需增加供给成本，边际生产成本为零；此外任何人对公共产品的消费不会影响其他人同时享用该公共产品的数量和质量，边际拥挤成本为零。

农业所提供的许多非商品产出具有不同程度的非排他性和非竞争性，即具有公共产品的部分特性。因为农业的非商品产出不同于商品产出，对其很难进行产权界定，农业的溢出效应[②]对生产者以外的其他人发生影响或使其受益，难以排除特定的人不支付报酬就不让他消费，因而在其作用范围内具有非排他性。农业非商品产出的特点也决定了其具有不同程度的非竞争性，如粮食安全所带来的社会稳定、良好环境所带来的高生活质量、生物多样性所带来的社会价值等。在一定程度上，一个人对这些非商品产出的消费不会影响其他人对它们的消费，即具有不同程度的非竞争性。

综上所述，农业具有惠及社会的巨大正外部效应，是农民增收和农村经济社会可持续发展的基础，但是农业作为公共产品所具有的非竞争性特征表明了社会对于农产品是不可或缺的，而农产品消费的非排他性特征则表明了仅靠市场机制远远无法实现社会资源的有效配置。在这样的处境下，政府机制的介入就成为解决问题的唯一途径，要使农业经济持续健康发展，就需要政府通过一定的财政政策加以调控，矫正农业生产的外部性。

---

① 从技术加以排除几乎不可能或排除成本很高。
② 溢出效应（spillover effect）指一个组织在进行某项活动时，不但会产生活动所预期的效果，而且会对组织之外的人或社会产生的影响。

第四节　各国农业资金政策比较分析

一、改善贫困，加强农村基础设施

早在1992年越南政府就开始实施"消饥减贫"计划，1998年越南政府又启动了"135 工程"，投入大量资金用于农村基础设施建设，为继续实现新农村建设社会化，2016 年越南政府批准了《新农村建设国家目标计划（2016-2020年）》，预计耗资193多万亿越盾，其中中央预算内资金为63多万亿越盾，其余为地方预算内资金。

印度尼西亚和缅甸也都非常重视农业农村基础设施建设，两国都在道路、电力方面加强财政投入，改善农村基础设施和村民生活质量，为此缅甸制订了农村照明计划，为每个乡村规划修建公路，保障农产品的顺利运输。印度尼西亚中央政府还就建设水坝和农田灌溉系统，提升农村通信和医疗方面加大资金投入。

泰国为减轻农民负担，推动农业生产发展，给每个村庄提供农村发展基金，让每个村自主确定投资项目；为针对基层农民的脱贫致富计划提供财政支持，为低收入农民创造就业，提升其农业生产水平和生活水平；泰国皇室也通过建立慈善组织支持农村建设。

二、利用财政资金实现资源的有效配置

（一）财政在农业领域的直接投资

为刺激泰国农业及乡村经济发展，泰国政府向主要农业产区大量投资以刺激农业及农村发展。新加坡农粮局通过农业生产力基金帮助当地农场改进技术及研发创新，推动农业生产力发展。但是财政全额支付这样的方式有其局限性，一是国家财政资金数量有限，二是这个方式不能改变被调控对象的边际收益或边际成本，不能带动大量的经济资源流动。

（二）农业财政补贴

农业财政补贴属于农业调控性财政支出。农业调控性财政支出是政府运用

一定数量的财政资金,利用其乘数效应[①]来影响和干预私人部门,从而调动大量的经济资源按照目标进行资源配置,用于农业结构调整、引导农户行为、缓冲市场冲击等,有利于保持农产品价格稳定、农民收入持续增长和经济的稳定增长。

老挝对种植大米和其他重要的经济作物的农民进行补贴,确保农民收益,稳定价格;越南和泰国都对大米进行利息补贴,并与最低保护价配套实施;印度尼西亚政府为全国农户提供肥料和种子津贴。

(三)农业税收政策

越南在生产所得环节免征各类作物的农业税。农业税的取消降低了农业生产成本,提高了农民种粮的积极性,有利于吸引外出打工从事二三产业的青壮年参加农业生产活动,为农业发展提供了充足的人力资本。

在关税方面,一些国家为了促进和支持本国农业发展,维护国家经济利益,通过对农产品的关税进行调节。老挝针对本国需要的农业生产要素制定了减征进口税的政策,如农业机械、肥料、动物疫苗等,农业生产投入等,鼓励进口;印度尼西亚为抑制不断上涨的粮食价格,取消黄豆油和面粉的进口税;泰国降低本国农产品出口关税,提高农产品国际竞争力。

(四)农业稳定基金和农业保险

稳定基金是指政府通过特定的机构以法定的方式(如发行债券国或其他有价证券)建立的基金,通过对某个具体市场的逆向操作和干预,降低非理性的市场剧烈波动,以达到稳定该市场的目的。在东南亚国家中,老挝建立了国家水稻储备项目、风险保障基金,以及食品和农产品安全储备基金;印度尼西亚实施储备金政策以保证粮食生产和供应;越南设立粮食专项基金。

农业保险是专为农业生产者在从事种植业、林业、畜牧业和渔业生产过程中,对遭受自然灾害、意外事故疫病、疾病等保险事故所造成的经济损失提供保障的一种保险。与商业保险不同,政策性农业保险由政府组织推动,将财政手段与市场机制相对接,以创新政府救灾方式,提高财政资金使用效益,分散农业风险,促进农民收入可持续增长。印度尼西亚提出将为农民提供农业保险,菲律宾则更加明确地指出要提高小农对风险的识别能力,增加拥有农业保险的小农数量,积极创新保险品种。

[①] 乘数效应是一种宏观的经济效应,是指经济活动中某一变量的增减所引起的经济总量变化的连锁反应程度。财政政策乘数是指国家运用财政政策工具所引起的国民收入(或 GDP)变化的倍数,包括税收乘数、政府购买支出乘数和平衡预算乘数。

三、加大农业信贷投入

农业信贷主要面向农户，能为农户提供大量资金支持，是国家从资金方面支援农业生产的重要形式，许多中外学者研究发现，农业信贷对农业的发展和农业经济增长有着重要作用。

首先，农业信贷具有储蓄—投资的转化作用。农业信贷是储蓄转化为生产型投资的主要渠道，农村金融机构通过将农村闲置资金吸纳为储蓄存款，然后通过信贷方式将储蓄存款转为生产性的投资。因此，农业信贷的不断增长，就意味着存款不断转化为生产性投资，使得储蓄投资转化率不断提高，从而使农村资本投入不断地增加，促进了农业经济的增长。

其次，农业信贷具有优化资源配置的作用。农村金融机构将闲散的资金从农民手中聚集起来，然后再将资金借贷给资金需求者，资金需求者支付借贷利息。相比于由政府无偿补助给农业经济的财政支农资金，农业信贷是有偿的，这也促使借贷者将资金投向资本边际收益率较高的项目中，促进农业结构调整，提高资金配置效率，推动农村经济的增长。

东南亚国家非常重视农业信贷的投入和农村金融体制的完善，拓宽农民融资渠道，不断改革创新农业金融制度。柬埔寨不断完善信贷和市场准入制度；泰国政府制定了多种支持农业发展的信贷政策，如规定所有商业银行必须将 14%的信贷资金投向农业；缅甸政府积极协助农民获得贷款，为农民提供分期付款交易和小额信贷，鼓励农民购置农用机械，促进农业机械化和现代化发展，完善缅甸农业开发银行制度，优化资金的规划利用；老挝提出增加长期信贷额度，完善高风险农业产品和重点产业的抵押品制度[①]，对采用机械化农业生产的生产者提供低息信贷。印度尼西亚人民银行农村信贷部开展面向农民的小额信贷业务，为广大农民提供金融服务，为印度尼西亚的农业农村发展和农民增收做出了巨大的贡献；马来西亚则根据农业特性创新还款制度，根据粮食收获周期采取灵活的偿还方式，完善抵押品制度，扩大可获得生产贷款的农产品范围。

在创新金融工具方面，泰国政府设立了储备粮食抵押贷款，帮助农民在销售旺季前进行粮食储备，在"一村一百万"项目中，泰国金融机构为全泰国 5.9 万个乡村基金提供无息贷款；为拓宽农民的融资渠道，菲律宾提出积极开发创新的农业信贷产品，缅甸政府建立循环基金、小额信贷等融资项目，制订信用担保方案和仓储金融担保方案。

---

① 抵押品是为取得一项贷款而提供作为抵押的财产。如果借款人不能按期偿还贷款，则抵押品就成了放款人的财产。建立合格抵押品制度有利于降低中央银行货币政策操作中的资金损失风险，有效保障中央银行的债权人权益，维护金融市场的稳定。

四、引导国内外资本在农业领域的投入

在经济全球化高速发展的今天，对外开放已成为国际经济增长和技术进步的重要传导机制，已成为发达国家谋求进一步发展，发展中国家缩小同发达国家差距的必由之路。发展中国家和地区农业利用外资主要是从第二次世界大战结束以后开始的。接受粮食、食品和农业生产物资援助，从国际市场上获得农业贷款，尤其是各种优惠农业贷款，是农业外资利用的传统方式。

目前外商直接投资已成为世界各国和地区政府大力提倡与鼓励的一种外资利用形式及外资利用的主要形式之一，外商直接投资的流入，一般与农业生产、加工、储藏、包装、销售等环节先进的技术、设备、材料、种苗和管理方式，甚至人才的引进相伴，从而更加有利于投资接受国和地区农业经济的全面发展。东南亚国家农业利用外资从单一的双边渠道受援、引资，过渡到多边渠道援助、贷款、合资、合作相结合，其方式不断多样化，外资利用数量不断增加。

在发展中国家中，泰国农业利用外商直接投资最为典型。早在20世纪60年代初期，泰国就制定了以吸引外商直接投资为主、利用国外贷款为辅的外资政策；80年代以来，因欧美日发达国家、新兴工业化国家和地区实行新一轮产业结构调整，刺激了资本输出，泰国趁机吸纳了大量外资，1982~1986年的"第5个五年计划"，泰国农业利用外资数为20.4亿美元，相比起"第4个五年计划"农业利用外资数的7.7亿美元，增加了近165%。外商投资的方式也有了较大变化，参股或独资经营的比重明显增长，70年代末外资控股只有11%，90年代初急升为49%，几乎占了一半。2000年以来，泰国不断采取措施加大引资力度，放宽外资准入，加强投资促进工作，并在用地、关税、国内税收、投资环境等方面给投资者提供便利。泰国投资促进委员会（Board of Investment，BOI）于2002年推出了新投资政策，引导产业投资方向，将农业和农业加工业确定为优先促进的目标行业，加快从基础农业向高增值的农业加工转变，发展生物农业，提高农产品质量，实现可持续发展。受到重视的投资项目包括农业管理、食品包装与冷藏、食品加工设备及农机的生产运输、生物技术、有机肥等方面。

在2015年泰国投资促进委员会公布的《泰国投资促进七年战略（2015-2021年）》中，更新了促进投资的政策，投资优惠权益政策按照行业给予投资优惠权益，包括农业及农产品加工业、矿物、机械设备和运输工具等七大类行业，给予用高级技术、有生产基地和在未来对国家的发展有重要作用的企业，如食品生产或食品保鲜企业，免五年企业所得税、免机器、原材料进口税及其他非税收优惠权益；为能增加国内原材料价值以、加强产业链发展的企业，如农产品余料或者农副产品加工企业提供免三年企业所得税、免机器、原材料进口税及其他非税收优惠权益。

但是泰国农业外资政策还是有所限制，并在特殊领域设置了外资准入门槛：泰国《外籍人经商法》规定，农业、畜牧业、渔业等行业的泰国籍投资者持股比例不得低于 51%；水稻种植、旱地种植、果园种植、牧业、林业等领域禁止外国人投资。

除泰国外，缅甸也提出要积极寻求本地及外来资金对农业部门的资助，吸引外商直接投资，借此获得国外的技术援助，加快进入国际市场。老挝严格执行政府积极完善投资法案和有关法律法规，为投资者提供完善的基础设施，营造良好的投资环境，吸引国内外投资者增加对农林业部门，特别是农产品商业化生产、农业灌溉系统和水稻和经济作物种植领域的投资，为老挝农林业创造更多的就业机会；越南政府鼓励利用外资和技术改造本国传统农业，吸引外国企业在越南办企业，对从国外引进的农业机械以及零部件实行进口关税的优惠政策；文莱为外国直接投资者提供培训，促进与当地生产者和投资者的业务匹配；印度尼西亚则是通过提高政府办事效率，简化商业审批流程，优化营商环境，促进农业外资增长。

参 考 文 献

郭铁志. 2005. 中国对泰国投资行业分析[J]. 国际经济合作，（7）：44-48.
黄肇先. 1984. 菲律宾和泰国农业利用外资取得成效[J]. 世界农业，（4）：48-50.
金志新. 2015. 泰国投资促进 7 年战略（2015—2021）促进投资的政策以及准则[J]. 现代经济信息，（20）：8，9，13.
李喜梅，彭建刚. 2005. 二元经济结构改变中农业资金投入问题研究[J]. 求索，（8）：8-11.
刘镜菲. 1985. 谈农业资金在农业再生产中的地位与作用[J]. 农业经济，（3）：40，46，47.
唐满云，李雪莲. 2004. 农业资金问题研究[J]. 农村经济，（3）：63-65.
吴崇伯. 1986. 东盟国家二元经济结构探讨[D]. 厦门大学硕士学位论文.
吴文科. 1993. 泰国外资引进研究[J]. 上海金融，（3）：32-34.
吴中焕. 2014. 农业资金投入促进广西农业经济增长的实证分析[D]. 广西师范大学硕士学位论文.
熊启泉，邓家琼. 2000. 中国农业利用外资的前景及农业开放的战略转变[J]. 中国农村经济，（12）：49-55.
郑洪涛，李建民，张蕙杰. 2001. 农业利用外资的国际经验[J]. 农业经济问题，（7）：60-63.

第三篇

农业政策与规划比较分析——从农业可持续发展热点问题角度

在这个篇章，我们将就东南亚各国和粮农组织共同关注的四个农业发展热点问题进行分析讨论，分别是农业生产力提高与粮食安全、延长农业产业链与商业化发展、全球气候变化与自然灾害防控以及农业可持续发展。

通过深入分析这些问题产生的原因及其对东南亚农业发展的重要性，厘清政策规划后的原理和意义，更好地理解政策与规划的出发点，把握东南亚农业发展的趋势和动向。

第十五章　保障粮食安全

第一节　粮食安全现状

作为一个全球性议题，粮食安全受到国际社会的广泛关注应当说由来已久。早在 1976 年粮农组织在第一次世界粮食首脑会议上向全球敲响警钟，首次提出"食物安全"问题；1983 年 4 月联合国粮农组织粮食安全委员会通过了"粮食安全"概念，并得到其他国际组织和国际社会的广泛赞同和支持。如今，粮食安全成为联合国可持续发展目标，各国和相关国际组织也在积极努力，确保实现联合国《2030 年可持续发展议程》中的"零饥饿"目标。

一、全球粮食安全现状

目前世界人口稳步增长，人们生活水平不断提高，科技的发展日新月异，各国间的经济联系日益紧密。然而，各国间发展不平衡、贫富差距扩大的问题越来越显著；世界上局部地区的冲突仍然存在，大量人口流离失所；自然资源减少和生态环境污染影响了农业生产和农村生计；日益加剧的气候变化和极端天气情况正在影响全球的农业生产力；工业化和城市化进程加快，导致农民数量下降。以上这些问题导致了世界范围内的食物生产、分配和消费正在发生重大转变，对于粮食安全、营养和健康是一个重大的挑战。

（一）饥饿问题

根据粮农组织、国际农业开发基金会、联合国儿童基金会、世界粮食计划署和世界卫生组织共同发布的《2019 年世界食品安全和营养状况》报告（FAO et al., 2019），直至 2018 年，全球共有超过 8.2 亿人仍处于饥饿状态，这对于

2030年实现"零饥饿"的目标①来说，是一个巨大的挑战。饥饿是由于摄入不足引起的不舒服或痛苦的身体反应，在这份报告中，饥饿以是否存在营养不良情况衡量。营养不良指一个人的习惯性食物摄入不足以维持其正常、活跃、健康的生活。营养不良涉及食物摄入数量和质量两方面，包括食物摄入不足，吸收不良，体重过轻，发育不良，微量营养素缺乏。

这份报告中指出，世界的饥饿率（以营养不良率②衡量）在过去几十年稳步下降，但从2015年开始的三年中饥饿率缓慢升高，维持在低于11%的水平，同时受到饥饿问题影响的人口也持续增加（图15-1）。

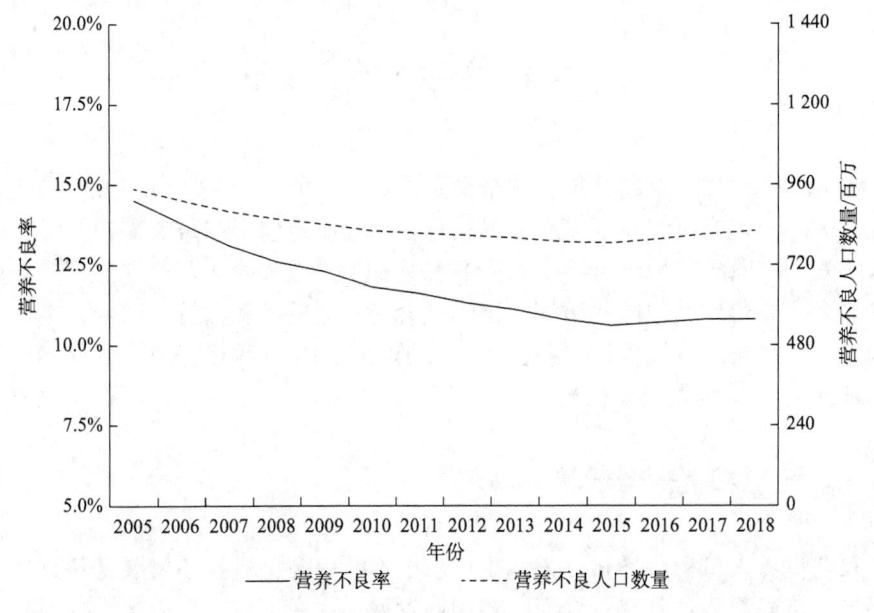

图15-1　2005~2018年全球营养不良人口数量和营养不良率

资料来源：FAO. Available：http://www.fao.org/sustainable-development-goals/indicators/211/en/

如表15-1所示，非洲是饥饿问题最严重的地区，该地区的营养不良率最高，接近20%；拉丁美洲和加勒比海地区为7%左右；在亚洲，营养不良的人口占总人口的11%左右。除了北美洲和欧洲及亚洲，其余地区的营养不良率都有上升趋势。在亚洲，虽然南亚在过去的5年里取得了巨大的进步，但营养不良率仍然达到15%；西亚营养不良率为12%，而且情况正在不断恶化。

---

① 联合国193个会员国在2015年9月举行的历史性首脑会议上一致通过了可持续发展目标，并制定了《2030年可持续发展议程》（Transforming our World：The 2030 Agenda for Sustainable Development），该议程在2016年1月1日启动，其中一个目标是消除饥饿，实现粮食安全，改善营养状况和促进可持续农业，即文中提到的"零饥饿"目标。

② 营养不良率（The prevalence of undernourishment）。

表 15-1　2015~2018 年全球营养不良率

地区名称	2015 年	2016 年	2017 年	2018 年
世界	10.6%	10.7%	10.8%	10.8%
非洲	18.3%	19.2%	19.8%	19.9%
亚洲	11.7%	11.5%	11.4%	11.3%
拉丁美洲和加勒比海地区	6.2%	6.3%	6.5%	6.5%
大洋洲	5.9%	6.0%	6.1%	6.2%
北美洲和欧洲	<2.5%	<2.5%	<2.5%	<2.5%

资料来源：FAO 等（2019）

尽管非洲的营养不良率最高，但是亚洲却是全球营养不良人数最多的大洲，在 821.6 亿全球营养不良人口中占 62.55%（图 15-2）。非洲共有 2.56 亿饥饿人口，占 31.17%（表 15-2）。

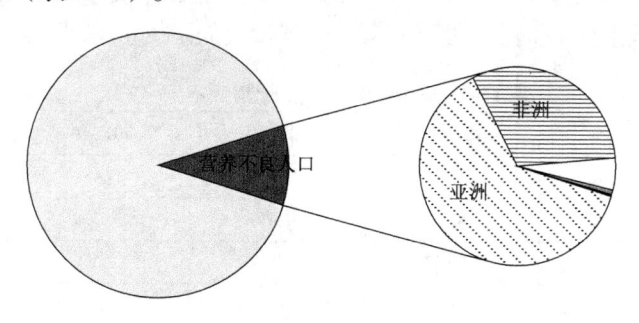

图 15-2　2015~2018 年全球营养不良人口总数
资料来源：FAO 等（2019）

表 15-2　2015~2018 年全球营养不良人口总数（单位：百万人）

地区名称	2015 年	2016 年	2017 年	2018 年
世界	785.4	796.5	811.7	821.6
非洲	217.9	234.6	248.6	256.1
亚洲	518.7	512.3	512.4	513.9
拉丁美洲和加勒比海地区	39.1	40.4	41.7	42.5
大洋洲	2.3	2.4	2.5	2.6
北美洲和欧洲	—	—	—	—

资料来源：FAO 等（2019）

（二）粮食安全问题

粮食安全指所有人在任何时候，都可通过物质、社会、经济的途径，获得充足、安全和有营养的食物，满足健康生活的饮食需求和食物偏好。因此，粮食安全不仅只是解决饥饿问题，它还包括四个方面的内容：充足的粮食供应、通过物质和经济的途径获取、高效的食物的利用、长期稳定的状态。

根据《全球食品安全和营养状况》统计的粮食不安全率[①]，全球共有大约20亿人正在经历某种程度的粮食不安全。其中，存在中度粮食不安全的人可能没有遭受饥饿的困扰，但他们缺乏稳定的粮食和营养供给，正常的饮食习惯易被打乱，使他们在营养不良方面面临很大的风险。

这一指标显示，全世界约有26.4%的人口存在粮食不安全问题，其中非洲占比最大，达到52.5%，亚洲为22.8%；即使在高收入国家，也有部分人口不能定期获得营养和食物，北美洲和欧洲约有8.0%的人口面临粮食不安全（表15-3）。女性的粮食不安全情况较男性而言要更为严重，差异最大的是拉丁美洲。

表15-3 2015~2018年全球粮食不安全率

地区名称	2015年	2016年	2017年	2018年
世界	23.2%	24.1%	25.6%	26.4%
非洲	48.3%	52.6%	54.3%	52.5%
亚洲	19.4%	19.5%	20.6%	22.8%
拉丁美洲和加勒比海地区	—	—	—	—
大洋洲	—	—	—	—
北美洲和欧洲	9.6%	8.7%	8.5%	8.0%

资料来源：FAO等（2019）

表15-4显示，全世界共有约20亿人饱受粮食短缺之苦，亚洲粮食不安全的人口占比超过一半，达到约10.4亿人（52%），6.76亿人（34%）在非洲，在经济较为发达的北美洲和欧洲，也有超过8 000万人受粮食不安全的困扰。

表15-4 2015~2018年全球粮食不安全人口数（单位：百万人）

地区名称	2015年	2016年	2017年	2018年
世界	1 712.3	1 801.9	1 929.6	2 013.8
非洲	577.1	644.1	628.0	676.1
亚洲	858.2	871.1	928.0	1 038.5

[①] 该报告中基于食物不安全经验量表（food insecurity experience scale, FIES）衡量粮食不安全的指标，包含中度和重度的粮食不安全率，全称为 prevalence of moderate or severe food insecurity in the population。

续表

地区名称	2015年	2016年	2017年	2018年
拉丁美洲和加勒比海地区	—	—	—	—
大洋洲	—	—	—	—
北美洲和欧洲	104.7	95.8	93.7	88.7

资料来源：FAO等（2019）

二、东南亚地区粮食安全现状

东南亚十国的营养不良率在2006年达到了16.87%，虽然2018年有所下降，但仍接近10%，2006年粮食不安全的人口占到了总人口的近1/4，达到24.44%，2018年这个数值基本维持不变，为24.82%。儿童发育不良和儿童超重问题并存，其中儿童发育不良更为突出，2006年发育不良率高达31.34%，在2018年下降至26.77%，仍然高居不下；儿童超重率分别为2006年的5.84%，2018年的5.51%。

如表15-5所示，2006年营养不良率较高的国家——缅甸，现今情况已得到明显改善，目前情况较为严重的是柬埔寨，其营养不良率和粮食不安全率分别达到了16.4%和44.9%，儿童发育不良率也较高；菲律宾和越南的粮食安全情况也不太乐观，营养不良率也相对较高；印度尼西亚虽然粮食安全问题不太突出，但是儿童的营养问题却很严重，在所有东南亚国家中儿童发育不良率和超重率都最高；泰国和马来西亚在儿童营养方面也有改善的空间；新加坡情况较好，粮食不安全问题不突出，但儿童的营养情况因数据缺失无从查证。

表15-5 东南亚十国2006年与2018年粮食和营养情况

国家	营养不良率 2006年	营养不良率 2018年	粮食不安全率 2006年	粮食不安全率 2018年	儿童发育不良 2006年	儿童发育不良 2018年	儿童超重率 2006年	儿童超重率 2018年
柬埔寨	20.0%	16.4%	48.9%	44.9%	39.8%	32.4%	1.9%	2.2%
泰国	12.5%	7.8%	—	—	16.4%	10.5%	10.9%	8.2%
缅甸	32.0%	10.6%	—	—	35.1%	29.4%	2.6%	1.5%
老挝	27.0%	16.5%	—	—	44.2%	—	2.0%	—
越南	18.2%	9.3%	16.4%	14.5%	22.7%	24.6%	4.4%	5.3%
菲律宾	16.3%	13.3%	45.4%	52.5%	33.6%	33.4%	4.3%	3.9%
马来西亚	3.9%	2.5%	—	—	—	20.7%	—	6.0%
印度尼西亚	19.4%	8.3%	8.7%	8.1%	39.2%	36.4%	12.3%	11.5%
文莱	<2.5%	3.2%	—	—	19.7%	—	8.3%	—
新加坡	—	—	2.8%	4.1%	—	—	—	—

资料来源：FAO等（2019）

图15-3反映了2006年和2018年东南亚国家的成人肥胖率，马来西亚和文莱

的成人肥胖率最高，超过了 14%；对比两年的数据可以明显看出，所有国家的肥胖率都有不同程度的上升，其中上升较为明显的国家是马来西亚、文莱、泰国和印度尼西亚。

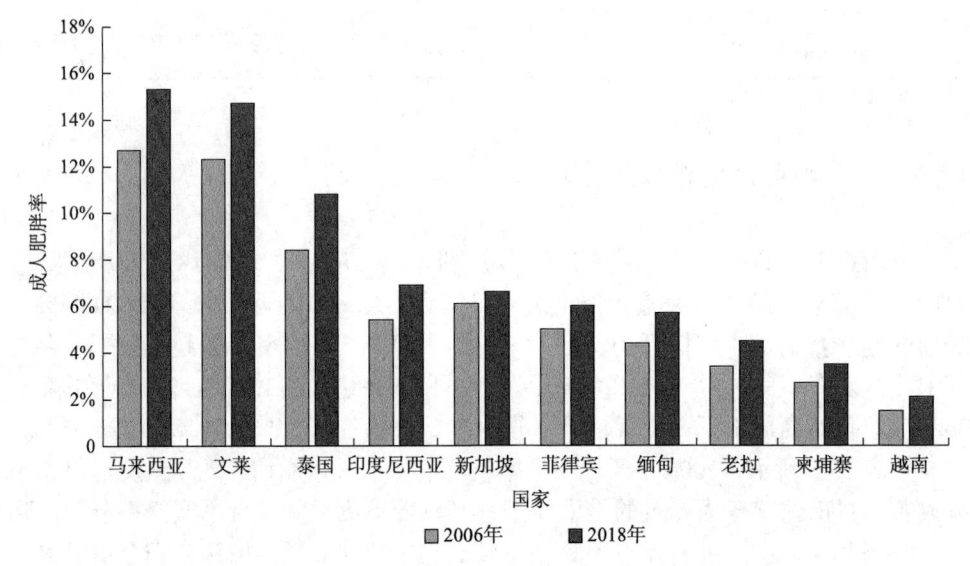

图 15-3 2006 年和 2018 年东南亚国家成人肥胖率比较

资料来源：FAO 等（2019）

美国农业部于 2019 年发布的《全球粮食安全评估报告》中，对 76 个国家的粮食安全情况做了调查。报告中涵盖的 76 个国家中，有 19.3%的人口有粮食不安全[①]的问题，其中五个东南亚国家粮食不安全问题较为突出，分别是柬埔寨、印度尼西亚、老挝、菲律宾、越南。数据显示，粮食不安全率较高的两个国家是柬埔寨和菲律宾，粮食不安全人口分别占总人口的 19.2%和 17.2%，两国按人均卡路里计算的粮食缺口也最大，分别是 295 大卡和 297 大卡；印度尼西亚拥有最多的粮食不安全人口，占总人口的 8.0%，需要大约 580 万吨谷物来填补粮食缺口（表 15-6）。

表 15-6 2019 年东南亚五国粮食不安全情况

国家	粮食不安全人口/百万		粮食不安全人口比例		粮食缺口（人均卡路里）[*]/大卡		粮食缺口[**]/万吨	
	2019 年	2029 年	2019 年	2029 年	2019 年	2029 年	2019 年	2029 年
柬埔寨	3.2	0.6	19.2%	3.3%	295	215	100	14
印度尼西亚	21.1	4.3	8.0%	1.5%	246	195	580	93
老挝	0.9	0.1	12.7%	0.9%	234	159	25	1

---

① 此报告中的对粮食不安全的衡量是每天摄入的热量低于 2 100 卡路里。

续表

国家	粮食不安全人口/百万人		粮食不安全人口比例		粮食缺口(人均卡路里)*/大卡		粮食缺口**/万吨	
	2019年	2029年	2019年	2029年	2019年	2029年	2019年	2029年
菲律宾	18.5	6.0	17.2%	4.8%	297	234	609	156
越南	10.6	1.2	10.9%	1.1%	269	195	303	25

*指当前各国的人均卡路里摄入和2 100卡路里的差距；**以谷物来衡量

资料来源：Karen等（2019）

三、粮食安全问题的重要性

粮食不安全问题所产生的生理和心理影响会增加社会和人类发展的风险，生物影响包括粮食摄入不足、饮食营养不均衡所带来的儿童发育不良、肥胖、代谢综合征、慢性疾病（如糖尿病）、过早死亡等；心理影响包括忧虑焦虑、排斥感、被剥夺感、痛苦，严重影响个体和社会之间的互动。有研究表明，粮食不安全是影响社会动荡的一个主要原因。D'Souza和Jolliffe（2012）对阿富汗共34个省的情况做了调查，发现社会冲突更多的省份往往粮食安全的情况恶化较为明显；2007~2008年全球粮价上涨明显，非洲包括几内亚、毛里塔尼亚、莫桑比克在内的13个国家在2007~2008年都发生了粮食动乱[1]，Berazneva和Lee（2013）研究发现，保证粮食的可获得性对社会和谐稳定有着重要的作用。

第二节 影响粮食安全的原因分析

一、全球粮价上涨

根据粮农组织公布的数据，粮食价格指数[2]从2000年开始持续上升，2015年开始出现波动，但上涨趋势不变，2018年2月份该指数达到最高；2018年由于糖和植物油的供需情况出现变动[3]，二者的价格走低，其他粮食（如谷物、肉、奶蛋等）价格不变，2018年该指数较2017年下跌明显，近几个月该指数也有下降趋

---

[1] 两位学者将此定义如下：被国际媒体报道的由于粮价上涨，主粮的可获得性降低，导致的暴力和人员伤亡事件。

[2] 粮农组织粮食价格指数（consumer prices，food indices）以2010年为基期，是衡量国际谷物、食油与油脂、牛肉、家禽和猪肉、奶制品及糖等食物价格的月度变化的一个尺度。

[3] 在糖价方面，印度产糖量快速增长，部分国际原油价格下降，降低了对甘蔗生产乙醇的需求；在植物油方面，受美国供应充足和欧盟需求疲软的影响，国际豆油价格继续下滑，棕榈油价格跌幅也非常大。

势。尽管如此，相较于 2000 年，2019 年全球粮食价格已上涨了近 125.56%（图 15-4）。

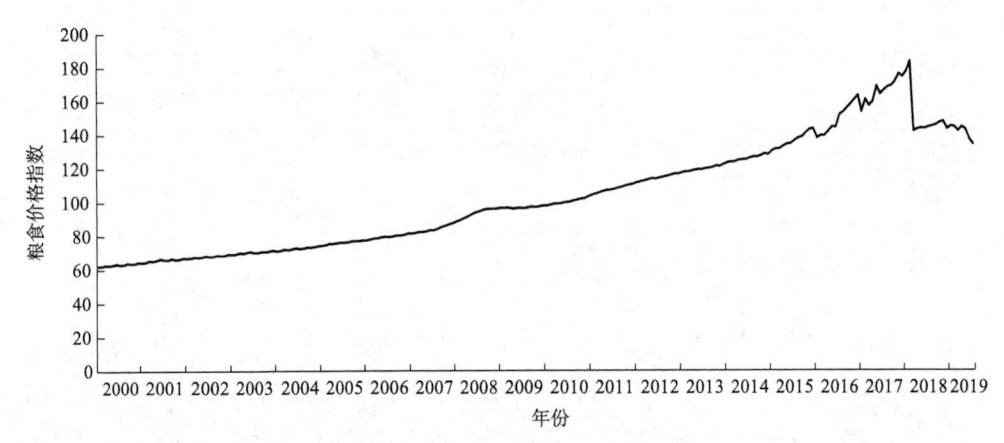

图 15-4　2000~2019 年粮食价格指数变动情况
资料来源：根据 FAOSTAT 数据编制

2007~2008 年粮食价格上涨速度最为明显。数据显示，2004~2008 年世界小麦和玉米价格上涨 80%~90%，大米价格上涨达 255%。主要原因包括：持续高涨的原油价格，导致交通成本增加；2005~2006 年小麦生产国发生大面积洪涝灾害致使粮食供给减少；劳动力成本增加；气候变暖、自然灾害和病虫灾害频发导致粮食减产。在需求方面，需求锐减的冲击对消费和投资产生多重影响，全球金融危机导致银行贷款或信贷减少，公司的借贷成本增加，投资减少，各国的主要贸易伙伴经济衰退；在供给方面，石油和天然气价格的急剧上涨，自然灾害导致产量急剧下降，某些地区冲突会破坏粮食生产和贸易市场。

如图 15-5 所示，虽然 2000~2018 年低收入国家[①]的人均国民总收入[②]持续增长，年均增长 4.58%，不及粮食价格指数年均 5.02%的增长速度。也就是说，虽然名义上国民的收入增加了，但是实际能够购买的粮食却变少了，名义收入的购买力降低，这些低收入国家的粮食安全情况有所恶化。

---

① 世界银行对低收入国家的定义是 2018 年人均国民总收入低于 1 025 美元的国家，包括阿富汗、贝宁、布基纳法索、布隆迪、中非共和国、乍得、刚果（金）、厄立特里亚、埃塞俄比亚、冈比亚、几内亚、几内亚比绍、海地、朝鲜、利比里亚、马达加斯加、马拉维、马里、莫桑比克、尼泊尔、尼日尔、卢旺达、塞拉利昂、索马里、南苏丹、叙利亚、塔吉克斯坦、坦桑尼亚、多哥、乌干达、也门。
② 人均国民总收入指国民总收入除以年均人口，与人均国民生产总值相等。国民总收入是一个国家或地区所有常住单位在一定时期内所获得的初次分配收入总额，等于 GDP 加上来自国外的净要素收入。

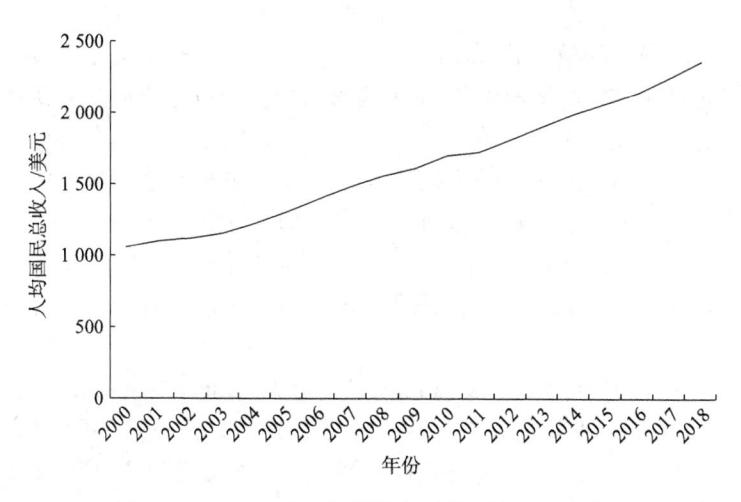

图 15-5 2000~2018 年低收入国家人均国民总收入
资料来源：根据 World Bank. World Development Indicators 数据编制

二、经济增长放缓和衰退

图 15-6 展示了 2000~2018 年各地区人均 GDP 增长率的变化情况，亚洲地区人均 GDP 增长率普遍较高，但近年出现了增长放缓的现象；欧洲和北美人均 GDP 较为稳定；而拉丁美洲和加勒比海地区、非洲都出现了非常明显的经济下滑，甚至是人均 GDP 负增长的情况。

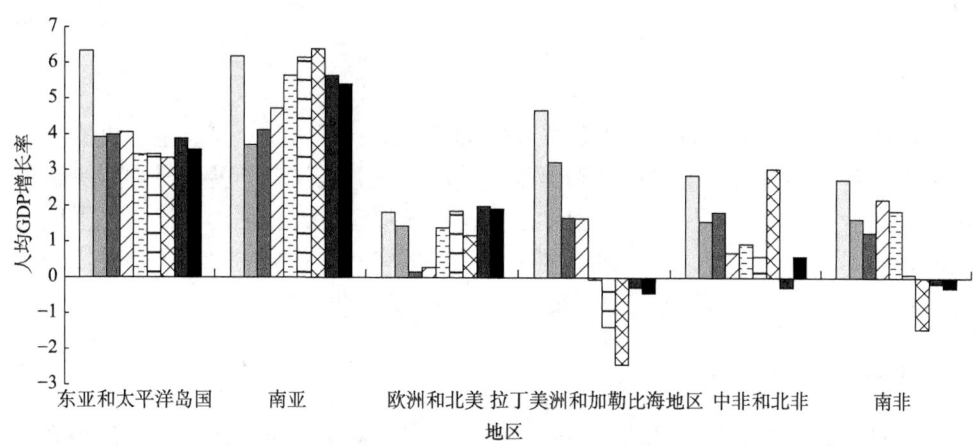

图 15-6 2000~2018 年各地区人均 GDP 增长率的变化情况
资料来源：根据 World Bank. World Development Indicators 数据编制

《全球食品安全和营养状况》统计得出，2011~2017 年全球饥饿情况的恶化与经济放缓同时在 77 个国家中的 65 个国家出现。经济增长放缓或经济下行现象常常导致失业率增加，工资和收入下降，国民对高质量、营养丰富食物的获取面临挑战，特别是对穷人来说，他们的基本生活和健康都面临威胁。在《全球食品安全和营养状况》中，学者对 130 个国家的饥饿（用营养不良率这一指标衡量）和各国经济发展（用人均 GDP 增长率衡量）间的关系做了研究，发现饥饿和经济衰退之间有着显著的正相关关系，并且发现这样的关系在非洲国家集中的低收入国家尤为显著。

经济放缓和衰退可能被很多因素触发。例如，通过贸易流动，全球平均价格、外商直接投资、外汇流量（汇款、外汇、借款、援助）等对经济增长产生负面影响；各国家的货币、财政和贸易政策，以及投资和产业政策也会导致经济减速和衰退。

据世界银行称，国际贸易的紧张局势和相关的不确定性可能会加大国际价格波动，进一步削弱经济增长。近年来中美贸易局势紧张，更高的关税将增加进口商品的价格，扰乱全球价值链，导致全球贸易进一步放缓。全球对大宗商品的需求可能在未来十年减少三分之一，特别是农业将受到很大影响。许多国家依赖商品出口的经济增长方式难以调整，这对新兴经济体的发展增加了风险，对其应对经济冲击的能力提出了挑战。

三、急性社会危机

（一）地区冲突

地区冲突会引发战争，爆炸装置经常摧毁农田、磨坊、仓储设施、机械等农业生产设备，导致粮食的供应受到严重影响；企业无法经营，就业机会减少，削弱国家竞争力，增加贫困水平；粮食系统及市场被打乱，粮食价格推高，平民被逼入粮食不安全的绝境，甚至没有食用水，流离失所；社会的混乱还会破坏公共卫生和社会服务系统，当地平民只能依赖人道主义援助。

（二）经济冲击

这里的经济冲击与经济增长不同，经济冲击是某个国家或地区因为某些突发事件造成的经济增长或衰退，而后者是受全球经济危机或经济周期影响，所涉及的范围更广，持续的时间也较长。

政治动荡、货币政策不可预期变化、国际油价突然变化等，都会导致经济不稳定或逆向经济冲击。经济环境的不稳定会使国家进口能力降低，本国货币急剧贬值，购买力下降；而由货币贬值引起的更高的燃料成本，进一步推高食品价格，限制了人们对食品的获取。抵御危机能力最弱的地区往往是经济发展落后、人民生活水平较低的地区，由于当地家庭在食物方面的开支比例相对较高，其受粮食价格上涨影响往往最大，加之在疲软的经济环境中缺乏就业机会，使食品不安全的情况进一步恶化。

（三）突发自然灾害

与气候有关的自然灾害无论是在灾后还是受灾后造成的更长远的时间，都会严重影响粮食安全。例如，干旱和洪水这样的极端天气的发生次数自1990年以来已经翻了一倍多，许多研究和观测数据也表明，气候变暖对许多地区的小麦、大米和玉米等谷物的产量有显著的负面影响。

非洲、拉丁美洲和某些南亚、东南亚国家，农业生产技术落后、基础设施薄弱，抵御自然灾害的能力较差，让它们成为受极端天气影响最大的国家。2018年阿富汗遭受了严重的干旱，加剧了该国的粮食危机；叙利亚在经历了30年来最严重的干旱后又迎来不合季节的暴雨，加之发生的地区冲突，使得小麦产量下降暴跌至1989年以来的最低水平。2019年南非地区和拉丁美洲都发生了干旱，严重影响了安哥拉、莫桑比克、赞比亚、津巴布韦、哥伦比亚、危地马拉、洪都拉斯、委内瑞拉等国的粮食产量和价格；而在东南亚，菲律宾和缅甸分别有遭受干旱和洪涝的风险。

四、气候与生态环境变化

各国和国际组织普遍认识到，全球变暖超过1.5℃（现全球已经比工业化前高了1℃）[①]会导致许多国家面临更高的粮食短缺风险。在气候变暖和大气二氧化碳浓度增加的背景下，光温水热等气候资源条件会发生明显变化，使农田土壤有机质、土壤微生物分解速度加快，导致土壤肥力下降；加之各国城市化的推进，导致耕地减少，不合理的种植方式也对生态环境造成不同程度的破坏；气候变化带来的极端天气事件和病虫害发生的增加，都会极大程度的影响全球粮食产量。

有报告指出，如果全球平均气温按照现有速度继续上升，升幅可能在2030~2052年就达到1.5℃。据估计，当全球变暖到达2℃时，将在目前8.21亿遭受了长期食物短缺的人口基础上增加1.89亿人。

---

① 《巴黎协定》设定双重目标，即21世纪全球平均气温升幅与工业革命前水平相比不超过2℃，同时"尽力"不超过1.5℃。

五、人口增长和饮食结构变动

大多数生育率高的国家往往是粮食不安全问题最为严重的国家。例如，撒哈拉沙漠以南的非洲地区，预计到 2050 年该地区的人口将翻一倍，而这个地区也是饥饿人口占比最大的地区，约有四分之一的饥饿人口生活在世界农业生产力低下的地区。

粮农组织预测，到 2050 年人口增长将导致全球粮食需求翻倍。粮食生产主要取决于土地和水资源供给，而人口膨胀无疑会大大增加生态环境的压力，人口增长驱动许多森林和耕地资源的过度开发，破坏了生态平衡；渔业方面，沿海地区的人口压力也严重影响了依赖渔业获取蛋白质的国家的粮食安全，如菲律宾，人口压力已对其渔业生产力产生了负面影响，各大渔场的捕捞数量不断下降。

随着全球工业化和城市化快速发展，人们的生活方式有了极大的改变，更高的收入和生活质量，不断提升消费者对食品质量和安全的认知，膳食结构升级推动人均粮食消费快速增长，也逐渐改变全球食品的消费模式。在发展中国家，收入增加和生活水平提高，对肉制品的需求不断增加；发达国家则更多关注饮食多样化，对高价值加工食品的进口增加，也更关注有机食品的生产。因此，面对发展中国家直接口粮需求减少，肉类需求攀升引起饲料粮需求增加，以及发达国家对高质量农产品需求攀升。这样的饮食结构变化，粮食自给率会受到影响，为保障粮食安全，全球粮食生产结构也需要做出改变。

六、商品对外依存度

一个商品对外依存度高的国家对初级商品进出口的依赖较高。粮食出口依存度（commodity dependence）以初级产品[①]出口占商品出口总额的比率衡量，当一个国家的出口依赖度高于低收入和中等收入国家 1995~2017 年平均出口依存度 0.6 时，这个国家就被认为商品出口依赖度高；当一个国家的进口依赖度高于低收入和中等收入国家平均进口依存度 0.3 时，这个国家就被认为商品进口依存度高。商品进口依存增加了一国对全球价格波动的脆弱性。全球价格的波动会大大影响一国的商品生产和贸易，而多数情况下，低收入和中等收入国家是全球价格的接受者，无法影响价格，也很难做出摆脱进出口依赖的经济结构转变。

我们在之前部分提到，持续、大幅度的粮食价格上涨对粮食安全的负面影响。但近年来全球大宗商品价格持续走低，这对对外依存度高的低收入国家影响尤为明显，全球价格的下降通过改变贸易条件[②]和汇率，影响本国国内经济发

---

① 初级产品指未经加工或因销售习惯而略作加工的产品，主要包括农、林、牧、渔、矿业产品等。
② 贸易条件（terms of trade, ToT）是指一定时期内一国每出口一单位商品可以交换多少单位外国进口商品的比例，这个指标可反映一国宏观上对外贸易的经济效益。

展,从而危及粮食和营养安全,具体的传导和影响机制见图15-7。

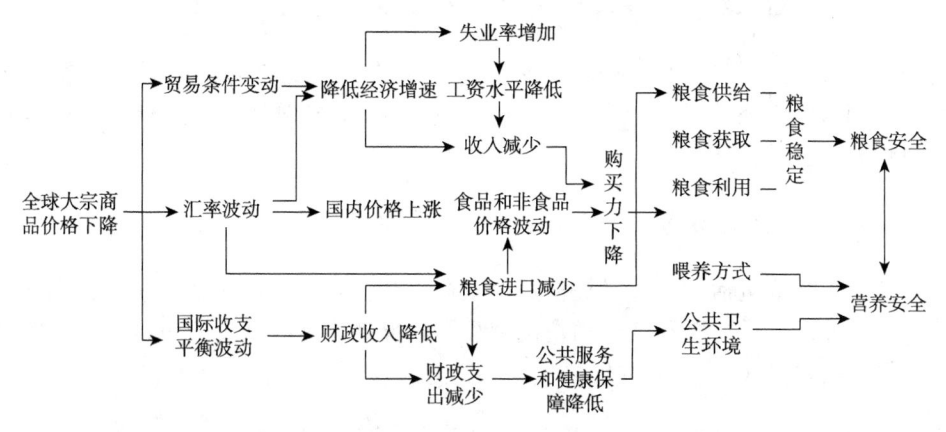

图 15-7 全球粮食价格对粮食安全的影响机制图
资料来源:FAO 等(2019)

全球大宗商品价格急剧下降或上升会导致对外依存度高的国家贸易条件的变动,贸易条件的恶化会对整个国家经济增长产生严重影响。贸易条件变动是很多发展中国家所受外部影响中成本最高的,低收入国家尤为脆弱。国际货币基金组织研究发现,低收入国家受贸易条件变动的影响是发达国家的 6 倍左右。

除贸易条件以外,全球大宗商品价格的变动还会引起汇率和国际收支的波动,导致国内商品价格波动,政府的财政收入降低;国内经济发展速度放缓和商品价格的波动,会降低国民的购买力,而财政支出不足导致政府对社会资源配置的调节作用降低,对于科教、卫生等社会服务的保障不足,不利于社会经济的稳定发展和人民生活水平的提高。

第三节 保障粮食安全的经济政策

一、控制粮食价格,减少粮食波动

正如之前提到的,国际大宗商品价格震荡会对各国经济产生影响。面对这一问题,我们需要采取相应的政策措施。从短期来看,需要抵消国内物价上涨的影响;从长远来看,政策应从供给方面(促进经济增长和粮食多样化供给)入手,减少脆弱性。为减轻价格上涨对食品安全的负面影响,政策制定者应该考虑以下三个方面,受价格上升影响的具体食品供给问题,粮食生产力和社会分配。

（一）短期政策——减少粮食价格波动的影响

第一类政策包括旨在降低短期内食品价格的过度波动，如限制主粮的出口，利用粮食储备提高粮食供应，对特定食品提供消费补贴、进口关税或消费税削减等。

（二）中长期政策——提高国内粮食生产力

第二类政策包括旨在通过提供免费农业生产投入品、给予新型灌溉技术和投入品一定补贴、进口关税或增值税削减、财政支持农业技术研究及推广活动等措施，促进国内粮食生产力提高。

（三）长期政策——完善社会保障机制，保障国民购买力

第三类政策包括完善社会保障机制和其他旨在保护购买力和粮食获得的长期政策。社会保障计划通过创造新的经济增长机会和促进人力资源的有效利用，帮助贫困群体应对经济放缓或衰退时期的粮食和营养不安全问题，减轻负面影响。例如，为在校学生供应校餐能够为社会培养人力资本，从长期来看有利于社会生产力的提高；通过社会救助政策也能更好地解决阻碍低收入和中等收入水平国家社会经济发展的不平等问题。因此，社会保障措施具有提高粮食营养安全水平和促进当地经济发展的双重功能。

二、创造社会就业，提高收入水平

粮食价格波动会影响贸易条件和国内经济发展，当经济疲软时，导致失业增加和收入减少。政策制定者需要采取相应的措施抵御这些外部冲击，尽可能减少其对粮食和营养安全的影响。除了现金转移，另一项重要的社会援助计划是公共就业计划[①]，可以在短期内保护贫困人口和家庭的购买力。例如，提供低技能、低工资的临时工作，一方面建设和修复了当地基础设施，另一方面也创造了公共就业机会，为贫困人群提供稳定收入。

三、促进国际贸易，多元化食物来源

贸易可以确保粮食的可获得性和多样性，促进饮食、营养的多样性。进出口

---

① 原文为 public works programmes。

多样化对于减少国内市场应对外部风险的脆弱性、保障粮食和营养安全是非常必要的。全球、区域或是单边的贸易政策可以通过限制主要粮食的进出口或关税削减等措施调整国内供求，稳定食品价格。

四、着力解决贫困和社会不平等问题

经济放缓和粮食价格下跌对粮食与营养安全的负面影响离不开贫困和不平等问题。贫困、饥饿和营养不良间形成了一个恶性循环，贫困是导致饥饿的其中一个原因，而缺乏充足均衡的营养又是造成贫困的一个潜在的原因。收入不平等是由经济增长与要素市场（尤其是劳动力和资本）收益的分配造成的，而收入不平等也会影响经济的增长。当出现极度的收入不平等现象时，经济增长与社会平均收入增加之间的联系就会非常弱。如果处于库兹涅茨曲线[①]中经济发展与收入不平等正相关的阶段，最贫困的群体就不能从增加的国民收入中受益。因此，在这样的背景下，要改善饥饿和营养不良问题，保障粮食安全就要重视社会贫困和不平等问题。

第四节　东南亚国家的粮食安全政策

从东南亚各国近年的农业政策规划总结得出，老挝、越南、印度尼西亚和新加坡都非常重视粮食安全问题，政策主要包含提高粮食生产力、稳定国内粮食价格、多元化进口渠道和减少粮食浪费几个方面。

一、提高粮食生产力

（一）保护耕地，扩大种植面积

扩大种植面积，增加粮食产出这一政策被最多国家采用，老挝政府着力完善农村土地分配政策，充分调动农民生产的积极性，严格控制耕地流转；越南将维持水稻种植面积，增加大米产出作为重点工作，并取得了显著的成效；印度尼西

[①] 库兹涅茨曲线（Kuznets curve）是由美国经济学家西蒙·史密斯·库兹涅茨所提出的收入分配状况随经济发展过程而变化的曲线，X 轴表示人均收入状况，Y 轴表示分配状况。库兹涅茨曲线表明：在经济发展过程开始时，尤其是在国民人均收入从最低上升到中等水平时，收入分配状况先趋于恶化；随着经济发展逐步改善，最后达到比较公平的收入分配状况，呈倒 U 的形状。

亚也面临大量农耕土地转变为非农耕地的情况，存在粮食过度依赖进口的问题，提出保护耕地，扩大耕地面积，提高粮食自给率。新加坡耕地采用固定标价招标的方式，注重考查招标人的生产能力、经验和创新性，鼓励采用先进的农业生产技术和室内耕作，提高单位土地面积的生产效率和产量。

（二）加大生产技术和农业投入品的扶持

印度尼西亚政府向农户提供优质种子、肥料等农业生产投入品的补贴，给予科学农业生产技术的指导，促进国内粮食生产力提高。

二、稳定国内粮食价格

为稳定大米、食用油在内的主要农产品的市场价格，印度尼西亚政府建立了价格信息系统，对农产品进行价格监控管理，也通过税收政策来调控价格。

三、多元化进口渠道

新加坡国土面积狭小，耕地资源匮乏，其经济发展主要依靠服务业，农业人口占比是世界上最少的国家，所需食品的 90% 都依赖进口，进口依存度非常高。新加坡农粮局积极开拓进口渠道，与包括泰国、澳大利亚、马来西亚在内的共 180 个国家达成合作，得到稳定持续的粮食供应。

四、减少粮食浪费

在全球约有 8 亿人面临严重的饥饿和营养不良问题时，全球食品浪费率仍然居高不下，粮食浪费成为实现粮食安全目标的一大挑战。新加坡政府通过推广"食农教育"，强化民众对事物来源、营养、生产方式和粮食安全问题的认识；马来西亚也与粮农组织合作建立全国粮食救助网络，倡导节约和减少食物浪费。

第五节 案例分析——以新加坡都市农业为例

一、粮食安全情况

新加坡是世界上人口密度最高的国家，国土面积极为狭小，自然资源的高度匮乏，拥有可耕地面积不到六百公顷，农业就业人口仅占0.12%，粮食供应有90%依赖于进口。因此，作为一个粮食进口依赖程度如此高的国家，新加坡极易受到全球粮食供应和价格波动、结构性供求关系，以及海外食品安全事件的影响。

根据2018年数据，新加坡自身只能进行少量的水产品（小于10%）和水果蔬菜的生产，其余农产品全部依赖于进口，进口国家主要有澳大利亚、新西兰、美国、巴西等（表15-7）。

表15-7　2018年新加坡主要农产品进口情况

农产品种类	进口额/万美元	主要进口国及其占比
牛肉	25 300	澳大利亚（33%）巴西（30%）美国（12%）新西兰（8%）
猪肉	32 300	巴西（31%）澳大利亚（19%）荷兰（16%）中国（9%）西班牙（8%）美国（4%）
禽类产品	35 300	巴西（52%）泰国（23%）美国（8%）马来西亚（7%）
水产品	115 000	中国（13%）马来西亚（12%）越南（10%）印度尼西亚（10%）挪威（7%）美国（1.5%）
新鲜水果	52 800	马来西亚（14%）美国（13%）中国（12%）澳大利亚（11%）
加工水果	7 300	印度尼西亚（43%）泰国（12%）马来西亚（11%）美国（10%）
坚果	22 000	印度尼西亚（48%）马来西亚（15%）美国（10%）印度（8%）
酒类	81 200	法国（59%）澳大利亚（9%）意大利（3%）美国（3%）

资料来源：Export.gov. Singapore Agricultural Sectors 2019

为保障粮食安全，新加坡在拓宽粮食进口渠道，提高本国粮食产量，减少粮食浪费方面做了积极的努力。并取得了不错的成效：2019年新加坡的全球粮食安全指数[①]综合排名第一，得分87（100为满分），排在爱尔兰、美国、瑞士等国前，其中粮食的可负担性和可获得性两个指标排名较高，均位列第二；食品质量安全、自然资源及粮食安全弹性两个指标排名分别是25和109。其余各东南亚国家的粮食安全指数见图15-8，更详细的统计指标及各东南亚国家得分情况见本章附录。

[①] 该指数来源经济学人智库每年公布的《全球粮食安全指数报告》。该报告通过对全球113个国家粮食价格承受力、可获得性和质量等34个指标进行考量，为了解各国粮食安全情况和会对全球粮食安全构成威胁的因素提供了参考。

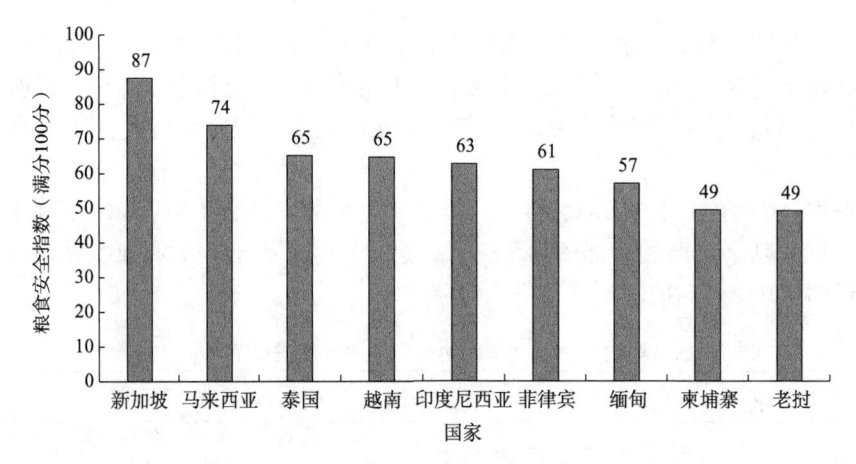

图 15-8　2019 年东南亚各国粮食安全指数
该指数由《全球粮食安全指数报告》发布，不包括文莱
资料来源：Meere（2019）

二、粮食安全政策

（一）粮食来源多元化，保障粮食供应

粮食来源多元化一直是保障新加坡粮食供应的核心战略，大大增加了新加坡粮食供应系统的灵活性和抵御外部风险的能力。截至2018年，新加坡已得到来自180多个国家稳定持续的食物供应。新加坡积极与进口商合作，探索新的粮食贸易渠道，还采用各种方式与业界紧密合作，通过会议和定期对话等平台促进业内成员的信息分享。

（二）发展都市农业，提高本国粮食产量

加强本地农业生产也是新加坡食品安全的另一个核心组成部分。但是由于土地和资源的限制，为加强对有限耕地的利用，新加坡致力于采用先进的农业生产技术和自动化技术提高农民的生产力。为了提高农业生产力，2014年新加坡政府启动农业生产率基金，并拨款4 500万美元，该基金将帮助农民提高生产能力，投资先进的农业设备和基础设施。农粮局还为农民提供技术援助和培训等服务，积极与研究机构进行研发合作[①]。

受自然资源稀缺的影响，新加坡专家以"充分使用现有资源"为原则，利用能在短时间内自然分解食物垃圾，且数量丰富、未被开发的昆虫资源，将垃圾分

---

① AVA. Singapore's Food Security.

解为作物的堆肥。

新加坡还发展了都市农业和垂直农场（图 15-9）。Sky Green 农场是一个低碳、液压驱动的热带蔬菜城市垂直农场，使用最少的土地、水和能源，实现蔬菜的绿色可持续生产。在一个高 9 米，共 3 层的垂直系统安置在受保护的室外温室中，一年四季都能种植热带叶菜，与传统种植方法相比产量得到显著提高，而且安全、优质。农场采用绿色城市技术（green urban technologies），操作、维护简单环保，农场内的土壤、肥料和水都能控制。

图 15-9　新加坡的垂直农场

资料来源：Doucleff（2012）

直至 2018 年，新加坡本地种植的蔬菜提供了当地消费的 7%，虽然这个数值还不大，但是新加坡积极探求有限资源条件下利用农业技术提高生产力的做法，探索出一条高科技的、创新的、高度集约化的、富有成效的城市农业道路，为世界各国应对气候变化和自然资源匮乏等问题下的农业生产提供了一个解决方案，为全球粮食安全做出了贡献。

（三）减少食物浪费

新加坡食物浪费现象非常严重，仅在2016年新加坡就有79.1万吨的食物被浪费。为确保食物的供应与安全，减少食品浪费，深化公众对粮食安全问题的认知，新加坡政府开始推广"食农教育"。

2014年新加坡国家环境局（National Environment Agency）和新加坡农业食品

和兽医局进行了一项调查,以了解消费者对食物浪费的行为。调查发现,食物过期是导致家庭食物浪费的首要原因,为了从源头上预防和减少食物浪费,新加坡国家环境局启动了一项推广计划,鼓励消费者养成良好的食品购买、储存习惯,减少食物浪费。此外,新加坡还非常注重垃圾的分类和再利用,在酒店、商场及学校进行食物垃圾分类,并利用处理系统,把食物垃圾转化为堆肥或非饮用水。

参 考 文 献

赵曼君. 2018. 联合国气候报告说全球控温"1.5 度"生死攸关[EB/OL]. https://baijiahao.baidu.com/s?id=1613761491091290027&wfr=spider&for=pc.

Berazneva J, Lee D R. 2013. Explaining the African food riots of 2007-2008: an empirical analysis[J]. Food Policy, 39: 28-39.

Doucleff M. 2012. Sky-high vegetables: vertical farming sprouts in Singapore[EB/OL]. https://www.npr.org/sections/thesalt/2012/11/06/164428031/sky-high-vegetables-vertical-farming-sprouts-in-singapore.

D'Souza A, Jolliffe D. 2012. Food security and wheat prices in Afghanistan: a distribution-sensitive analysis of household-level impacts[R]. Policy Research Working Paper.

D'Souza A, Jolliffe D. 2013. Conflict, food price shocks, and food insecurity: the experience of Afghan households[J]. Food Policy, 42: 32-47.

FAO, IFAD, UNICEF, et al. 2019. The State of Food Security and Nutrition in the World 2019[R].

Headey D, Fan S. 2008. Anatomy of a crisis: the causes and consequences of surging food prices[J]. Agricultural Economics, 39: 375-391.

IMF. 2019. World Economic Outlook, April 2019: Growth Slowdown, Precarious Recovery[R]. Washington, DC.

Karen T, Smith M D, Daugherty K, et al. 2019. International Food Security Assessment, 2019-2029[R]. U.S. Department of Agriculture, Economic Research Service.

Meere M. 2019. Global food security index 2019 highlights the growing threat of climate change[EB/OL]. https://www.corteva.com/resources/media-center/global-food-security-index-2019-highlights-the-growing-threat-of-climate-change.html.

Merco Press. 2019. FAO food price index fell almost 22% in 2018 compared to 2017[EB/OL]. https://en.mercopress.com/2019/01/14/fao-food-price-index-fell-almost-22-in-2018-compared-to-2017.

National Environment Agency. 2017. Food waste management strategies[EB/OL]. https://www.nea.

gov.sg/our-services/waste-management/3r-programmes-and-resources/food-waste-management/food-waste- management-strategies#strategy2.

Population Action International. 2011. Why Population Matters to Food Security[Z].

World Bank. 2018. Special Focus 1. The Role of Major Emerging Markets in the Global Commodity Demand[C]//World Bank. Global Economic Prospects. Washington：World Bank.

本章附件　东南亚各国粮食安全指数

指标		柬埔寨	泰国	缅甸	老挝	越南	菲律宾	马来西亚	印度尼西亚	新加坡
	综合得分	49	65	57	49	65	61	74	63	87
	1. 粮食可负担性	57	77	59	56	75	69	82	70	95
1.1	食品费用变化	98	100	97	98	98	98	99	97	99
1.2	全球贫困线以下人口比例	69	100	89	71	97	90	100	90	100
1.3	人均 GDP	3	15	5	5	5	7	25	10	80
1.4	农产品进口关税	76	62	85	82	74	85	88	86	100
1.5	食品安全计划	50	100	50	50	100	75	100	100	100
1.5.1	食品安全计划的设立	100	100	100	100	100	100	100	100	100
1.5.2	食品安全计划的资金	100	100	100	100	100	100	100	100	100
1.5.3	食品安全计划的覆盖范围	0	100	0	0	100	100	100	100	100
1.5.4	食品安全计划的运行	0	100	0	0	100	0	100	100	100
1.6	农民融资渠道	50	100	25	25	100	75	100	50	100
	2. 粮食可获得性	48	59	57	48	60	58	68	61	83
2.1	粮食供给	47	55	56	44	65	59	64	65	69
2.1.1	平均粮食供应量	28	38	41	24	52	44	51	52	58
2.1.2	对长期粮食援助的依赖	100	100	98	98	100	100	100	100	100
2.2	农业研发的公共支出	4	6	1	4	2	3	3	1	100
2.3	农业基础设施	31	49	33	11	44	32	65	46	77
2.3.1	作物储存设施	100	100	100	0	100	100	100	100	0
2.3.2	道路	25	50	25	0	25	25	50	25	100
2.3.3	港口	50	50	25	0	50	25	75	50	100
2.3.4	航空运输	25	50	50	50	50	50	100	50	100
2.3.5	铁路	0	25	0	0	25	0	50	50	100
2.3.6	灌溉	7	29	18	13	38	15	5	12	0
2.4	农业生产波动	89	90	96	86	93	96	89	95	76

续表

指标		柬埔寨	泰国	缅甸	老挝	越南	菲律宾	马来西亚	印度尼西亚	新加坡
2.5	政治环境风险	28	50	33	44	44	56	67	56	78
2.6	腐败	0	25	25	0	25	0	50	25	100
2.7	城市吸纳能力	92	84	99	90	93	94	89	88	85
2.8	粮食损失	70	90	89	86	80	93	95	84	100
	3. 食品质量安全	35	53	51	37	52	50	71	47	79
3.1	饮食多样性	16	53	48	19	38	36	62	19	63
3.2	营养标准	65	65	65	65	65	100	100	100	100
3.2.1	国家膳食指南	0	100	0	0	100	100	100	100	100
3.2.2	国家营养计划或战略	100	100	100	100	100	100	100	100	100
3.2.3	营养监测	100	0	100	100	0	100	100	100	100
3.3	微量元素可获得性	20	38	40	40	43	35	62	38	76
3.3.1	维生素 A	0	50	50	50	50	50	100	50	100
3.3.2	铁	15	19	18	16	19	15	33	20	53
3.3.3	锌	46	45	50	54	59	41	52	43	76
3.4	蛋白质质量	15	27	39	0	34	19	51	19	70
3.5	食品安全	82	100	79	86	96	94	98	92	100
3.5.1	食品安全卫生监督机构	100	100	100	100	100	100	100	100	100
3.5.2	可获得饮用水的人口比例	65	100	70	71	91	90	95	83	100
3.5.3	食品储存能力	88	100	67	93	100	92	100	98	100
	4. 自然资源及粮食安全弹性	53	59	69	62	48	43	53	41	42
4.1	风险	73	65	70	79	71	57	57	54	39
4.1.1	气温上升	75	66	72	93	78	49	19	21	8
4.1.2	干旱	99	87	91	92	99	99	93	88	66
4.1.3	洪水	46	37	23	42	43	43	40	37	51
4.1.4	风暴强度	100	99	94	98	97	7	99	66	0
4.1.5	海平面上升	96	96	95	88	72	95	98	96	73
4.1.6	风险管理	23	8	54	62	46	0	8	15	8
4.2	水	69	62	67	69	62	41	65	40	40
4.2.1	农业用水风险量	64	58	63	64	58	39	64	40	40
4.2.2	农业用水风险质量	88	78	80	86	76	49	70	38	40
4.3	土地	60	79	70	78	81	69	83	56	80
4.3.1	土地荒漠化	67	79	77	68	69	62	84	79	82
4.3.2	草原	83	99	91	87	100	85	90	0	100
4.3.3	森林	17	58	26	100	97	77	70	43	56

续表

指标		柬埔寨	泰国	缅甸	老挝	越南	菲律宾	马来西亚	印度尼西亚	新加坡
4.4	海洋	35	25	15	79	26	21	20	35	15
4.4.1	海洋富营养化	0	0	0	50	0	0	0	0	0
4.4.2	海洋生物多样性	82	57	34	100	59	49	46	80	34
4.4.3	海洋保护区	0	4	5	100	1	3	3	7	0
4.5	敏感性	29	49	76	23	27	27	72	30	20
4.5.1	食品进口依赖	32	40	31	31	27	24	10	28	0
4.5.2	自然资源依赖	95	98	85	68	97	97	94	96	100
4.5.3	灾害风险管理	0	35	100	0	0	0	100	5	0
4.6	适应能力	42	58	100	42	8	25	25	17	42
4.6.1	预警措施	50	50	100	50	0	0	0	0	0
4.6.2	国家农业风险管理体系	33	67	100	33	17	50	50	33	83
4.7	人口压力	49	72	67	48	57	55	56	58	65
4.7.1	人口增长	52	74	67	51	61	53	55	58	63
4.7.2	城市化	40	65	65	40	45	61	59	56	71

资料来源：（Meere）2019

第十六章　延长农业产业链

第一节　农业产业链及价值链分析

一、农业产业链

随着经济的发展，产品技术的复杂程度日益提高，单独的经济单元已不能完成所有的生产环节，必须通过协作才能创造最大价值。在经济活动的过程中，各产业之间存在着广泛、复杂的和密切的技术经济联系（即产业关联），产业链的实质就是各产业相互之间的供给与需求、投入与产出的关系。

农业产业链是产业链中的一类，它将农业或农产品作为其中的构成环节和要素，是与农业产品生产具有关联关系的产业群所组成的网络结构，这些产业群依其关联顺序包括：为农业生产做准备的科研、种子供应等前期产业部门（产前供应体系），农作物种植、畜禽饲养等中间产业部门（产中生产体系），以及农产品加工、储存、运输、销售等后期产业部门（产后加工销售体系）。

二、农业产业链上的价值链分析

（一）产前供应体系

农产品产前供应体系的价值来源主要有种子、肥料的研发与供应，以及种植技术的开发。这一阶段虽然不能直接产生价值，但农业科技能大大提高生产力，充分了解农产品需求和供给的市场信息，使生产者根据市场供求和信息快速反应，可以提高农产品在销售市场上讨价还价的能力[1]，提高农产品的价值和价格。

---

[1] 供应商具有较强的讨价还价能力可能有以下情况：市场上供小于求，即某种物质市场数量不足，卖家具有很大的优势；供应商的产品具有高技术含量，在市场处于领跑者的地位；供应商的品牌效应非常大，品牌含金量较高；供应商对采购商的内部信息了解得多。

（二）产中生产体系

产中生产体系是价值链上价值创造和价值集成的基础，产前供应体系服务于产中生产体系，产后加工销售体系又以此为基础。但是种植环节的附加值非常低，许多东南亚国家的土地承包制度制约了土地的集中，没有大规模实施机械化大生产；这种劳动密集型的种植和养殖方式无法充分利用现代生产要素，技术含量低，利润空间非常小，致使农民在农业生产的利润分配中处于不利地位。

（三）产后加工销售体系

农产品初加工是通过机械的方式，将生产出的农产品进行高效化、集约化处理，将其转化为满足现代人消费需求或二三产业需求的产品。农产品的加工过程提高了农产品的利用率，实现了农产品的价值增值。产后体系中还包含负责农产品运输、储存、配送的物流环节，它是整个价值链中的辅助环节，但一个高效、畅通的物流体系能节约流通费用，提高流通效率，降低不必要的损耗，对于保证农产品质量、增加农产品附加值具有重要作用。

销售环节是价值链上末端的一环，在对农产品分级、包装和构建具有市场知名度的品牌的基础上，创造较高的附加值，随着社会的发展，农产品的市场竞争也已从价格竞争、质量竞争和服务竞争转向品牌竞争，对品牌的打造可以大大提高农产品的市场地位和顾客忠诚度。

三、微笑曲线

20世纪90年代，宏碁集团的创始人施正荣根据波特理论以及IT产业的丰富经验，提出了"微笑曲线"（smiling curve）理论。这个理论同样适用于农业领域，在农业价值链中，处于价值链两头的农业产业价值链的上游和下游，也就是说位于价值链上游的研发供应和价值链下游的加工销售环节的附加值高；处于中游的农作物种植、畜禽饲养环节的附加值低，这样便形成了一条两头高、中间低的"微笑曲线"（图16-1）。

针对农业产业链两端附加值高，利润空间大，中游产业附加值低，利润空间小的特点，优化农业产业链需要协调好产业价值链的各个环节，根据社会资源和市场需求的变化，协调各个链环之间的比例关系，整合包括土地资源、劳动力、市场信息、物流技术等各种形态要素，提升农业产业价值链的整体效率。

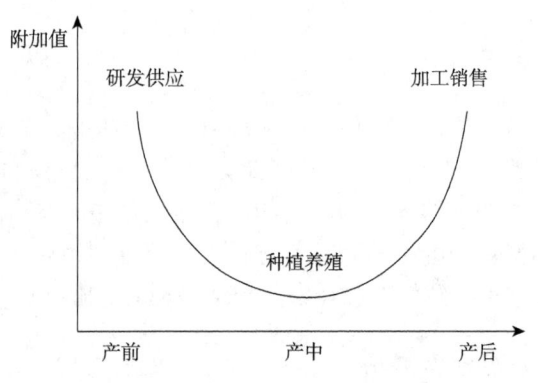

图 16-1　农业产业链的"微笑曲线"

第二节　优化农业产业链的途径

只有对农业产业链进行优化,才能提升农产品的附加值,提高农产品的使用价值。高附加值意味着在产品加工过程中通过工艺、技术、服务乃至品牌等手段使产品得到较大的增值,而不是单纯的要素投入形成的物化价值。高附加值产品的"投放产出比"较高,它的产品质量优异、技术密集度高、市场需求度高、品牌知名度高比一般产品要高出许多,市场升值幅度大,经济效益好。

一、农业产业链延伸

农业产业链延伸着眼于将原先相互割裂的农产品产供销各环节联系起来,使农产品生产与农业企业的农产品深加工、运输、销售等连接成一个有机整体。例如,向与农产品加工、运输、销售有关的后期生产部门延伸,增加中间环节,当农业加工链条延长时,由于产品加工的深化,产品的外部特征发生转变,功能和作用得以增强扩大,提高农产品附加价值。

农业产业链延伸打破传统农业仅局限于农业生产环节,且经济效益低下的状况,由产中向产前和产后环节延伸,打通农业产业价值链,将农户和农产品深加工企业、农产品销售商以及运输、旅游等相关服务商整合成一个整体,增加农产品附加值,获得比传统农业生产更高的利润。

二、农业产业链拓展

产业链拓展是指产业链整体质量的提升,体现为产业链中产业结构高度化,即产业链各环节向高技术、高知识、高资本密集和高附加价值演进。这不同于农业产业链延伸，是产业链中各链环的知识含量、技术层次、资本密集程度和附加值水平的不断提高，其中尤以技术层次的提高最为重要。

三、多形式发展农业产业链组织

（一）由松散到紧密的农业产业链组织

"公司+农户"模式（图 16-2）属于松散型的农业产业链组织，农户家庭分工生产农副产品，公司专事农副产品的加工和销售；除此以外，公司可向农户提供产前和产中服务，如农用物资采购、农业技术服务。这类经济主体之间的连接一般通过公司与农户签订合同或订单维系。

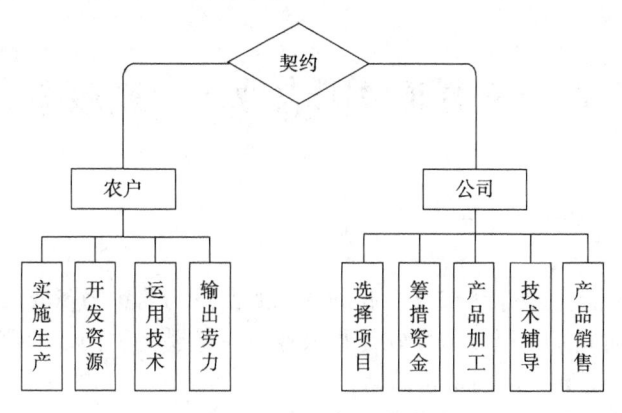

图 16-2 "公司+农户"模式

另有一些公司则彻底将农户吸纳进公司，形成了一种紧密型的农业产业链组织，采用"农户公司化"模式（图 16-3），农民将土地或相应资产入股农业公司，再由公司经营，增值后按股分红。"农户公司化"模式为农业产业化发展提供了一种新型经营形式，联盟的结构更加稳固，运作更加规范，减少了在契约型联盟中普遍存在的广大农户组织松散，分散经营，无法形成规模效益，难以提高农业效率的风险。

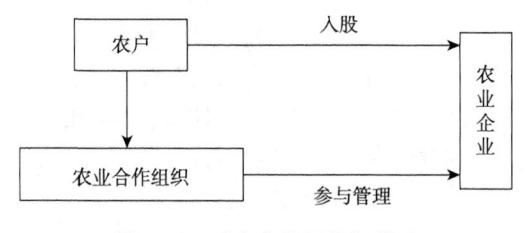

图 16-3 "农户公司化"模式

(二)由生产为主到销售为主的农业产业链组织

市场信息的及时反馈,便于农民了解国内外市场,生产适销对路的产品。影响农产品交易效率的最大障碍是农产品供需信息的不确定性,农业产业链组织具有以市场为导向的快速反应机制,能大大提升产业链的效率。例如,在荷兰花卉产业链中就是以花卉拍卖组织为主导,形成了由制种到零售的完整农业产业链组织。

(三)由单一到综合的农业产业链组织

农业产业链组织经营的产品项目可能只是单一产品,如只经营花卉的产业链、只经营水果的产业链等。还有的农业产业链组织经营的产品种类很多,包括农、林、牧、副、渔业,形成综合型的农业产业链组织;甚至拓展农业功能,将农业生产与文化、旅游业融合,形成休闲农业等新兴农业产业链。

第三节 东南亚各国农业产业链政策分析

一、向产业链两端延伸

东南亚大部分国家存在农业产业链两端的研发与营销力量较弱,农业产业链条短,农业附加值低。第二节提到优化农业产业链要注重向产业链两端延伸,深化农产品加工,提高产品附加价值。

柬埔寨政府致力于引入基于价值链原则的政策促进畜牧业发展,加强育种、动物健康、饲养等方面的研究与开发;缅甸注重包括供求情况、价格波动等本地及国际市场贸易信息的获取,并积极发展附加值加工业,支持农业生产也参加展销会,积极开拓市场,通过加强加工和销售提升农产品附加值;由于农业生产的季节性特点,菲律宾积极帮助农民延长农业产业链,通过发展农业旅游业等增加季节性农民的收入。

在研发创新方面,充分利用国际国内两种资源,建立以企业为主体的技术创新体系,充分发挥科研机构和高等院校的作用,整合海外资源,建立跨国实验室或研发基地,增强本国技术研发实力;通过收购国外农业科技公司或其业务部,缩短研发周期,降低市场风险。发展农副产品深加工,延长农业产业链,把产品的生产、加工、销售连接起来,可以将农产品加工、销售所带来的增值利润向农业回流。在品牌建设方面,加强对农业龙头企业的扶持,挖掘区域特色,增强品牌效益[1]。

---

[1] 品牌效益指品牌在产品上的使用为品牌的使用者所带来的经济价值和社会价值。

二、强化整链运作意识

只有链上各个环节协作互动，每个环节的作用才能充分发挥，因此产业链的各行为主体应相互协调合作，使产业链的信息流、资金流、物流等顺畅协调，降低交易费用，确保产业链的整体利益大于各个参与者的局部利益，使上下游各环节利益与整个产业链的利益紧密联结起来，以市场需求为导向来引导整个产业链的发展，确保农产品能最终被市场接纳。

柬埔寨将加强农业商业化作为其农业发展的重点之一，优化农民和贸易商之间的关系，加强农业"供销一体化"。供销一体化具有减弱农产品销售风险、降低农业产业链交易费用、帮助农户实现增收等优势。泰国的"一村一品"以特色优势主导产业为支撑，以市场为主导，激发产业链、价值链的重构和功能升级，规模化生产，推进一二三产业融合。

三、为产业链发展创造良好的外部环境

农业产业链的构建还需要政府力量的推动，政府要制定和颁布一系列有利于产业链运作的法律法规，包括制定严格的市场准入制度和公平的交易制度，为农业一体化经营提供良好的市场环境；政府还应大力发展农业科技创新和研发，加大农民教育、农产品交通运输、农业市场信息平台等基础设施建设的投资，为农业产业链发展营造良好的外部环境。

柬埔寨不断完善农产品价值链的基础设施；缅甸农业、畜牧和灌溉部在其《农业发展第二个五年短期计划（2016-2020年）》中指出，要形成良好的农业投资环境，确保政府、各民间组织、私营公司和生产者充分参与的"农业—商业"价值链，提升农业公共服务的质量和效率。

四、依靠技术创新拓展产业链

目前，除了泰国和新加坡外，其他东南亚国家也在一定程度上存在农业产业链各环节技术含量偏低的问题，多数农户缺乏生产技术和营销经验，所得利润很低。要优化产业链，提高农产品附加值，重视科技创新在各个环节的作用。

在产业链上游（农业生产资料供应环节），加大种苗的研发和生产技术的创新，利用市场信息平台了解农业生产资料的供求和需求情况，根据最终市场需求和顾客的个性化要求，有针对性的投入生产；在产业链中游（农产品生产环节），为农民做好农业技术的推广培训，注重高效的农业技术和先进的农机设

备，以及大数据分析、农业物联网技术的应用，降低生产成本，提高农作物质量；在产业链下游（农产品加工流通环节），加强产品加工、包装、储藏设备的研发，以及电子商务平台等技术的创新，建立高效的农业供应链体系和农产品专用物流设施，实现农产品产后的储藏、包装、加工、运输、配送等环节的规模化和专业化，采用先进的物流技术提高物流效率，减少农产品损耗，提升附加值。

在农业产业链的科技创新方面，柬埔寨为促进畜牧业发展建立现代化屠宰场，注重水稻和其他作物采后和灌溉技术的研发和推广；菲律宾建立田间学校和示范农场，为农民提供包括加工、包装、销售等方面的技能培训，加强增加农产品附加值的能力建设；泰国提出"以技术创新带动价值增长"，不断加强农业生产和农产品加工的技术研发，强调应用基因组学、生物信息学等技术进一步提高农业生产力；缅甸加快推进农业生产技术和现代机械设备的应用，引进采后农业生产机械设备，提高农产品加工附加值，推动传统养殖体制向机械化养殖体制转变。

五、推动农民进入产业链

通过加强对农民的农业知识培训、农业技术推广和包括市场营销、电子商务等职业技能培训，使其具备参与产业链的能力；并且不断进行组织创新，实施产业化经营，让农民参与到农业产业链的各环节，使他们不但获得生产环节的效益，而且能分享加工、流通环节增值的收益。

菲律宾将小农和渔民组织成正式的团体，建设和管理合作社；老挝强调将农民融入商业食品价值链，加强农民与企业间的信任；越南鼓励农民自愿加入新型农业合作社，提高农业生产效率。企业和农户经营联系的加强，既发挥了农业家庭经营成本低的优越性，又弥补了小规模分户经营难以调整结构、难以衔接市场、难以获得产后环节利润等缺陷，为家庭经营注入新的活力。同时龙头企业也通过与农户建立稳定的连接，保障了稳定的原料供应，促进了农业公司和企业的发展壮大，使农户与企业在农业产业链的发展过程中实现双赢。

第四节 粮农组织对延长农业价值链的探究与实践

一、可持续食物价值链开发

粮农组织非常重视农业价值链的问题，并出版了一系列关于"可持续食物价值链开发"（Sustainable Food Value Chain Development，SFVCD）的手册，

2014 年出版了《可持续食物价值链开发：指导原则》（FAO，2014），旨在从面向发展的角度解决如何利用价值链方法大规模减少贫困并消除饥饿的问题。粮农组织的专家在手册中指出，价值链的可持续性同时在三个维度发挥作用：经济可持续性维度、社会可持续性维度和环境可持续性维度。

经济可持续性维度（竞争力、商业可行性、成长），对于每一个利益相关者来说，价值链升级应当带来比以前更高的利润或收入（或者，至少不会降低以前的利润水平或收入水平），而且这应当具有可持续性。

社会可持续性维度（包容性、公平性、社会规范、社会制度、社会组织），价值链模型升级应当产生附加值（特别是更高的利润和工资性收入），使足够多的贫困家庭受益。这种额外价值应在价值链的各个环节（按照各个环节所创造的附加值的比例）公平分配，这种额外价值不应产生不为社会所接受的影响。

环境可持续性维度，可持续性主要取决于价值链行为者是否有能力在增加价值的活动中，使对自然环境造成的消极影响微乎其微或不对其造成任何消极影响。图 16-4 反映了可持续食品价值链框架。

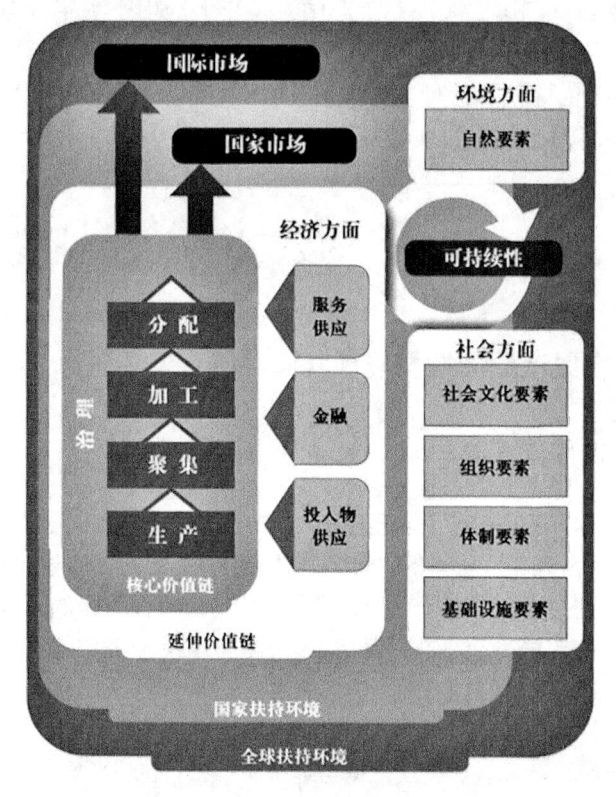

图 16-4　可持续食品价值链框架

资料来源：《可持续食物价值链开发：指导原则》

价值链模型升级应使附加值的创造不再依靠对自然资源（水、土壤、空气、动植物等）的永久性消耗。如果这些条件和要求无法满足，这一模型就不具有长期可持续性。

二、对东南亚国家价值链开发的援助

在粮农组织公布的对东南亚各国的规划框架中，提出将在未来几年对越南和印度尼西亚两国农业产业链方面提供援助，改善两国农业价值链薄弱低效的现状。

粮农组织指出，2011~2016年越南畜牧业生产取得了每年4.5%~5%的增长，为农业部门的整体增长做出了贡献。越南的畜牧产品，特别是猪肉、鸡蛋和乳制品的价值链已处于开发阶段。粮农组织将支持越南进一步将畜牧业转变为更加商业化和市场化的产业，开发更多满足国内需求和有出口潜力的农产品。粮农组织将和越南农业与农村发展部合作，通过促进农业投资、加强商业联系和农产品质量认证，提高农民品牌树立和市场营销能力，一同加强农业价值链的竞争力。

印度尼西亚是亚洲第二大海藻生产国，每年大约生产海藻1 100万吨。粮农组织与印度尼西亚有关机构合作，着力提高5个社区，包括560名农民的生产能力，农民不仅得到了技术培训、生产设备及海藻幼苗，还提高了高附加值海藻产品的生产、管理能力，此项目显著提高了农民的生产力和收入。

第五节 案例分析——以美国农业产业集群为例

一、美国农业产业集群发展现状

（一）发展产业集群，提升农业产业竞争力

产业集群的核心是在一定空间范围内产业的高集中度，是一种区域农产品产业链形式，是单一产业链间相互协作的复合的网状的产业链结构。在这种产业链中，产业集群不会因为某一企业或组织的经营失败而解体，拥有较强的抗风险能力和显著的竞争优势，有利于降低企业的制度成本，提高规模经济效益和产业竞争力。美国农业之所以在国际市场具有很强的竞争力，主要得益于以优势农产品为重点的各具特色的农业区域化布局，并在区内形成了产业集群，形成了一批有竞争力和国际知名的产业带、产业链。美国依据当地资源禀赋、自然环境、经济社会发展状况以及种植传统和耕作习惯等条件建立了优势农业产业集群。自19世纪农业商品化进程

开始至今，美国已形成乳畜带、玉米带、棉花带、综合农业带、小麦带、畜牧和灌溉农业带、太平洋沿岸综合农业带、亚热带作物带八个专业化农业生产带。

位于同一个产业带的农业生产是协作化的结果，如在防治病虫害的时候有专门的部门，播种季节有专门的播种公司。农作物收成后，相关的加工企业进行附加值极高的深加工，在仓储、物流、营销、出口等环节均有不同的企业或部门负责，最终形成一种以农产品为主的大型的农业产业集群。这种区域分工使美国各个州都能充分发挥其农业生产的比较优势，降低成本，提高生产效率，这样的农业产业集聚[①]大大提升了美国农业产业的竞争力。

农业产业化是打造农业产业集聚的关键，农业产业集聚的形成又反过来加速了农业产业化发展。农业产业化发展可以提高农业产业的集中度，实现规模化生产与区域化的布局。在农业产业化的环境下，农业龙头企业在产业链上与农产品行业协会或相关农民经济合作组织群紧密联系，加强产业链条上的主体关系，逐步实现农业产业的集中和产销互动过程。产业链中上下游的各主体所形成的关系网络将推动产业的区域化布局，实现规模效应，带动相关联产业的发展，最终在区域范围内形成农业产业集聚。

（二）高度的机械化耕作，农作物生产效率高

美国农业规模化经营源自农业的高度机械化。美国的大部分国土是平原地区，海拔平均 500m 以下的平原占国土面积的 55%，地势平坦，适合机械化耕作和规模化经营。农业生产主体是家庭农场，家庭农场经营规模大，虽然平均每个农场只有1.4人，即使是333公顷以上的大规模农场，也不过只有2~3人，主要原因在于美国农业生产从播种、除草、施肥、喷洒农药、收割、加工等过程都是机械化作业（图 16-5）。家庭农场实行公司核算，科学管理，标准化生产，机械化作业，生产效率高。

[①] 农业产业集聚是由农业或农业支撑服务机构（农民合作组织、农产品加工企业、农业流通企业等）为基本单位组成的一个网络状整体，并且因为这种空间的聚集形成了产业比较优势。

图 16-5　美国的农业机械化作业
资料来源：https://www.deere.com

（三）产加销一体化，实现产业链价值最大化

美国农业产业价值的实现在于以规模经营的家庭农场为主体，以完善的市场体系为导向，实行产加销一体化，发展农业产业集群。美国的家庭农场依靠市场的引领，实现了规模化、机械化、专业化、工厂化，农业规模经济优势明显，生产效率显著提高，为实现农业产业价值最大化打下了良好的基础。出于农业产业价值最大化的追求，美国注重对初级农产品深加工，使其价值成倍增加。加之美国农产品加工企业发达、规模大、加工水平高、农业产业化程度高，为实现农产品价值增值、促进农业产业发展提供了保障。美国农场与加工、销售企业都是根据市场信息进行生产和经营，实现农业产业链整体价值的最大化。

二、借鉴与启示

（一）利用本地现有的资源选择合适的农业产业

美国农业产业带的发展与自然资源、气候条件、地理位置、当地相关产业等有着密切关系。发展特色的农业带，必须考虑到本地的现有资源，包括自然条件、人力资本、优良的基础设施和专业化的研究机构等要素。以区域为载体，以比较优势为基础，以产业链条为主线，不同区域的农产品按照自愿禀赋不同，找到适合的产业链，继而发展成规模经济，形成竞争优势。

（二）加强农业产业链整合升级

美国的农业产业链发展已达到相当高的程度，绝大多数农户就是企业，其农业产业发展模式是"企业+企业+企业"，农业企业化运营过程已基本完成。从发达国家的经验可以看出，龙头企业既是农业产业化的核心，也是农业产业链管理的主体。东南亚农业的发展要从产业关联或产业链角度来提升其竞争力，即农业产业链的优化升级，使农业资源更加充分有效利用，农业产前、产中部门与相关后续产业的衔接更加紧密，链中物流和信息流更加通畅，农产品得以最大限度地增值，并使得农业部门分享产业链最终收益。

（三）加强教育对农业现代化的支撑作用

美国是世界上农业现代化程度很高的国家，80%的农场实现了信息化、智能化管理，这主要得益于其科技进步和劳动力素质提高，而教育在其中起着基础性支撑作用。据统计，1970年美国25岁以上的农村人口中有7%的人拥有大学学历，37%的人拥有高中学历，到了2015年分别达到了28%和58%，年平均增长率分别为3.13%和1%（熊偲皓和王东阳，2019）。东南亚许多国家的农民仍然处于起步阶段，要实现农业机械化和现代化发展，提高农民的知识和技术水平，应建立健全农业教育培训体系，完善农业机械发展的支持政策，如对使用先进农机设备的农民给予农业补贴政策和优惠贷款。

参 考 文 献

戴孝悌，陈红英. 2010. 美国农业产业发展经验及其启示——基于产业链视角[J]. 生产力研究，（12）：208-210，259.

樊慧玲. 2014. 基于"微笑曲线"分析农业产业价值链优化的路径选择[J]. 江苏农业科学，（1）：397-399.

谷永芬，吴倩. 2011. 我国农业产业链升级路径选择[J]. 江西社会科学，（8）：88-93.

揭筱纹，里昕. 2007. 产业链联盟视角下的农业产业化经营模式研究[J]. 软科学，21（1）：55-58.

卢艳，刘明. 2013. 我国农业产业分工与价值链延伸——基于微笑曲线理论的分析[J]. 当代经济，（3）：116-118.

毛尔炯，祁春节. 2005. 国外农业产业链管理及启示[J]. 安徽农业科学，33（7）：1296，1297.

乔颖丽，李云贤，吉晓光. 2009. 区域生鲜农产品产业链模式演进的阶段性特征分析——基于比较优势理论与竞争优势理论的分析[J]. 河北北方学院学报（自然科学版），25（5）：56-60.

王艳荣. 2012. 农业产业集聚的效应与对策研究[D]. 合肥工业大学博士学位论文.

熊偲皓，王东阳. 2019. 教育对美国农业农村现代化的基础支撑作用及对中国的启示[J]. 农业展望，（8）：71-74.

许奕. 2018. 供给侧改革背景下农业产供销一体化经营模式探讨[J]. 现代经济信息，（4）：31，32，54.

杨婷. 2018. 农业产业链整合中的农产品价值链分析[J]. 商业经济研究, (12): 150-152.
张楠楠, 刘妮雅. 2014. 美国农业产业集群发展浅析[J]. 世界农业, (3): 56-59.
赵绪福, 王雅鹏. 2004. 农业产业链的增值效应与拓展优化[J]. 中南民族大学学报, 24(4): 107-109.
FAO. 2014. Developing Sustainable Food Value Chains-guiding Principles[Z].

第十七章 农业可持续发展

第一节 农业发展面临的困境和挑战

一、农业投入产出比下降

20世纪中叶以来，世界农业取得了飞速发展，许多国家进入现代农业时期，也称为工业式农业时期。现代农业资源开发借助矿物能源和农药化肥使农业大量增产，但同时也大大加速了自然资源在经济过程中的消耗速度。农业生产要素投入效果显著下降，农业生产率增长逐渐失去了势头，威胁农业持续发展。

英国从1939~1978年，农药施用量增长了20倍，而谷物产量只增长了1倍。在发展中国家，为了不断满足日益增加的人口对粮食的需求和工业化对农产品原材料的需求，在耕地面积有限甚至日益减少的情况下，供需缺口越来越大，这就使得发展中国家必须大量使用化肥和农药以增加单位面积的产量。化肥和农药的大量施用，不但破坏了农田的土质，降低了肥沃良田的增产率，而且导致大量耕地丧失。虽然粮食生产与消费的矛盾虽有所缓和，但生产与自然的矛盾却激化了。

据Our World in Date研究，世界各国反映了2014年世界谷物产量[1]与肥料投入[2]的关系，不难看出，谷物产量与肥料投入总体上呈正相关关系，如果要探究投入产出比的变化，我们要把这些数据放到一个时间段上观察其变化趋势。

如图17-1所示，2002~2016年东南亚国家[3]化肥投入量和谷物产量总体上呈正相关关系，随着化肥投入量的增加，谷物产量也呈上升趋势。但边际产量[4]在总体上

---

[1] 谷物产量以每公顷收获土地的公斤数来衡量，谷类作物包括小麦、水稻、玉米、大麦、燕麦、黑麦、谷子、高粱、荞麦和杂粮。

[2] 肥料投入衡量的是每单位耕地上植物养分的使用量，肥料产品包括氮肥、钾肥和磷肥，传统的营养成分，如动物和植物肥料不包括在内。

[3] 因缺少老挝和新加坡相关数据，这里的计算不包含这两个国家。

[4] 边际在经济学中指的是新增每一单位商品或生产要素带来的效用，边际产量（marginal product）是指增加一单位生产要素所增加的产量。

呈下降趋势（图 17-2）。也就是说，随着化肥的投入增加，单位化肥投入所带来的谷物产量是减少的，这也符合经济学中的边际产量递减规律（diminishing marginal product），即在技术水平和其他要素投入量不变的条件下，连续等量的增加一种生产要素的投入量，当该生产要素投入量连续增加并超过这一特定值时，增加该要素投入所带来的边际产量是递减的。在图 17-2 中几个边际产量数值为负，也就是说虽然化肥投入量有所减少，但产量依然增加了，说明东南亚国家的谷物产量不仅依赖于化肥的投入，还受其他要素的影响，如科学技术水平的提高和谷物品种的改良。

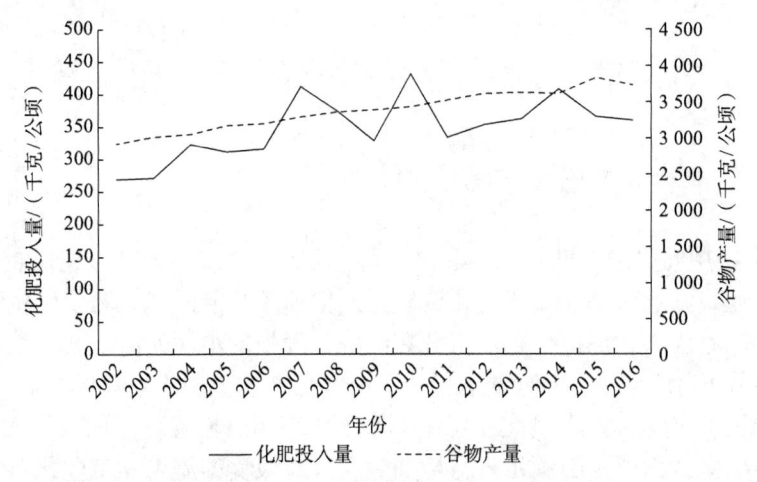

图 17-1 2002~2016 年东南亚国家化肥投入量与谷物产量变化趋势
资料来源：根据 World Bank. World Development Indicators 数据编制

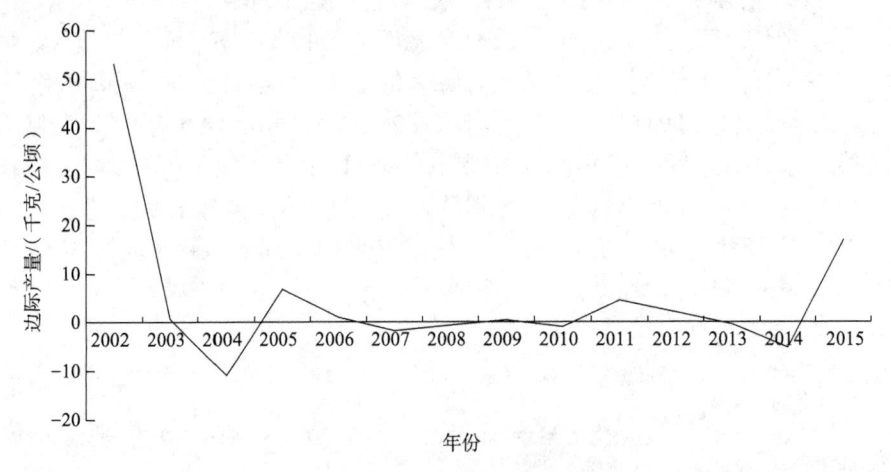

图 17-2 东南亚国家谷物边际产量变化趋势
资料来源：根据 World Bank. World Development Indicators 数据编制

二、对环境的污染与生态的破坏

许多国家在追求农业工业化和农业经济增长过程中，大规模地在农业中应用化肥、农药、除草剂和农业机械等现代工业化成果，高度的农业工业化为农产品的增长和农业生产率水平的提高创造了奇迹，但对农业生态环境带来了许多消极影响，资源与能源被过度消耗，大量污染物排入，严重破坏了人类赖以生存的地球环境，导致生态破坏、水土流失、土地退化、生物多样性减少等全球性的重大环境问题；生态环境的破坏不但降低了土地生产力，而且导致江河湖泊和水库的淤积，降低了水库的防洪效益，增加了下游洪涝灾害，反过来对农业发展造成巨大的消极影响。

第二节　可持续农业的提出

1987 年在日本东京召开的世界环境与发展委员会第八次会议通过《我们共同的未来》报告，第一次提出"可持续发展"的明确定义是"在满足当代人需要的同时，不损害后代人满足其自身需要的能力"。1991 年 4 月粮农组织在荷兰召开的国际农业与环境会议通过了《登博斯宣言》，进一步阐明了可持续农业的内涵。

可持续农业是在总结有机农业、生物农业、石油农业、生态农业等替代农业模式，在农业生产中贯彻可持续思想的基础上产生的，是一种通过管理、保护和持续利用自然资源，调整农作制度和技术，不断满足当代人类对农产品的数量和质量的需求。可持续农业具有经济持续性，关注农业生产者的长期利益，同时又不损害后代利益的农业；它还具有社会的持续性，保证代内和代际的公平，使资源利用和农业活动的收益能够得到公平的分配，是一种能维护和合理利用土地、水和动植物资源，不会造成环境退化；具有生态持续性，能有效保护农业自然条件和生物多样性；是在技术上适当可行、经济上有活力、能够被社会广泛接受的农业。

第三节　促进农业可持续发展的探究与实践

联合国可持续发展目标旨在从 2015~2030 年以综合方式彻底解决社会、经济和环境三个维度的发展问题，转向可持续发展道路。具体包括消除贫困，消除饥饿，清洁能源；可持续城市和社区；等等。在粮农组织2030年规划中，提到关于可持续农业发展的五个原则：提高资源使用效率，保存、保护自然生态系统，保护和改善农民生计和社会福利，提高农民、社区和生态系统的对环境的适应力，加强对自然和人类社会的管理。粮农组织积极为各国提供旨在提高农业生产力和可持续性的政策援助，包括保护庄稼，减少化学污染，保护生物多样性和生态系统；在整个食品供应链上，从生产、收获后存储、加工到配送环节减少食物浪费，并提供技术支援及对沿线国家的政策指导。

粮农组织对柬埔寨、老挝、马来西亚等国的农业可持续发展问题非常重视，其主要从自然资源管理技术和政策制定两个方面进行援助。

在自然资源管理技术方面，粮农组织在其对柬埔寨的规划中表示，将协助柬埔寨相关机构进行森林清查、温室气体排放、土地退化评估、土壤测绘等方面的农业数据收集、分析和应用；为老挝提供数据和信息产品，推动其农业和自然资源地理信息系统的开发，提高其生态系统评估、恢复和可持续发展的多部门综合战略管理水平；为马来西亚提供针对综合生态流域管理的技术协助；为印度尼西亚引进先进的农业资源管理技术，并协助进行技术推广。

在政策制定方面，粮农组织将以 SPS 和 GAP 为参考，为老挝可持续农业生产提供创新办法；通过改组渔业和水产养殖管理部门和完善渔业管理办法，促进越南渔业可持续发展；协助马来西亚农业研究与发展协会提高在制度框架层面保障生态系统服务的能力，加强对生物多样性、温室气体排放、土地和水资源管理的力度，完善土地规划，并协助马来西亚建立全国粮食救助网络，提高国民节约意识、减少食物损失和浪费，通过探讨会促进信息共享，研讨战略和方法；加强与印度尼西亚政府在重点流域渔业资源可持续管理方面的合作，完善对海洋资源和空间的分区规划，协助制定印度尼西亚渔业管理政策，保护内陆水生生物多样性。

第四节 东南亚各国农业可持续发展政策分析

一、水资源可持续管理

东南亚国家在水资源的开发利用方面仍然存在问题。以柬埔寨为例，柬埔寨境内河流众多，尤其是湄公河及其支流蕴藏着丰富的水资源，但是存在分布不均的问题，对水资源的利用效率不高，水利和灌溉系统有待完善。2014 年柬埔寨 14%的水利设施已被完全破坏，正常运作的灌排设施只有 20%，全国 70%的农田得不到灌溉。全国污水处理系统建设投入不足，水污染现象严重，柬埔寨对水旱自然灾害的防治水平仍然低下。此外，柬埔寨水资源管理体制不健全，政策的规划、管理和执行能力有待提高。在农业生产中不合理地或过量施用化肥和化学农药，也会对农业资源和生态环境造成包括水资源的污染。

实现水资源永续利用和农业可持续发展，一方面应解决目前农业水资源粗放低效利用问题，另一方面应加强水资源保护和综合管理。首先，国家和地方都应当在经济和社会发展计划中体现对水资源的合理开发、利用和保护，借鉴国外的经验，尽快组织制订全国和各地区水资源供需中长期计划，编制全国和各地区的节水农业规划。完善相应的法规体系，同时大力进行普法宣传教育，加大执法力度。其次，依靠先进的科学技术，加强节水灌溉技术、抗旱品种的研发和推广，加大对水资源污染治理的投入，并建立科学的农药化肥投入机制，提高水资源的利用率和利用效率。加强防洪、蓄水及引水等工程的水利基础设施建设，解决水资源分布不均的问题，减少洪涝、干旱等自然灾害带来的损失。

推进淡水、海水资源的可持续利用，柬埔寨政府重视加强修建水利建设和灌溉系统管理；为防治水旱灾害官方收集气象天文数据，建立水文观测系统；保证农业生产区的供水和农民的引水安全；严格监控有毒有害物质排放，保护淡水和海水资源。

二、渔业资源可持续管理

为满足人们对蛋白质的需要，除了大力发展海淡水养殖业外，在海洋捕捞方面由于生物资源的可再生性与再生的有限性，故要提高其产量通常有如下三种方法：第一，开发新渔场和新渔业资源，在开发利用的起步阶段或利用不足的初期，可采取增加捕捞努力量的途径来提高渔获产量；第二，选择适当的品种和水域进行增殖放流，提高天然渔业资源的补充量和世代数量来提高产量；第三，对已充分利用或已过度开发的渔业资源进行科学管理，采取限制性的管理措施，对渔业进行调整，使已衰退或正在衰退的渔业资源得到保护和恢复，增加资源量和渔获量。

就目前世界范围内的海洋渔业资源状况来说，许多已开发利用渔场中的渔业资源已得到极度地开发或正在被极度地开发，使得一部分种群资源，特别是经济价值高、再生能力较低、生命周期较长的渔业资源，遭到严重破坏，甚至到了枯竭的地步。因此，加强对渔业资源的科学、可持续管理是非常必要的。渔业可持续发展的标志是渔业资源的永续利用和良好的生态环境，要求渔业的发展不能超越资源和环境的承载力。渔业生产的发展要控制在水体的承载力之内。

柬埔寨在《渔业战略规划框架（2010-2019年）》中明确要加强以淡水和海

洋为基础的可持续渔业管理。加强对非法捕捞的打击力度，杜绝过度捕捞；加强渔业技术研发和推广；保护生物多样性和水生动物栖息地，控制有毒有害物质，保护淡水、海水和渔业保护区。在发展淡水和海洋水产养殖的同时，注重渔业资源的可持续利用。为恢复鱼类数量，防止过度捕捞，菲律宾渔业转向渔业保护和养护，通过生态系统方法对渔业进行管理。

渔业可持续发展要求各国摆正渔业环境和渔业发展的关系，既考虑当前利益，满足国民生活需要，又考虑长远发展，保护资源多样性；既考虑渔业增产增收，又考虑到对渔业生态环境的保护；既考虑经济效益，又重视对生态环境的影响和子孙后代对资源的需求。

三、土地资源可持续管理

在东南亚国家中，土地资源问题同样成为制约农业发展的要素。菲律宾和印度尼西亚都存在农用土地非法强占的问题，印度尼西亚较低的人均耕地水平使农业难以形成产业规模，农业现代化进程缓慢；柬埔寨和缅甸对土壤缺乏管理和分类，土地的利用效率较低，缺乏土地利用的空间规划；缅甸还缺乏对农业土地和森林资源的保护，导致土壤肥力下降的问题。要做到农业土地的可持续利用，必须以农业与其他产业用地关系和农业内部用地关系（即土地里利用结构）以及农业土地本身的永续利用两方面的有机统一为关键。

以柬埔寨为例，加强柬埔寨农业土地的可持续利用，既要建立健全耕地资源保护法，保护有限的耕地资源，避免因大力发展工业而非法占用可耕土地，优化土地利用结构，提高人均耕地面积和土地利用率，根据地质资源条件、气候条件和社会经济发展需要，调整农、林、牧、渔业面积比例，优化农地中各业（如粮食作物、经济作物、饲料作物、绿肥等）内部用地面积比；还要以农地系统本身的土壤条件为基础，合理有节制的利用土壤，保持土壤中矿物元素和有机质的含量，防治土地盐碱化、沙漠化和水土流失，提高森林和草地覆盖率，等等。

近年来，很多国家都意识到土地可持续利用的重要性，出台保护农业用地的相关法案，加强农业用地的管理，完善承包经营制度，提高可持续农业用地利用率；进行农业分区，推广适合的农作物；采用保持水土的耕作方法；修复废弃农田，保护肥沃土地，加速恢复土壤肥力，防治土壤退化。柬埔寨通过了"国家林业方案"，严格执行林业法律和措施。加强对森林有效的管理和开发；减少森林砍伐、防治森林退化；加强植树造林和野生动物保护区建设；确保不破坏土壤、地表和地下水。

四、优化农业投入品和耕作方法

(一)农业投入品

1. 肥料

农业发展依靠土壤与肥料,为了利用现有资源完成可持续发展,需要保证农业生态环境维持良好的基础条件。土壤是农业生产的基础要素,肥料是提升产量的主要材料。但在农业发展中,土壤肥料主要存在以下问题亟待解决:肥料的不当使用降低了土壤的肥力和缓冲能力,使土壤缺乏养分;化肥与有机肥的施用比例不合理主要表现为钾、磷、氮肥等的施用比例不均,为了实现增产增收,化肥的施用量远比有机肥多;施肥不科学将会破坏整个生态环境,如施入过量的磷、氮肥,会在雨水的作用下流入江河湖泊中,从而导致水体富营养化,这将严重威胁水中生物的安全。此外,在有机肥的施用中,农户不重视肥料的腐熟情况,易引起生物污染,造成土壤肥力下降。

要解决农业可持续发展中土壤肥料的问题,肥料供应应该以有机肥为主、化肥为辅,二者相互结合,科学施肥、绿色施肥、安全施肥;通过研制新型化肥、改进施肥技术等方式,提高肥料利用率;重视对土壤肥力与肥料施用的监测,如建立基于现代科技的肥料施用效益试验网络体系,以实时监测土壤内钾、磷和氮含量;建立数据库,提高资源信息的共享程度,运用现代施肥方式来实现科学施肥,减少有害物质在土壤中的滞留量,提高肥料利用率。

近年来,微生物技术的发展推动了微生物肥料于农业发展中的应用,如有机磷与综合性细菌肥可充分分解土壤的有机物质;固氮蓝藻和固氮菌等可增加土壤氮素及作物的氮营养素;菌根菌肥料可促进作物根系对土壤养分的吸收,从而提高土壤肥力。泰国科技部最新制定的《泰国国家生物技术政策框架(2012-2021年)》提出,将加强生物技术在农业的应用。在改善农业投入品方面,增加用于改良土壤、生产有机肥料的微生物。

2. 农药

农药的贡献是举世公认的,使用农药有效控制了农作物的病、虫、草害,提高了农作物产量,但是农药在使用过程中会对生态环境产生负面影响,包括农药生产过程中的污染物排放;农药中的有机溶剂和部分农药飘浮在空气中,污染大气,农田被雨水冲刷农药则进入江河,造成海洋污染;残留土壤中的农药则可通过渗透作用到达地层深处,污染地下水;农药的不当滥用导致害虫、病菌的抗药性;长期大量使用化学农药不仅误杀了害虫天敌,还杀伤了对人类无害的昆虫,影响了以昆虫为生的鸟、鱼、蛙等生物,破坏了生态环境。

为了适应生态农业的要求，近年来，人们开始研究"绿色农药"，当今的化学农药更注重高效、安全、经济。未来化学农药将向更高效、更环保发展，更注重天然植物农药、微生物农药、生物学防治剂的使用，新农药的研究开发也将大量采用生物技术。同时，还要加强农药污染的综合防控。

缅甸在其颁布的《农业发展第二个五年短期计划（2016-2020年）》中明确指出，要加强对农民使用的农药、除草剂、动物药品、肥料等农业投入品的监督，规范农业、畜牧业和渔业部门的生产活动，防止水土资源和自然环境进一步被破坏。泰国则大力提倡有机肥的使用，实施有机耕作，在农业生产过程中不使用农药和化肥，利用农作物秸秆、稻糠、畜禽粪便、餐厨垃圾、水果残渣等物料和微生物制剂，进行有机肥生产。

（二）耕作方法

近年来，世界各国普遍存在因大量化肥投入，工矿业、重金属等对土壤及地下水造成污染的问题，导致土地承受的压力越来越大，耕地退化和污染现象逐年扩大，制约了农业可持续发展，推进耕地休耕轮作势在必行。实行耕地轮作，将禾谷类作物与豆类作物、旱地作物与水田作物轮换种植，可以有效调节土壤理化性状、改良土壤生态；耕地休耕旨在让不堪重负的耕地休养生息，用地养地相结合，有利于农业污染修复，缓解生态环境压力，保护和提升地力，促进农业可持续发展。缅甸提出要因地制宜采用耕作方法，如作物轮作、作物多样化耕种，缓解土壤退化和水土流失问题。

五、加强农业废弃物循环利用

农业废弃物是指农业生产和农村居民生活中不可避免的非产品产出，主要包括植物性纤维性废弃物（农作物秸秆、谷壳、果壳及甘蔗渣等农产品加工废弃物）和动物性废弃物（畜禽粪便、冲洗水、人粪尿）。从资源经济学上来讲，它是一种特殊形态的农业资源。不妥善处理农业废弃物会对生态环境造成负面影响，如秸秆被就地焚烧，污染大气；大量废弃的作物和秸秆堆积在路边、田头公共场所，腐烂发臭，导致人居环境质量变差，病菌繁殖造成传播疾病；畜禽养殖排泄物造成河道淤积，河水发黑发臭，引起河水富营养化，对生态环境造成严重影响（薛智勇等，2006）。

如何充分有效地利用将其加工转化对合理利用农业生产和生活资源、减少环境污染、节约资源、改善农村生态环境具有十分重要的影响，是贯彻可持续发展方针的重要措施。目前，世界各国对生态环境和资源合理利用的认识普遍提高，国内外农业废弃物的资源化利用技术与研究得到较大的发展，其资源化利用日益多样，从总体来看，国内外农业废弃物的资源化利用主要分为肥料化、饲料化、能源化、基质化及工业原料化等几个方向。

促进废弃物循环利用产业发展，要加强政府的政策引导，提高各行业、各群体对农业废弃物循环利用产业优先发展的认识，鼓励加快发展废弃物循环利用的新兴产业。各国政府要为农业废弃物循环利用技术开发加大财政投入与提供实施的优惠政策，设立农业废弃物资源化利用技术研究与产业化应用的专项资金，鼓励开发研究先进实用的新技术；倡导大力发展以循环农业为核心，以无公害农产品、绿色农产品和有机农产品为主体的生态农业，促进农业废弃物的无害化处理与资源化循环利用。根据当前收集的政策信息，目前只有泰国明确提出要加强农业废弃物的再利用，减少浪费，增加有机肥料的使用。

第五节　案例分析——以泰国有机农业为例

一、有机农业的提出

传统农业生产方式是通过化学肥料及饲料促进农作物及畜禽的高产，导致了生态环境污染、生物多样性减少、产出的边际收益递减，以及人们的健康损害等问题。有机农业作为一种低碳型农业，遵照有机农业生产标准，通过农作物秸秆有机肥的循环使用，尽可能地使用农艺、生物和机械方法，在生产中不使用任何化学合成的农药、化肥、转基因生物和饲料添加剂等物质，达到改善土壤质量与降低能耗的效果，并且采用一系列可持续发展的农业技术，维持稳定的农业生产过程。

有机农业遵循自然规律和生态学原理，协调种植业和养殖业的平衡有机农业而不是使用合成材料、农药和转基因生物，避免对空气、土壤和水资源的污染，有利于生态环境的保护。同时，有机农业以低成本、当地可利用的材料和技术为基础，为寻求在环境上合理和公平地解决粮食安全问题提供了一个重要的备选方案。可见，发展有机农业是实现可持续发展的必然要求。

根据循环经济理论，要想实现可持续发展，需保证良好的环境经济系统自循环，即以"减量化、再利用、再循环"为基本原则，形成"资源—产品—消费—再生资源"的反馈式循环新模式，使物质和能源在循环过程中实现高效利用。有机农业的生产过程遵循自然循环规律，是自然再生产和社会再生产的统一。例如，有机农业中的种养结合型的生产模式，一方面在生产过程中利用畜禽的排放物作为有机肥料，有效保护土壤以及水资源；另一方面通过农作物与畜禽废弃物的合理循环利用，形成能量流与物质流的良性循环，在提供有机农产品的同时优化了环境。

二、有机农业的发展

20世纪60~70年代，"石油农业"在世界上的快速发展，导致自然资源，特别是不可再生资源的浪费和逐渐枯竭，以及因大量使用现代技术和不合理利用自然资源而带来的对环境和生态的破坏，对人类的生存造成了不可逆转的影响。在此背景下，有机农业被作为有效保护人类与自然的方法提到了议事日程中，有机农业的理论研究和实践在世界范围内得到了扩展。有机农业、有机生物农业、生态农业等研究更加深入。英国土壤协会于20世纪70年代率先创立了有机产品的标识、认证和质量控制体系。1972年国际上最大的有机农业民间机构——国际有机农业运动联盟成立，标志着国际有机农业进入了一个新的发展时期。

从21世纪开始，许多发达国家和发展较快的发展中国家对有机食品的需求不断增长，加大了有机农产品的进口，促进了发展中国家国内有机产品市场，特别是有机食品市场的起步和发展。由于现代农业及其工业化的农业生产产生的环境问题和食品安全问题，以及受到发展潜力、生产成本持续上涨的限制，故越来越多的国家开始转向有机农产品生产。根据《世界有机农业年鉴（2014）》统计，2012年全球有机农产品销售额达到640亿美元，以需求为导向的有机农产品增长已成为一个长期的发展趋势。

三、有机农业在泰国的应用

20世纪80年代，泰国政府和非政府组织开始小范围的推动有机农业发展，前期发展较为缓慢，1995年泰国最早的有机产品标准及认证组织ACT成立，泰国首部有机农产品标准开始起草。直至21世纪，随着世界范围内有机农业的不断发展，泰国逐渐提高了有机农业在其国家农业发展的地位，进入快速发展时期。据统计，2001年泰国有机农业种植面积仅为2 147.08公顷，2010年就增加到了34 079.26公顷，是2001年的15.87倍。2000年以前泰国有机农产品主要是水稻，且其种植规模较小，发展动力不足。自2000年起泰国有机农业发展开始扩展至蔬菜，2004年在更大范围内发展水果、咖啡和茶等其他产品，不断改变泰国有机农产品品种过于单一的现状。经过20多年的不断摸索和发展，泰国在有机农业技术应用、食品安全和产品质量提升、稳固农业出口强国地位方面已取得一定成绩。建立了较为完善的有机产业链，囊括政府主管部门、研究机构、生产者、销售者等各个环节,并建立了有机食品加工基地、销售网络以及质量保证体系,在有机农业生产、加工、销售、认证和监督等方面积累了丰富经验。

泰国学者分析,泰国有机农业发展迅速除了居民对健康生活的重视不断提高外,有机农业符合农业可持续发展的要求,还有居民对环境保护的意识不断增强,而这三者的变化都离不开泰国有机农业发展政策的制定与实施。

四、泰国有机农业发展的政策措施

(一)提高农民和消费者的意识

为提高泰国农民和消费者对有机农业和农产品的正确认识,泰国农业部和农业推广部门编撰了各种关于有机农业生产、有机农产品等内容的出版物。除此以外,泰国政府还利用新闻、政府网站等媒体方式积极宣传有机食品及其优势。泰国农业合作部通过GAP项目,提高人们在农业生产加工中的健康安全意识;网络发展部通过"提高国民健康"项目,为长期接触农药的农民进行血液测试,使农民认识到使用农药的危害。

(二)规范有机农产品的标准和认证

泰国政府近来为有机农业生产制定了专有国家标准和国家认证计划,国家机构和民间机构也为社会各界提供有机产品标准和认证服务,其中私人认证机构以ACT为主,认证范围不仅仅限于国内市场,还以产品的出口为主。同时,对当地农民进行免费培训,引导农民按照有机农业的生产方式进行耕作。泰国对有机农产品的标准制定得到了国内农产品生产者和消费者的广泛认可,为国内外的有机农产品消费者的食品安全提供了强有力的保证。

(三)取消对传统农业生产的财政支持

1999年之前泰国农民防治病虫害所需的农药是由政府无偿提供的,但泰国的小农生产技术比较落后,对农药的使用不当造成了环境污染。泰国政府于2000年后取消了农药补贴,将经费用于开展农作物病虫害综合防治项目上。通过农民田间学校,采用参与式实地培训方式,培训农民如何种植有机水稻、蔬菜、棉花和水果。

(四)增加有机农产品种植面积

泰国农村与合作社部于2019年3月4日起正式启动全国有机农业耕种统一行

动计划，承诺用2年时间将全国1.49亿莱①农耕地全部实现绿色农耕模式，实现有机种植，提升泰国农产品的品质质量，增加附加值。

（五）重视有机农业科研和技术推广

泰国政府拨付专项资金建立全国土壤图谱数据库，土壤物理、化学、微生物等性质等指标齐全，有效指导了农业生产、土壤改良等工作。另外，泰国政府为鼓励农民开展有机耕作，免费改良劣质土壤，发放土壤调理剂、绿肥种子及各种微生物制剂，促进秸秆、畜禽粪便、餐厨垃圾等回收利用，生产有机肥。

在农业技术推广方面，泰国政府投入了大量的经费。政府从肥料品种研发开始，组织科研技术人员不断改进肥料配方，大规模开展肥料的试验示范筛选肥料品种，充分利用地方分支机构力量，大力开展施肥技术培训指导，组织、筛选、培育农业技术水平相对较高的"土壤医生"深入田间地头，为农民解决实际的生产问题，大大提高了农民的施肥、生产水平。

参 考 文 献

毕世鸿，等. 2014. 柬埔寨经济社会地理[M]. 广州：世界图书出版广东有限公司.

陈格，汪羽宁，韦幂，等. 2019. 泰国农业发展现状与中泰农业科技合作分析[J]. 广西财经学院学报，（3）：26-35.

陈良敏，吕玲丽. 2012. 基于政策视角的泰国有机农业发展分析[J]. 东南亚纵横，（12）：8-12.

陈苏敏，胡启山，郭鹏程，等. 2008. 农药污染及其危害的有效防控[J]. 现代农业科技，（4）：94，95.

陈智远，石东伟，王恩学，等. 2010. 农业废弃物资源化利用技术的应用进展[J]. 中国人口·资源与环境，20（12）：112-116.

何建兰. 2014. 土壤肥料中可持续发展问题与对策研究[J]. 中国农业信息（上半月），（8）：61.

黄兰兰，王晓光，臧开保. 2001. 化学农药与可持续发展农业[J]. 精细化工中间体，31（6）：6-8，12.

李荣，涂先德，高小丽，等. 2014. 泰国农业技术推广与循环农业发展的启示[J]. 世界农业，（9）：146-148.

刘彦随，吴传钧. 2001. 国内外可持续农业发展的典型模式与途径[J]. 南京师大学报（自然科学版），24（2）：119-124.

---

① 1.49亿莱约为2 384万公顷。

农新. 2017. 轮作休耕促进农业可持续发展[J]. 农村新技术,(8): 4-7.
谯薇,云霞. 2016. 我国有机农业发展：理论基础、现状及对策[J]. 农村经济,(2): 20-24.
孙吉亭. 2003. 中国海洋渔业可持续发展研究[D]. 中国海洋大学博士学位论文.
王克强,韩桐魁,刘红梅. 1998. 我国可持续发展农业土地利用评价指标体系研究[J]. 生态农业研究, 6(2): 25-29.
王心一. 2005. 可持续发展与渔业[J]. 渔业经济研究,(2): 2-4.
谢玉梅,浦徐进. 2014. 澳大利亚有机农业发展及其启示[J]. 农业经济问题, 35(5): 105-109.
徐洋,辛景树,卢静,等. 2019. 泰国循环农业与有机肥资源利用的发展与启示[J]. 中国农技推广, 35(1): 30, 31, 43.
薛智勇,王卫平,许育新,等. 2006. 农业废弃物资源化现状与多元循环利用探讨[C]//2006年中国农学会学术年会: 245-248.
严岗林. 2018. 农业可持续发展中的土壤肥料问题与对策[J]. 南方农机, 49(4): 179.
赵乐东,颜日初,金晶. 2004. 当代人的生存和发展与可持续发展[J]. 统计与决策,(2): 86, 87.
郑家喜. 2000. 农业可持续发展：水资源的约束与对策[J]. 农业经济问题, 21(9): 30-33.
周维. 2017. 土壤肥料与农业可持续发展实现途径之研究[J]. 农业与技术, 37(4): 165.

第十八章 农业与气候变化

第一节 全球气候变化现状

当前,气候变化正在对世界各国产生日益重大而深远的影响,受到国际社会的普遍关注。研究表明,人类活动导致了近50年来以全球变暖为主要特征的气候变化,这种变化已经并将继续对自然生态系统和人类社会经济系统产生重大影响,成为人类可持续发展最严峻的挑战之一。如图18-1所示,气候灾害造成的损失在2017年占世界GDP总量的0.4%,损失达3 432.18亿美元。

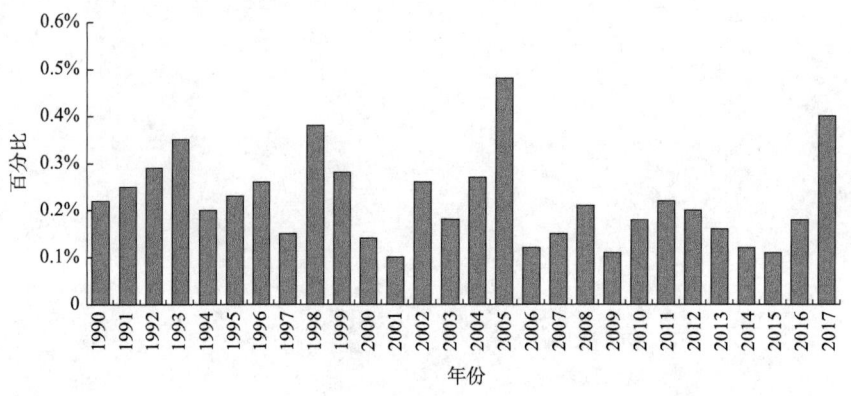

图18-1　1990~2017年气候灾害损失占世界GDP的比重
资料来源:Pielke(2018)

一、全球气候变暖

全球气候变暖是温室效应①不断积累,导致地气系统吸收与发射的能量不

---

① 人们焚烧化石燃料(如石油、煤炭等)或砍伐森林,并将其焚烧时会产生大量的二氧化碳(温室气体),这些温室气体对来自太阳辐射的可见光具有高度透过性,而对地球发射出来的长波辐射具有高度吸收性,能强烈吸收地面辐射中的红外线,导致地球温度上升,即温室效应。

平衡，能量不断在地气系统累积，导致温度上升，造成全球气候变暖。联合国政府间气候变化小组（Intergovernmental Panel on Climate Change，IPCC）研究发现，前工业化时期（1850~1900 年）以来，观测到的地表温度的上升幅度大大超过了全球平均表面（陆地和海洋）温度，1850~1900 年至 2006~2015 年平均地面空气温度上升了 1.53°C，而全球平均表面（陆地和海洋）温度增加了 0.87°C（图 18-2）。

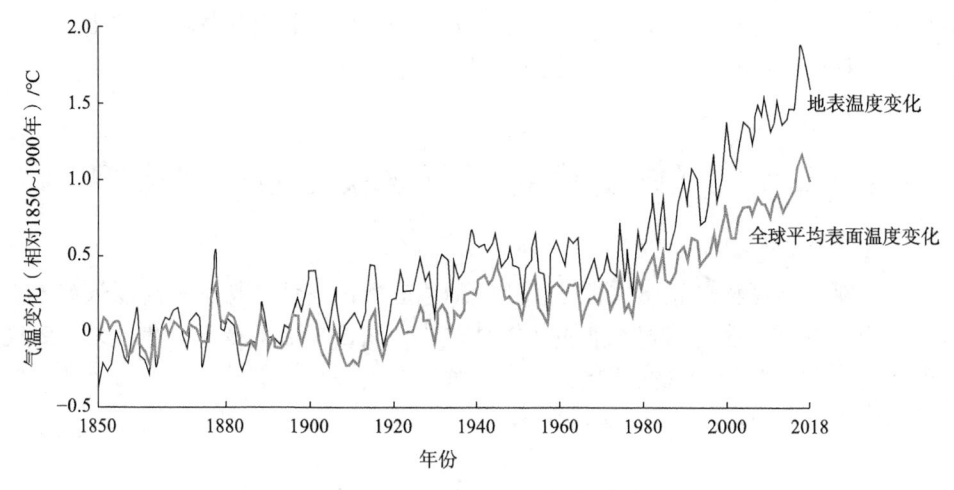

图 18-2　1850~2018 年全球气候变化
资料来源：IPCC（2019）

二、极端天气事件增加

温室气体的增温分布不均匀，使热带与极地的温差缩小，将会影响天气系统的热动力机制，进而改变大气环流和洋流格局，使极端天气事件的频率和强度都增加。因此，气候变化不仅影响温度、降水、辐射等气候要素的长期变化趋势，还会影响干旱、洪涝、飓风等极端气候事件发生的频度、强度和持续时间，进而导致全球范围内异常温暖昼夜数量增加、区域强降雨事件增多、融雪和冰川融化补给类河流的峰值流量提前出现等诸多现象的发生。

在泰国，特别是泰国北部和东北部地区，每年都会出现严重的水灾；而在菲律宾，20 世纪 70 年代中期至 2002 年期间，农业损失高达数千万美元，这对至今仍有大量人口生活在贫困线边缘的菲律宾来说是个不小的经济损失；2009 年 9 月下旬至 11 月初，台风"凯萨娜""芭玛""银河"先后袭击菲律宾，强风和暴雨严重破坏菲律宾国内的农业和基础设施，造成了巨大的农业损失。

三、臭氧减少

目前世界上普遍认为，人类对氯氟烷烃化学物质（如制冷剂、发泡剂、清洗剂等）的大量使用，使臭氧浓度减少，从而造成臭氧层的严重破坏。研究发现，大气中的臭氧每减少1%，照射到地面的紫外线增加2%，地球表面的紫外辐射量的增加会对生态环境产生破坏作用，影响人类和其他生物有机体的正常生存，也会对农作物的产量和质量造成不利影响。

第二节 气候变化对东南亚农业的主要影响

农业对气候变化的敏感性很强，相应的适应性也很低，特别是高度依赖于农业的东南亚国家，这些国家农业生产条件薄弱，缺乏相应的技术，更容易受到气候变化的影响。因此，气候变化及越来越频繁的极端气候事件会对农业生产和生产所需资源长期稳定的获得与利用产生严重威胁。

一、农业生产的不稳定性增加，产量波动加大

干旱、洪涝、霜冻、大风、冰雹等灾害天气，对于农业生产的影响十分严重，由于东南亚许多国家的农业发展还相对落后，农业技术发展水平及配套设施相对较低，抵抗自然灾害的能力还很弱，一旦遇到极端的气候变化，农业生产便会受到重大损失，对于粮食的生产及安全有重大影响，甚至影响到整个农业经济的发展及社会的稳定。

热带气候为东南亚地区农业生产创造优越条件的同时，也带来了较为严重的灾害。受季风气候不同年份夏季风强弱、降水季节分配不均匀和热带风暴的影响，东南亚地区频繁受到旱涝灾害的影响。突如其来的大暴雨带来的山洪暴发，对农作物有致命性的破坏；雨量过大或某段时间的雨量过于集中，会造成农田大量积水，如果不能及时排出，会在很大程度上使喜干的农作物减产，排水不通畅还会使土壤长期处于水饱和状态，空气匮乏，造成农作物根系腐烂，减产甚至绝产。

气候变化也会影响动物的新陈代谢、生长速度、繁殖情况以及对于疾病和毒素的抵抗能力。新发疫病不断出现，畜禽疾病的防控难度加大，畜禽养殖风险增加，导致生产的波动。

二、病虫草害加剧，农业生产成本增加

气候变暖后，土壤有机质的微生物分解将加快，造成地力下降，这意味着需要施用更多的肥料以满足作物的需要。此外，肥效对环境温度的变化十分敏感，尤其是氮肥，温度每增高 1℃，能被植物直接吸收利用的速效氮释放量将增加约 4%，要想保持原有肥效，每次的施肥量将增加 4%左右，化肥施用量的增加意味着生产投入的增加。

全球气候变暖还为病虫的繁殖与生存创造了优越的环境，不仅使病虫的冬眠时间大大减少，病虫的繁殖速度也进一步提高，使病虫灾害的势态进一步扩大，农药用量也会加大。另外，气候变暖后各种病虫出现的范围也可能扩大向高纬度地区延伸，目前局限于热带的病原和寄生组织将会蔓延到亚热带甚至温带地区。温度高还为各种杂草的生长提供了有利的条件。因此，气候变暖会加剧病虫害的流行和杂草蔓延，农作物的产量和质量都会受到负面影响，气候变暖后不得不增加农药和除草剂的施用量，而这不仅会造成农业生产成本的增加，也会增加生态环境的压力。

三、农业生产条件变动

1. 种植面积减少

适宜耕种的土地常取决于降水、温度等气候变量，可用耕地会受到气候变化的影响。具体而言，温带地区的土壤温度升高常有利于当地农业生产，而热带和亚热带地区过高的土壤温度则会对作物生长有害。高纬度地区可能受惠于全球变暖，而处于低纬度和中纬度的东南亚国家可用耕地可能受负面影响。全球气候变暖导致海平面上升，有关资料显示，2100年东南亚部分国家的气温将比1900年上升 4.8℃，海平面将上升 0.7 米，也会使得农作物的种植面积受到影响。

2. 高温对作物生长的不利影响

农业对气候变暖的脆弱性还表现在世界上消费量最大的几种主要粮食品种方面，如玉米、小麦、水稻都对高温特别敏感。在热带和亚热带区域，许多农作物已经处在其能够忍受的温度极限上。农业科学家普遍认为，在大部分植物生长的关键期，如授粉期间，气温在35℃以上，每增加1℃，农作物的产量将降低 10%。

四、降低农产品运输效率

极端天气气候事件还会对农产品运输环节造成不利影响。例如，冬季道路积雪、结冰、大雾等天气会造成部分道路封闭管制，影响农产品运输；夏季暴雨、洪水、泥石流等灾害会造成道路阻塞，公路养护和维修难度加大。上述灾害使鲜活农产品的公路运输受阻，甚至出现车辆的长时间滞留，大大降低了农产品物流配送的效率，增加了农产品流通成本，市场供应的时效性受到影响，降低农产品质量。

第三节 解决气候变化问题的探究与实践

农业在应对气候变化问题方面至关重要，而目前所面临的气候变化问题的严重程度在未来还可能会加剧。"巴黎协定"和联合国可持续发展目标都强调捍卫粮食安全的重要性和在气候变化的情况下实现消除饥饿。根据联合国政府间气候变化小组，全球大约四分之一的人为温室气体排放是由农业、林业和土地利用变化引起的。气候变化所造成的极端天气、干旱、洪水等灾害正在剥夺全世界数百万人的生计，其中受影响最大的莫过于占世界总人口近 80%，生活在农村地区依靠农林渔业生存的贫困人口。

一、粮食安全与气候变化

世界人口的不断增加，人们的饮食结构的改变，对农业生产率提出了更高的要求，然而农业发展却面临着耕地面积有限，产量停滞不前，自然资源、生态系统恶化和气候变化等问题，许多不当农业实践对社会经济可持续发展和生态环境产生副作用。主要集中在热带地区的很多发展中国家，最易受到气候变化的负面影响和冲击，农业部门必须对适应气候变化和提高农业生产弹性采取强有力的适应措施。

二、气候智慧型农业

气候智慧型农业（climate-smart agriculture，CSA）的概念由粮农组织在2010年海牙"农业、粮食安全与气候变化"会议提出，它是一种为确保气候变化影响下的农业发展和粮食安全提出的，改革和调整农业系统的方法。气候智慧型农业有三个主要支柱：持续提高农业生产力和收入、适应和增强应对气候变化的能力变化、减少和消除温室气体的排放。具体的气候智能型农业方法包括加强农场、农作物、牲畜的资源管理，提高投入产出比；加强生态系统保护，提高自然资源利用效率和弹性。

粮农组织分别在气候智慧型农作物生产、气候智慧型家畜生产、气候智慧型林渔业、集成生产系统、气候变化与水资源管理、可持续土壤和土地管理、农业遗传资源、能源智慧型农产品生产、可持续产业链开发共九个方面做了大量的研究，提出了具有针对性的发展气候智慧型农业的指导方法。

三、气候智慧型农业在东南亚国家的实践

Ca Mau 是越南水产养殖面积最大的省份，2013 年全省水产养殖业面积达到约6万公顷，Ca Mau冷冻海鲜加工进出口公司Camimex已获得国际海事组织市场结构研究所的有机虾供应认证，2002 年起该公司每年向瑞士出口 350~390 吨的有机虾。Ca Mau 省的渔业采用渔业-红树林综合开发系统，每个农场有三个组成部分，包括红树林、养殖水域、其他树木和作物的剩余土地。

在这个系统中，农民只使用少量的石灰降低浑浊度和增加 pH 值，不使用饲料、化学品或抗生素，养殖人员还利用皂素杀死池塘中的食肉性野生鱼类，虾和泥蟹只依赖天然食物；传统的捕虾方法往往涉及大量的排水，增加了疾病传播的风险，该地区则尝试使用益生菌来节约用水和预防疾病；森林管理和可持续发展是该系统的主要内容，Nhung Mien 林业管理委员会为农民提供红树种子和种植技术的培训，鼓励和帮助农民照顾及保护红树林。

水产养殖系统对碳的需求较低，而红树林每年还可以吸收大量的二氧化碳。有研究人员指出，红树可以吸收大约 136.6 吨/（公顷·年）的二氧化碳，价值 154 美元/（公顷·年）。Ca Mau 省每个水产养殖场约有1.6 公顷红树林，每个水产养殖场可以吸收大约 219 吨的二氧化碳，每年的价值高达 246 美元。

Nhung Mien 林业管理委员会与农民签订份合同，规定农民将得到红树砍伐时 95%的收益，此外，当把红树林面积扩大到符合有机虾养殖标准要求时，农民还将获得有机虾收益额外 10%的奖励。除了红树林，这个系统还有其他树木，包括菠萝、杧果、火龙果和椰子树。农民有着多样化的收入来源——从黑虎虾、野生虾、泥蟹到野鱼和果树，其中主要收入来源为黑虎虾（约占 70%），其次是泥蟹（18%）。农民还饲养会一些鸡、鸭和淡水鱼，为当地农民提供丰富的食物。

四、在应对气候变化方面对东南亚国家农业发展的援助

2019年粮农组织积极帮助东南亚国家应对气候变化问题。粮农组织通过名为加强农业气候监测和信息系统①的项目，开发计算机技术和数据分析工具，加强老挝应对气候变化时做决策的弹性。这个项目开发了用于研究气候变化的农业气候监测设施，以及老挝农业气候服务②的网页，为农民提供周度、月度和季度的建议，帮助农民选择最合适的技术和方法。截至2019年6月，已有180名农民接受了LaCSA培训，4 590名农民掌握了农业气象试验系统，并向200余个专家提供更高级的计算机技术培训。粮农组织支持对印度尼西亚和越南进行国家生物能源发展可持续性评估。还通过"气候变化对粮食安全的影响分析（AMICAF）"项目，对印度尼西亚、菲律宾等国做相关评估，目的是通过对气候变化的影响评估和粮食安全的脆弱性分析，找到适应气候变化的方法。

在粮农组织对东南亚国家农业援助政策中提到，要帮助各国降低其农业的脆弱性，提高抵御自然灾害风险和气候变化的能力。未来几年，粮农组织将会主要从以下两个方面进行援助。

控制温室气体排放。粮农组织帮助老挝制订适应气候变化的重大方案和国家自主贡献方案；帮助马来西亚政府，加强政府对温室气体排放、土地和水资源的监管力度。

加强灾害风险管理。帮助老挝提高农业气候监测及其影响分析的能力；提升越南信息化管理和考核灾害的监测机制，查明和定位最易受灾的区域，提高处理自然资源的管理能力；提高菲律宾农业行政机构和农民应对极端气候事件、自然人为灾害，获取信息、降低和转移风险的能力，通过对风险数据的分析加强预警，降低风险的负面影响。

第四节 东南亚各国应对气候变化的政策分析

东南亚地区是稻米、热带水果的主要供应地，农业受到的任何负面影响都会引发极大的连锁反应，从而推高食品价格，影响世界粮食安全。因此，制定积极有效的应对气候变化的措施以稳定农业发展是当务之急。

---

① 加强农业气候监测和信息系统：strengthening agro-climatic monitoring and information system，SAMIS。
② 老挝农业气候服务：Laos climate services for agriculture，LaCSA。

一、加强生态环境保护和治理

生态环境的改善有利于农业生产条件的改善，从而有利于降低农业生产对气候变化的敏感性。因此，要依法保护和合理利用土地、矿山、水、森林、湿地和气候资源，提高资源综合利用率；加强生态环境保护和治理，有效控制和降低污染物的排放；大力植树、种草，加强水域与湿地的保护，建立环境保护和防灾减灾的保障体系。此外，还要加强自然资源的合理利用，确保最有效地利用气候变化后的热量资源、二氧化碳资源、土壤和水资源等，使人类活动主动地适应气候变化。在保护和建设生态环境的前提下，实现农业生产和社会经济可持续发展。

根据笔者收集的农业政策，东南亚各个国家（如柬埔寨、泰国、缅甸、马来西亚）都非常重视农业可持续发展和生态环境保护，并制定了有关水资源、土地资源保护，优化农药、化肥等农业投入品的使用的政策，具体的政策和原理在可持续发展部分（第十七章）展开，在此不做赘述。

二、加强农业生产性基础设施建设

加强水利基础设施建设，优化水资源配置，实施井灌区配套和节水改造；加快丘陵和山区的雨水积蓄与节水改造工程建设；完善灌排体系，重点建设田间灌排工程、小型灌区、非灌区抗旱水源工程；完善农田生态系统的配置，建设农田防护林，改善农田小气候，增强适应气候变化能力。在老挝、菲律宾和文莱的农业发展政策中都明确提到，通过完善基础设施，改善灌溉、排水、防洪系统预防和抵御自然灾害。

三、积极进行农业科技的研发和推广

加强科学研究，发挥科技进步在减缓和适应气候变化中的先导性与基础性作用，研究减缓和应对气候变化的低碳农业措施，引进和推广应对气候变化的新技术，加快科技创新步伐，为应对气候变化提供科技支撑。例如，采取工程和生物技术等综合节水措施，发展灌溉农业，提高水资源的利用效率；通过合理的养分配比，改进施肥方法，提高化肥利用率，减少氧化亚氮的排放。

加强气候变化背景下农作物种植气候适应性分析，选育具有抗逆特性的农作物优良品种，加大抗高温、抗干旱高产优质新品种的选育力度，培育抗逆性强、高产优质的农作物新品种，改进作物品种布局，适应气候变化。例如，泰国提出培育抗旱橡胶，缅甸提出加快气候适应性强和抗虫害的作物品种研发，马来西亚注重加强种子、品种的质量，提高农作物对极端气候的复原能力。

四、建立健全灾害预警和气象监测制度

加强气候变化及其对生态环境影响的监测预测工作，建立与气候变化及其影响相关的科学研究基础数据库，包括温室气体数据库、气象数据库、气候变化影响数据库等；加强气象部门运用现代先进气象测报技术进行科学预测的能力，提高测量的客观性，预报的准确性，为农业生产提供决策的依据；综合应用气象科学技术、遥感技术和计算机通信网络技术，建立农业生产气象保障服务和调控技术系统。促使农业生产最大限度地利用气候资源，提高极端天气气候事件预警与防灾减灾的应急响应能力，降低灾害损失减少或避免因气候变化带来的不利影响。

缅甸、老挝和菲律宾都提到要建立现代预警系统，加强对自然灾害多发或可能发生区域的判定，提供准确的天气报告。

参 考 文 献

马亿昕. 2010. 精细化农业气候区划中小网格插值关键技术研究[D]. 湖南大学硕士学位论文.
搜狐网. 2019-08-26. 你的碗里，装着亚马逊雨林的未来[EB/OL]. http://www.sohu.com/a/336416013_260616.
徐国健. 2011. 应对气候变化的农业措施[J]. 安徽农学通报（上半月刊），17（1）：20-23，26.
许迪，李益农，龚时宏，等. 2019. 气候变化对农业水管理的影响及应对策略研究[J]. 农业工程学报，35（14）：79-89.
游丽金，王如明. 2010. 气候及其变化对东南亚农业生产的影响[J]. 地理教育，（1）：29.
曾小艳，郭兴旭. 2017. 气候变化、农业脆弱性与适应策略[J]. 时代农机，44（2）：161，162，174.
张金平. 2015. 气候变化对农业的影响及其对策[J]. 农药市场信息，（7）：32-34，41.
张新刚. 2017. 气候变化对农业气象灾害与病虫害的影响研究[J]. 环球市场，（22）：182.
FAO. 2015. Climate-smart agriculture：a call for action[Z].
FAO. 2017. Climate-Smart Agriculture Sourcebook[M]. 2nd ed. Rome：Food and Agriculture Organization of the United Nations.

FAO. 2019. Agriculture and climate change-challenges and opportunities at the global and local level-collaboration on climate-smart agriculture[Z].

FAO. 2019. FAO's work on climate change[Z].

IPCC. 2019. Climate change and land-summary for policymakers[Z].

Pielke R. 2018. Tracking progress on the economic costs of disasters under the indicators of the sustainable development goals[Z].